L'INTENTION EN ACTION

DU MÊME AUTEUR

Qu'est-ce que l'intentionalité ?, Paris, Vrin, 2012.

L'esprit en pratique, Paris, CNRS Editions, 2013.

BIBLIOTHÈQUE D'HISTOIRE DE LA PHILOSOPHIE
Fondateur Henri GOUHIER Directeur Emmanuel CATTIN

Valérie AUCOUTURIER

L'INTENTION EN ACTION

PARIS
LIBRAIRIE PHILOSOPHIQUE J. VRIN
6 place de la Sorbonne, V e
2018

La publication de cet ouvrage a bénéficié du soutien
de l'Agence Nationale de la Recherche,
dans le cadre du programme Philosophie, histoire et sociologie
de la médecine mentale (PHS2M – ANR- 08-BLAN-055).

ISSN 0249-7980
ISBN 978-2-7116-2515-4
www.vrin.fr

INTRODUCTION

La philosophie contemporaine de l'action, qui a émergé sous l'impulsion donnée par la parution, à la fin des années 1950, de l'ouvrage d'Elizabeth Anscombe, *L'Intention*[1], a endossé de façon presque unanime la distinction entre philosophie morale et philosophie de l'action. La philosophie de l'action se distingue, nous dit-on, de la philosophie morale, en ce qu'elle ne s'intéresse pas directement à la valeur morale de l'action, mais plutôt à la nature de l'action elle-même et à ce qui la distingue d'autres événements du monde. Cette philosophie de l'action se penche sur les mystères de l'action volontaire ou intentionnelle et sur le vaste problème, hérité de Descartes, de l'interaction de l'esprit et du corps.

On pourra reprocher à cette philosophie de l'action – et c'est en partie ce que je me propose de faire – d'adopter largement la « charte mentaliste » décrite par Vincent Descombes dans *La denrée mentale*[2], c'est-à-dire de transformer l'idée de « sens commun » suivant laquelle nous avons tous des intentions, des croyances, des désirs, et plus généralement ce que cette philosophie nomme des « états mentaux », en une thèse philosophique suivant

1. E. Anscombe, *L'Intention*, trad. M. Maurice et C. Michon, Paris, Gallimard, 2001.

2. V. Descombes, *La denrée mentale*, Paris, Minuit, 1995, p. 105-111.

laquelle il conviendrait pour étudier ces états mentaux de s'appuyer sur un modèle empiriste de la connaissance[1]. Autrement dit, comprendre la nature de ces états mentaux reviendrait à donner des critères de leur identité et de leur observabilité.

L'erreur principale de cette philosophie de l'action n'est certainement pas de chercher à caractériser les états mentaux relatifs à l'action ; c'est en un sens ainsi qu'elle se définit. L'erreur de cette philosophie de l'action est sa tendance à perdre de vue *les raisons pour lesquelles la philosophie a commencé à s'intéresser à l'action* et, plus spécifiquement encore, à l'« intention ».

Pourquoi nous intéressons-nous aux intentions des gens ? Plus précisément, pourquoi nous intéressons-nous à ce que font les gens et plus spécifiquement encore à ce qu'ils font intentionnellement ? Pour bien comprendre l'ambition de cet ouvrage, il ne faut pas perdre de vue ces deux questions. En effet, toute tentative de théorisation ou de clarification philosophique (ou autre, d'ailleurs) n'est jamais sans intention, justement. Il y a ce que nous faisons et ce que nous cherchons à faire en le faisant.

Anscombe, en écrivant *L'Intention*, ne cherchait pas à produire une théorie de l'action, mais à rendre compte d'un concept central de la vie humaine et plus particulièrement de l'*éthique*[2]. Anscombe ne pensait pas que la philosophie de l'action devait demeurer en elle-même une spécialité de la philosophie, mais qu'elle était là pour débrouiller les

1. Sur ce point voir également la remarque bien connue de Wittgenstein au § 308 des *Recherches philosophiques* (trad. E. Rigal *et al.*, Paris, Gallimard, 2004 – désormais *RP*), commentée par Descombes dans le passage que je viens de mentionner.

2. Suivant Anscombe sur ce point, je ne ferai pas de distinction ici entre l'éthique et la morale.

confusions de la philosophie morale. Car cette philosophie morale, selon elle, se méprenait profondément sur la nature même de ce sur quoi porte le jugement moral, à savoir la volonté, l'intention, l'action, etc.[1]

Un examen attentif de l'intention ne doit donc pas faire abstraction des raisons philosophiques qui motivent cet examen : il s'agit de comprendre en quoi l'intention est si importante pour nous. Comme le dit Wittgenstein au § 570 des *Recherches philosophiques* : « Les concepts nous poussent à faire des recherches; ils sont l'expression de notre intérêt, et dirigent notre intérêt. » Ce qu'a, pour une large part[2], perdu de vue la philosophie contemporaine de l'action, c'est précisément le *contexte* dans lequel ces interrogations sur l'action prennent sens, lorsqu'il s'agit de rendre compte de cette catégorie de concepts à la fois familière et complexe. C'est à cette complexité que le présent ouvrage voudrait rendre justice.

Cette philosophie de l'action que les anglo-saxons qualifient de *mainstream*, considère l'action comme un objet d'étude en soi, pouvant non seulement être distingué mais étant même essentiellement isolable des pratiques dans lesquelles il s'inscrit. Elle repose en réalité sur une mauvaise lecture de la distinction proposée par Anscombe dans *L'Intention* entre une philosophie de l'action et une philosophie morale à proprement parler. Car, s'il est possible

1. Voir E. Anscombe, « Modern Moral Philosophy », *Ethics, Religion and Politics*, Oxford, Blackwell, 1981, p. 26-42.

2. A l'exception bien sûr des travaux récents sur l'action qui s'inscrivent plus directement dans le sillage d'Anscombe, de Wittgenstein ou d'Austin comme, par exemple, ceux de Rémi Clot-Goudard, Vincent Descombes, Anton Ford, Jennifer Hornsby, Sebastian Rödl, Roger Teichmann, Michael Thompson, Douglas Lavin, John McDowell, Cyrille Michon, Richard Moran, Anselm Müller, Jean-Philippe Narboux, Constantine Sandis, Julia Tanney, Duncan Richter, Candace Vogler, etc.

et même nécessaire de rendre compte des catégories de l'action pour faire de l'éthique, cette distinction stratégique, à terme, est vouée à se dissoudre. Comme l'affirmera Anscombe dans ses textes de philosophie morale, en un certain sens, parler d'action (humaine) morale est redondant, car l'action humaine est précisément ce qui est susceptible de faire l'objet d'un jugement moral, en termes de responsabilité de l'agent[1]. C'est une des raisons pour lesquelles la question des intentions nous apparaît cruciale.

Mais n'anticipons pas trop sur ce point. Remarquons simplement pour le moment que la philosophie de l'action *mainstream* a tendance à perdre de vue le recours à la notion d'intention pour *juger* l'action et à réduire l'intention à un ingrédient psychologique essentiel pour une ontologie de l'action. Autrement dit, cette philosophie de l'action *mainstream* a tendance à négliger l'ancrage aristotélicien de ces questionnements. Chez Aristote, précisément, la division entre l'éthique et la philosophie de l'action n'existe pas[2]. Comprendre l'action volontaire est tout autant une question d'éthique qu'une question concernant la nature des êtres capables d'action volontaire.

Mais si Aristote parle d'action *volontaire*, pourquoi nos contemporains se concentrent-t-ils plutôt sur l'*intention* et l'intentionnalité ? Il se trouve que la catégorie du « volontaire » est trop large pour tenir le rôle que nous voulons lui faire jouer, à savoir rendre compte d'une spécificité de l'action *humaine* qui la situe d'emblée dans

1. Voir E. Anscombe, « Good and Bad Human Action », in *Human Life, Action and Ethics*, M. Geach, L. Gormally (eds), St Andrews, Charlottesville, St Andrews Studies in Philosophy and Public Affairs, 2005, p. 203.

2. Voir Aristote, *Éthique à Nicomaque*, trad. J. Tricot, Paris, Vrin, 1990.

le registre de la justification, des raisons d'agir et de la responsabilité[1]. C'est cette spécificité que je me propose d'explorer ici. L'action volontaire est celle qui peut aussi bien être sans raison[2] ou machinale (comme siffler ou taper du pied au rythme de la musique) : elle est volontaire dans la mesure où quelque agent la produit de lui-même, spontanément, et où il est en position de l'interrompre à l'envie. Au contraire, l'action intentionnelle exige des *raisons d'agir*, elle est, en droit, ce pour quoi nous pouvons demander et rendre des comptes. Voici donc le contexte dans lequel je me propose d'explorer les rapports complexes entre intention et action, et plus exactement l'intention en action.

Un texte philosophique sur l'intention devrait ressembler, pourrait-on penser, à une sorte d'étude psychologique ou phénoménologique de ce qui se passe dans la tête des gens ou des agents lorsqu'ils projettent de faire quelque chose ou qu'ils donnent une certaine visée à leurs actions. Traditionnellement, l'intention se définit en effet comme le fait de se proposer un but et on la distingue de sa réalisation, qui consiste à agir ou à mettre en œuvre un certain nombre de moyens pour atteindre le but proposé. Dans la philosophie analytique contemporaine de l'action, chez John Searle[3] par exemple, on retrouve cette dichotomie traditionnelle entre l'intention et l'action : l'intention vient définir ce que, par mon action, je vise. Si nous devions, en quelques mots, présenter le problème des rapports entre

1. E. Anscombe, « Thought and action in Aristotle », in *From Parmenide to Wittgenstein*, University of Minnesota Press, 1981, p. 66-77.

2. *Cf.* E. Anscombe, *L'Intention*, § 17.

3. John R. Searle, *L'Intentionalité*, trad. C. Pichevin, Paris, Minuit, 1985, chap. 3.

l'intention et l'action, nous dirions que la question centrale consiste à se demander *comment* cette intention vient spécifier ce que vise mon action, ou encore quel est son rôle dans la détermination de ce en quoi consiste mon action.

Or, la relation entre intention et action peut apparaître problématique lorsqu'elle se pose dans le cadre néo-cartésien de l'interaction du corps et de l'esprit[1]. Si, en effet, l'intention est bien ce que, par l'esprit, je vise et si l'action est, par ailleurs, ce que, physiquement, je réalise, alors il reste à comprendre comment ce que je vise en pensée entre en relation avec ce que je fais en acte. Comment la pensée peut-elle engendrer l'action ? En outre, si comme le pensent Donald Davidson[2] ou Searle[3], ce que je vise par mon action (mon intention d'agir) est ce qui permet de déterminer en quoi consiste mon action intentionnelle (la description qu'il convient d'en donner), alors comment cette pensée vient-elle déterminer qu'une certaine action est bien l'action qu'elle est ? L'action semble appartenir à une catégorie particulière de ce qui se passe ; elle engage un *agent*[4] et c'est, semble-t-il, l'engagement de cet agent qui fait de l'action une action plutôt qu'un simple événement.

Une certaine approche, largement répandue dans la philosophie analytique contemporaine, considère alors l'intention comme *l'*état ou *l'*attitude psychologique (ou mental) qui fait de l'action une action à proprement parler.

1. Voir V. Aucouturier, *Qu'est-ce que l'intentionalité ?*, Paris, Vrin, 2012.

2. D. Davidson, « L'agir », dans *Actions et événements*, trad. P. Engel, Paris, P.U.F., 1993, p. 68-73.

3. John R. Searle, *L'Intentionalité*, *op. cit.*, p. 105.

4. On se référera, sur ce point, aux travaux de Vincent Descombes, en particulier *Le complément de sujet*, Paris, Gallimard, 2004.

L'intention serait ainsi l'ingrédient magique qui donne au mouvement son caractère d'action. Or, dans une perspective critique de cette tradition, je propose d'envisager l'intention, non pas par le biais d'une analyse phénoménologique de la nature de cet état psychologique présumé (potentiellement réductible à des phénomènes neuro-biologiques), mais en menant plutôt une enquête sur les circonstances dans lesquelles nous employons la notion d'intention, de quel droit et à quelles fins nous le faisons [1] ; « ce que nous dirions quand », pour reprendre les mots de John L. Austin [2]. Il s'agit donc d'*analyser* nos usages du concept d'intention afin de dire ce qu'est une intention à partir de l'examen des contextes dans lesquelles nous envisageons les intentions des agents et à quelles fins nous le faisons. Cette enquête demeure ainsi phénoménologique dans la mesure où elle porte sur des usages réglés du langage, pour éclairer une notion ordinaire qui a pu, en philosophie, apparaître problématique. Pourtant, en un sens, nul besoin d'être philosophe pour comprendre ce qu'est une intention ou une action et pour parler, pour ainsi dire, le langage de l'action. La tâche qui, en revanche, consiste à décrire ce qui devrait nous paraître évident est, en fait, ardue : se donner une vue d'ensemble du rôle que joue la notion d'intention dans notre conception de l'action humaine.

Ce rôle est nécessairement fondamental ; c'est ce que retiendront les philosophies du mental qui prônent un retour à ce qu'elles considèrent être le vrai phénomène de

1. En partant, notamment des réflexions issues de la tradition wittgensteiniennes en philosophie de l'action, et en particulier de la réflexion fondatrice apportée par Elizabeth Anscombe dans *L'Intention.*

2. J.L. Austin, « Plaidoyer pour les excuses », dans *Écrits philosophiques*, trad. fr. L. Aubert et A.-L. Hacker, Paris, Seuil, 1994, p. 143.

l'intention, à savoir un état purement mental[1]. Car, comme le souligne Anscombe, la plupart du temps, « un homme a l'intention de faire ce qu'il fait effectivement »[2]. Autrement dit, nous pouvons généralement connaître au moins certaines intentions des gens à partir de leurs actions. Le lien entre l'intention et l'action, plus ou moins dissout par l'idée que l'intention serait en décalage nécessaire avec l'action, se trouve ainsi resserré. Le modèle des rapports entre action et intention ne serait pas nécessairement celui de l'inadéquation ou de l'adéquation entre deux états, un état psychologique ou mental et un état du monde ou physique[3]. Il faut, au contraire envisager une sorte d'unité de l'action et de l'intention. Or, cette unité de l'action et de l'intention se manifeste, comme nous allons le montrer, par le biais de la description de l'action, donc par celui du langage : parce que la description qu'un agent donne de son action (se rendre à l'université, par exemple) est aussi, normalement, exactement celle qui correspond à son intention (qui est de se rendre à l'université). Dès lors qu'elle fait partie de l'action et qu'elle y est le plus souvent manifeste, l'intention retrouve sa face publique, que sa caractérisation comme pur état psychologique lui avait fait perdre. Cette conception de l'intention comme *visible* offre ainsi la possibilité de nouvelles pistes d'analyse de l'action,

1. Sur cette question, l'article de R. Moran et M. J. Stone, « Anscombe sur l'expression des intentions » (dans V. Aucouturier et M. Pavlopoulos, *Agir et penser*, Paris, Publications de la Sorbonne, 2015, p. 31-70) fait admirablement le point.

2. *L'Intention*, § 25, p. 92, trad. mod.

3. C'est ce que suggère une certaine lecture du § 32 de *L'Intention* proposée par Mark Platts (voir *Ways of Meaning : An Introduction to a Philosophy of Language*, Cambridge Mass., The MIT Press, 1997, p. 256-257) et popularisée par Searle dans *L'Intentionalité*, *op. cit.*, p. 112.

qui ne sont pas tributaires d'une introspection, par les agents, de leurs états psychologiques.

Aussi, cette fusion de l'intention dans l'action (dans la description de l'action) constitue une des avancées majeures de la philosophie de l'action par rapport à d'autres théories qui essaient résolument de découvrir le rapport causal ou phénoménologique qui lie l'intention à l'action, sans jamais envisager leur étroit rapport logique. Je me propose d'opérer ici un renversement encore plus fondamental : caractériser l'action intentionnelle « en termes de langage [1] ». En effet, comme la plupart de ses lecteurs l'auront remarqué, la thèse la plus fondamentale mais aussi la plus révolutionnaire d'Anscombe est celle selon laquelle une action est intentionnelle « sous une description » et, plus généralement, celle selon laquelle une action est toujours prise « sous une description ». Cette expression, « sous une description », serait la marque propre de l'intentionalité de l'action. [2] C'est dire que le langage de l'action serait, d'une façon qu'il reste à élaborer, *constitutif* du concept d'action lui-même. Ce livre vise à montrer que cette thèse n'a rien de trivial et a des conséquences philosophiques majeures pour l'analyse de l'esprit et de l'action. Ceci nous conduit non seulement à renverser ce que Descombes a appelé la théorie « mentaliste » des intentions [3] (celles-ci étant conçues comme des états

1. *L'Intention*, p. 148.

2. *Cf.* E. Anscombe, « The intentionality of sensation », in *Metaphysics and the philosophy of mind*, Oxford, Blackwell, 1981, p. 9 : « An intentional object is given by a word or phrase which gives a *description under which*. ». Cette expression renvoie au « en tant que », au *qua* d'Aristote (*cf.* « Under a description », in *Metaphysics and the philosophy of mind*, *op. cit.*, p. 208).

3. V. Descombes, *La denrée mentale*.

mentaux internes d'un agent), mais, plus encore, à renouveler complètement notre conception de l'action, notamment de l'action humaine, en la débarrassant d'une certaine métaphysique jugée illusoire.

Ainsi, pour la débarrasser de ses vieux démons néo-cartésiens, je me propose dans cet ouvrage de mettre à mal quelques idées reçues sur la philosophie de l'action, qui sont nées d'une succession de malentendus quant au véritable apport de l'œuvre maîtresse d'Anscombe. Parmi ces démons, j'en ai choisi quatre : le mythe de l'intention comme pur état mental, celui de la révocation définitive par Davidson de l'incommensurabilité des causes et des raisons, l'attribution à Anscombe de la notion de directions d'ajustement, et l'invocation d'une « thèse Anscombe-Davidson » sur l'individuation de l'action.

Le premier chapitre est donc consacré à la critique classique, mais qui demeure néanmoins peu entendue par ses détracteurs, de l'idée qu'une philosophie de la psychologie, et des intentions en particulier, traiterait avant tout d'états mentaux distincts, constituant autant d'objets d'analyse, et devrait par conséquent produire une théorie scientifique ou philosophique de ces états psychologiques. Cette critique est construite à partir de la suggestion, faite par Richard Moran et Martin Stone dans leur important article sur l'expression des intentions, qu'il existerait aujourd'hui dans le paysage philosophique, non pas une mais deux Anscombe : d'une part l'auteure de *L'Intention* et, d'autre part, une « Anscombe transformée », revue et corrigée par la tradition analytique contemporaine dite *mainstream*. Il s'agit dès lors de pointer les erreurs de la tradition et de défendre un retour aux thèses originales de leur auteure. S'ensuit, dans le deuxième chapitre, un examen de la notion centrale de raisons d'agir, que la tradition wittgensteinienne aurait naïvement opposée à celle de causes de l'action avant que Davidson ne vienne réconcilier l'une et l'autre dans son fameux article « Actions, raisons et causes »[1]. L'objet de ce chapitre est de pointer les erreurs de Davidson au sujet de l'explication de l'action et de réhabiliter dans tous ses raffinements la pertinence de la distinction entre causes et raisons d'agir. Ensuite, une fois acquise la spécificité des raisons d'agir, j'explore dans le troisième chapitre la relation spécifique qu'un agent conscient entretient à ses propres actions. En effet, la compréhension de cette relation constitue le nœud de la caractérisation de l'action humaine par le biais de la notion de savoir pratique. Je tâche alors de montrer que ce savoir pratique ne peut en aucun cas être compris à partir du concept (notamment searlien) de « direction d'ajustement », qui conçoit l'intentionnalité pratique comme la coïncidence entre une représentation mentale de ce qui est à faire et l'état du monde réalisé (ou non) en conséquence. Ce n'est pas d'une relation contingente entre un état mental et un état du monde qu'émerge l'action, mais d'un savoir pratique qui est précisément connaissance de ce qui se passe en tant que cela est ma propre action. Enfin, le quatrième et dernier chapitre revient sur la structure de ce savoir pratique mise au jour par la pluralité des descriptions de l'action. Il s'agit alors de comprendre comment une action qui dure dans le temps peut être une sans que cela implique une quelconque thèse générale sur l'individuation de l'action, que les commentateurs peu consciencieux, comme Alvin Goldman, ont pu appeler « thèse Anscombe-Davidson sur l'individuation de l'action ». Ici encore, l'enjeu n'est pas

1. D. Davidson, « Actions, raisons et causes », *Actions et événements*, *op. cit.*, p. 16-36.

CHAPITRE PREMIER

DES INTENTIONS PURES ?

> Quand les Philosophes emploient un mot – « savoir », « être », « objet », « je », « proposition », « nom » – et s'efforcent de saisir l'essence de la chose en question, il faut toujours se demander : Ce mot est-il effectivement utilisé ainsi dans le langage où il a son lieu d'origine ? Nous reconduisons les mots de leur usage métaphysique à leur usage quotidien[1].

En 1959, dans sa recension de *L'Intention* d'Elizabeth Anscombe, Roderick Chisholm suggère que :

> Une des façons de voir l'importance de *l'intention*, ou de l'acte intentionnel, est de considérer la question de Wittgenstein : « Que reste-t-il donc quand je soustrais le fait que mon bras se lève du fait que je lève le bras ? » (*RP*, § 621). On peut dire qu'il y a, en gros, trois réponses possibles : (i) qu'il n'y a pas de différence entre le fait que je lève mon bras et le fait que mon bras se lève ; (ii) que ce qui distingue le fait que je lève mon bras du fait que mon bras se lève, c'est que lorsque je lève mon bras, une sorte d'état psychologique ou physiologique spécifique joue un rôle essentiel en ce qu'il cause la levée

1. *RP*, § 116.

> de mon bras ; ou (iii) que, quand je lève mon bras, le fait que mon bras se lève n'est pas seulement déterminé par un ensemble spécifique d'états ou d'événements mais par un soi qui est une sorte d'« initiateur de mouvement », capable d'initier des chaînes causales physiologiques d'une façon telle qu'un simple ensemble d'états ou d'événements ne peut initier une chaîne causale [1].

Chisholm poursuit en avançant qu'Anscombe choisit, dans son ouvrage, la deuxième réponse et centre son analyse sur le concept d'intention, qui viendrait désigner l'état mental supposé et devrait permettre de distinguer le fait que mon bras se lève du fait que je lève mon bras. Cette formulation trompeuse est symptomatique de la réception du texte d'Anscombe dans la philosophie de l'action *mainstream* [2].

Mon objet n'est pas d'envisager systématiquement chaque solution à la question de Wittgenstein. D'ailleurs celle-ci a souvent été présentée comme *la* formulation synthétique du problème de la philosophie de l'action, alors même que, pour son auteur, elle le pose mal [3]. Ainsi, nous savons aujourd'hui [4] qu'Anscombe ne saurait adhérer

1. R.M. Chisholm, Recension de *Intention*, *The Philosophical Review*, vol. 68, n° 1, 1959, p. 110.

2. Notamment ceux qui défendent un certains ensemble de thèses que R. Moran, M. Stone ont attribué à une certaine « Anscombe-Transformée » (AT). Voir R. Moran, M. Stone, « Anscombe sur l'expression des intentions », art. cit.

3. *Cf.* V. Aucouturier, « Philosophie de l'action », dans S. Laugier et S. Plaud, *La philosophie analytique*, Paris, Ellipses, 2011, p. 421-435.

4. Voir V. Descombes, préface à *L'Intention*, p. 7-20 et avant-propos à *Agir et penser*, *op. cit.*, p. 7-17 ; R. Moran, M. Stone, « Anscombe sur l'expression des intentions », art. cit. ; D. Lavin, « Must there be basic actions ? », *Noos*, 47/2, 2013, p. 267-301.

à l'idée que la philosophie de l'action traite de la relation entre un certain état psychologique (l'intention) et l'action.

Dans ce premier chapitre, je voudrais parcourir le chemin de pensée qui a conduit la philosophie de l'action *mainstream* à oublier les raisons d'être de la philosophie de l'action, telle qu'Anscombe l'envisageait, et par-là même à se méprendre sur les motifs et les modalités de son enquête.

Les usages du concept d'intention

Tout a commencé avec la fameuse tripartition du sujet proposée par Anscombe au début de son enquête. *L'Intention* s'ouvre en effet sur la distinction de trois cas où « nous employons un concept d'"intention" » :

(i) l'expression d'intention pour le futur,
(ii) l'action intentionnelle, aussi appelée par la suite « intention *de* faire » (*intention of doing*) et
(iii) l'intention *dans* l'action (*in acting*, *in action* ou *in doing*), ensuite appelée également « intention *dans laquelle* on agit »[1].

« Les expressions d'intention pour le futur » (i) sont d'ordre linguistique. Elles sont l'expression d'un projet d'action dans un futur plus ou moins proche, une *déclaration* d'intention. Lorsque, par exemple, Martin dit : « Je vais

1. E. Anscombe, *L'Intention*, § 16, 20, 26, 30. Cette division tripartite a été reprise, sous d'autres formes, par d'autres philosophes de l'intention comme, par exemple, Herbert Hart (voir H.L.A. Hart, « Intention and Punishment (1968) », *Punishment and Responsibility* (2 nd ed.), Oxford, Oxford University Press, 2008, p. 117). En réalité, il importe peu que cette manière de diviser le sujet soit la seule façon de le faire ou une façon parmi d'autres. Ce qui importe, c'est qu'elle fait référence à des distinctions qui ont un sens pour nous, usagers du langage.

chercher le courrier » au moment d'ouvrir la porte pour sortir, il *exprime* son intention d'aller chercher le courrier (avant de le faire, ou antérieurement à l'action). Ou encore, si Saga dit : « Quand j'aurai fini ma thèse, j'irai passer quelques semaines au Japon », elle exprime son intention de le faire.

Toutefois, nous pouvons exprimer *sincèrement* une intention pour le futur et finalement ne jamais la réaliser (parce que, par exemple, nous aurions changé d'avis ou quelque obstacle nous aurait empêché de réaliser l'intention exprimée). Même si Saga a réellement et sincèrement l'intention d'aller au Japon après sa thèse, il se peut qu'elle ne le fasse jamais, qu'elle en soit empêchée ou qu'elle change d'avis. Il est également possible d'être empêché de réaliser une intention exprimée, ou de changer d'avis au cours de l'action. Supposons ainsi qu'en allant chercher le courrier, Martin rencontre son voisin bavard et se trouve pris dans une conversation tellement enflammée qu'il en oublie le but de sa sortie ; ou encore, supposons qu'il réalise qu'il a perdu la clé de la boîte aux lettres, ou bien qu'on est dimanche et que, par conséquent, le facteur ne passe pas. Il aura alors exprimé une intention de faire quelque chose, mais ne l'aura pas réalisée. Son intention sera restée à l'état d'intention.

Ces expressions d'intention pour le futur se distinguent ainsi, à certains égards, des deux autres usages que sont l'intention dans l'action et l'action intentionnelle. Elles s'en distinguent notamment en ce que les intentions y sont, semble-t-il, considérées indépendamment de leur réalisation[1].

1. Ceci n'exclut pas la possibilité de considérer l'action comme une expression d'intention : si, par exemple, lors d'une conférence

L'« intention dans l'action » (iii) ou l'« intention *en* faisant » (*in action* ou *in doing*) se rapporte à ce qui est visé par une action en cours, à l'intention dans laquelle une action est faite. Par exemple : « Saga fait bouillir de l'eau *pour* faire du thé », son intention *en* faisant bouillir de l'eau est de faire du thé ; « Martin ramasse du bois *pour* faire un feu », son intention *en* ramassant du bois est de faire un feu. En d'autres termes, l'intention dans l'action, ou en faisant quelque chose, est ce dont la réalisation est visée par l'action en cours ; ou encore, c'est la fin en vue de laquelle une certaine action constitue un moyen. C'est donc l'intention *dans laquelle* on agit.

Le dernier usage (ii) d'« intention » se rapporte à l'action intentionnelle. L'agent sait ce qu'il fait au moment où il le fait et il a bien l'intention de le faire [1]. Ainsi faudra-t-il distinguer, d'une part, les choses que je fais « sans en avoir l'intention de celles qui sont intentionnelles » et, d'autre part, « entre mon action telle que je la connais et cette même action, celle que je fais effectivement, lorsqu'elle est décrite sous un aspect dont je n'ai pas connaissance » [2]. C'est-à-dire distinguer, d'une part, parmi toutes les choses

particulièrement ennuyeuse, un étudiant range ostensiblement ses affaires dans son sac, on peut considérer cela comme une expression de son intention de quitter la pièce.

1. La compréhension de la notion d'« action intentionnelle » est un point crucial de l'analyse d'Anscombe. La seule façon d'offrir un compte rendu clair de cette notion est de se rapporter à un certain sens de la question « Pourquoi ? ». Les cas d'action intentionnelle sont ceux où la question « Pourquoi ? », en un certain sens, s'applique (*L'Intention*, § 5). Pour le dire brièvement, ce sens particulier de la question « Pourquoi ? » est celui qui requiert des raisons d'agir (par contraste avec, par exemple, une explication causale – voir *L'Intention*, § 9-12). Ce sens est analysé au deuxième chapitre.

2. V. Descombes, Préface à E. Anscombe, *L'Intention*, p. 15.

que je fais, les actions qui relèvent de mes buts pratiques et, d'autre part, considérant l'action intentionnelle, les aspects dont j'ai connaissance des simples effets ou circonstances collatéraux de celle-ci. En ce sens d'« intentionnel », la plupart de nos actions peuvent être considérées comme intentionnelles (au moins sous une certaine description) : en l'absence d'un élément de distraction, de maladresse ou de l'ignorance de certaines circonstances, on considère généralement que les gens ont l'intention de faire ce qu'ils font (sous au moins une des descriptions de ce qu'ils font)[1]. Dans ce cas, l'intention est une intention *de* faire (*of doing*) ce qu'on fait[2], distincte de l'intention qu'on peut avoir en faisant (*in doing*) quelque chose. Par exemple, lorsque Saga fait bouillir de l'eau pour faire du thé, son action de faire bouillir de l'eau est intentionnelle : elle a l'intention *de* faire bouillir (*of boiling*) de l'eau (action intentionnelle) et, ce faisant (*in doing it*), elle a l'intention de faire du thé (intention *dans* l'action). On peut, en ce sens, distinguer son acte intentionnel de l'intention qu'elle a en le faisant (qui renvoie à l'usage (iii) du concept d'intention)[3].

1. Comme nous le verrons, cette remarque n'implique pas que nous puissions appliquer l'adjectif « intentionnelle » ou l'adverbe « intentionnellement » de manière légitime dès lors qu'on donne une description sous laquelle une action est intentionnelle. Il serait étrange, voire inapproprié, de dire : « Martin fait du thé intentionnellement » ou « Saga va chercher le courrier intentionnellement ». C'est ce qu'indique John L. Austin dans son « Plaidoyer pour les excuses » (p. 152), par son principe « pas de modification sans aberration ».

2. *L'Intention*, § 4, p. 44.

3. Dans la mesure où ces trois catégories ne font pas nécessairement référence à des usages bien délimités de la notion d'intention et où nous considérons que faire bouillir de l'eau fait partie de l'action de faire du thé, l'action de Saga de faire du thé est en même temps une action intentionnelle.

L'EXPRESSION D'INTENTION REVUE ET CORRIGÉE [1]

Traditionnellement, comme l'ont rappelé Moran et Stone [2], la stratégie d'Anscombe est résumée comme suit. Cette dernière se propose d'examiner un à un les trois usages distingués. Elle commence par l'expression d'intention et reconnaît alors la possibilité de ce que ses héritiers nommeront une « intention pure » : une intention peut être exprimée et ne jamais être réalisée ; une intention peut même exister sans jamais être exprimée ni donner lieu à une action :

> Un homme peut avoir une intention et ne rien faire pour la mettre à exécution : soit qu'il rencontre un obstacle, soit qu'il change d'avis. Pourtant, l'intention elle-même peut être complète même si elle demeure quelque chose de purement intérieur. (*L'Intention*, § 4, p. 44)

L'histoire officielle veut alors qu'Anscombe opère un choix méthodologique inattendu et, pour ainsi dire, gratuit :

> Si nous voulons comprendre ce qu'est l'intention, il semble alors qu'il faille chercher quelque chose qui n'existe que dans la sphère de l'esprit. Dès lors, même si l'intention débouche sur des actions, (...) on sera porté à croire que ce qui a lieu physiquement (ce qu'un homme fait effectivement) est la dernière chose à considérer dans notre enquête. Je souhaite dire au contraire que c'est la première. (*Ibid.*)

1. C'est Vincent Descombes qui traduit l'expression anglaise de Moran et Stone, *transformed Anscombe*, par « Anscombe revue et corrigée ». Voir, par exemple, *Le parler de soi*, Paris, Gallimard, 2014, p. 254.

2. R. Moran, M. Stone, « Anscombe sur l'expression des intentions », art. cit.

Ainsi, après avoir reconnu que, si nous nous intéressons aux intentions, il paraît légitime de les considérer à l'état pur, dans « la sphère de l'esprit », Anscombe propose, contre toute attente, de se pencher sur « la dernière chose à considérer », à savoir « ce qu'un homme fait effectivement », l'action elle-même. Dès lors, il lui sera reproché, non seulement de recourir à un choix méthodologique plus ou moins arbitraire, mais en outre de ne jamais considérer dans sa monographie le cas central : les intentions à l'état pur.

En effet, lorsqu'elle reviendra à sa première division au § 50 (soit trois paragraphes avant la fin), Anscombe se contentera alors simplement de dire que « ce qui a été dit au sujet de l'intention dans l'action présente s'applique également à l'intention future » ! C'est pourquoi, comme l'ont récemment rappelé Moran et Stone[1], certains philosophes de l'action, qui se réclament ouvertement d'Anscombe (comme, par exemple, Davidson ou, plus récemment, Michael Bratman et David Velleman), ont pu penser que la stratégie anscombienne était insuffisante et qu'il fallait opérer un retour à l'analyse des états mentaux eux-mêmes et de l'intention pure en particulier.

Ces philosophes de l'action[2], à la suite de Davidson, ont avancé que pour étudier l'intention il fallait isoler

1. R. Moran, M. Stone, « Anscombe sur l'expression des intentions », art. cit., p. 36-38.

2. Comme, par exemple, D. Davidson, « Avoir une intention », dans *Actions et événements*, *op. cit.*, p. 119-145 ; D. Velleman, « How to Share an Intention », *Philosophy and Phenomenological Research*, vol. 57, n° 1, 1997, p. 29-50 ; M. Bratman *Intentions, Plans and Practical Reason*, Cambridge Mass.-London, Harvard University Press, 1987 et *Faces of Intention*, Cambridge-Melbourne, Cambridge University Press, 1999, p. 2 ; John R. Searle, *L'Intentionalité*, *op. cit.*, chap. 3 et « Putting Consciousness Back in the Brain : Reply to Bennett and Hacker »,

(d'une façon ou d'une autre) le phénomène « avoir une intention » (« *intending* ») d'autres phénomènes parasites (comme l'action) :

> Notre modèle psychologique de sens commun conçoit les intentions comme des états d'esprit et nous autorise également à caractériser les actions comme faites intentionnellement ou avec une certaine intention. Une théorie de l'intention doit prendre en compte les deux types de phénomènes et expliquer comment ils sont liés. Une approche naturelle, que j'emploierai ici, consiste à commencer par l'état qui consiste à avoir une intention d'agir. D'autres théoriciens se penchent immédiatement sur l'intention telle qu'elle apparaît dans l'action : ils se penchent tout de suite sur l'action intentionnelle et l'agir avec une certaine intention. (…) C'est, par exemple, la stratégie de Elizabeth Anscombe dans sa monographie révolutionnaire, *L'Intention*[1].

L'idée nourrie par ces auteurs est que c'est seulement une fois mises au jour les caractéristiques fondamentales de l'intention pure que nous pourrons éclairer la relation entre action et intention. On reconnaîtra, dans la citation de Bratman, les trois usages d'« intention » relevés par Anscombe, transformés de telle sorte que l'« expression d'intention pour le futur » devient l'« intention pure ». La démarche consiste clairement à détacher l'intention de l'action et à la considérer comme un objet d'étude à part entière, en faisant comme si l'alternative méthodologique

Philosophical Foundations of Neurosciences, M. Bennett, D. Dennett, P. Hacker, John R. Searle, *Neuroscience and Philosophy : Brain, Mind and Language*, New York, Columbia University Press, 2007, p. 123.

1. M. Bratman, *Intention, Plans and Practical Reason*, *op. cit.*, p. 3. Cité par R. Moran, M. Stone, « Anscombe sur l'expression des intentions », dans *Agir et penser*, *op. cit.*, p. 37.

entre l'étude des intentions pures et l'étude de l'intention dans l'action et de l'action intentionnelle ne relevait que d'un choix stratégique différent, sans grandes conséquences théoriques.

En réalité, ce choix méthodologique est largement imprégné de théorie. Et tandis que (contrairement à ce que suggère la lecture standard que je viens d'exposer) le choix d'Anscombe va s'avérer justifié, c'est le fantasme d'une intention pure qui va se révéler *ad hoc*.

Ce passage d'une stratégie à l'autre, qui oriente les questionnements de la philosophie de l'action *mainstream*, a été analysé par Moran et Stone. Ils ont mis en évidence cinq étapes qui mènent d'Anscombe à Anscombe revue et corrigée [1] ou Anscombe Transformée (AT) [2] :

(1) La première division des usages d'« intention » proposée par Anscombe, « l'expression d'intention pour le futur », devient simplement « intention pour le futur » ;
(2) Ceci suggère la possibilité d'un « (acte d')intention pure » (« *pure intending* »), séparable de l'action ;
(3) Ceci suggère à son tour que l'intention pure – ce dont l'expression d'intention est l'expression – appartient à la catégorie des états, attitudes, dispositions, événements mentaux (ou d'esprit) [3] ;
(4) Dès lors, l'examen théorique de l'intention relève

1. Voir V. Descombes, *Le parler de soi*, p. 254.

2. R. Moran, M. Stone, « Anscombe sur l'expression des intentions », art. cit., p. 38-39.

3. Les distinctions très subtiles, parfois proposées en métaphysique, entre état, événement, etc. ne sont d'aucune importance pour le propos ici présenté. Que l'on parle des uns ou des autres, l'argument porte sur la question du caractère *purement* mental des intentions et pas sur la manière dont, en tant que mentales, on pourrait les caractériser.

de deux tâches distinctes : d'abord, l'analyse de l'état mental que serait l'intention (*intending*) – suivant (1) et (2) –, et, ensuite, « l'explication des autres applications de "intention", dépendantes du comportement, dans les termes de cette analyse »[1];

(5) On aboutit alors à AT : « (A) Un événement est une action lorsqu'il est intentionnel sous une certaine description[2]; (B) une action satisfait cette condition lorsqu'elle est accomplie pour certaines raisons; (C) l'action est alors susceptible d'une forme de rationalisation [...]; (D) ces rationalisations éclairent l'action par un mouvement qui va de l'intérieur [croyances, désirs, pro-attitudes, etc.] vers l'extérieur [ce qui se passe, l'action][3]. »

Contrairement à Anscombe qui se propose d'étudier l'intention telle qu'elle apparaît dans l'action, voire même d'essayer de comprendre l'intention à partir d'une étude de l'action, AT se penche d'abord sur l'intention pure pour tâcher ensuite d'éclairer ses rapports à l'action. Comme nous pouvons le voir dans la synthèse des positions de AT proposée par Moran et Stone en (5), l'intention vient alors *définir* l'action : « un événement est une action lorsqu'il est intentionnel sous une description ». L'intention est par ailleurs conçue comme un élément mental *interne*, une raison, qui vient qualifier l'action – au sens propre où

1. R. Moran, M. Stone, « Anscombe sur l'expression des intentions », art. cit., p. 39. Voir ci-dessous la remarque de D. Davidson, « Avoir une intention », dans *Actions et événements*, *op. cit.*, p. 126.

2. Voir à ce propos le quatrième chapitre sur l'individuation de l'action.

3. R. Moran, M. Stone, « Anscombe sur l'expression des intentions », art. cit., p. 39.

elle en détermine la nature – soit parce qu'elle en est considérée comme la cause [1], soit parce qu'elle en est une qualité ou un composant [2].

Je voudrais montrer que cette vision de l'intention, outre qu'elle n'a à peu près rien à voir avec le compte rendu d'Anscombe, est simplement fausse. *L'intention demeure incompréhensible indépendamment du concept d'action.* C'est cela qui est montré dans les premiers paragraphes de *L'Intention.* Mais avant de revenir sur ce point, examinons les raisons pour lesquelles la philosophie de l'action *mainstream* n'a pas hérité d'Anscombe, mais d'Anscombe transformée.

Le véritable père de cette philosophie de l'action est Davidson. Celui-ci n'a pas seulement été un des lecteurs d'Anscombe les plus importants dans la philosophie anglo-saxonne, il a aussi exercé une influence toute particulière sur des représentants plus tardifs de AT (comme, par exemple Velleman ou Bratman [3]). Mon objet n'est pas de discuter en détails les différentes version de AT, mais plutôt d'en examiner les erreurs fondamentales pour offrir une autre vision de la philosophie de l'action. Comme l'ont remarqué Moran et Stone, en dépit de leurs divergences (parfois importantes), tous les représentants de AT partagent certains présupposés méthodologiques mis en place par Davidson.

1. C'est, par exemple, ce que soutient D. Davidson dans « Actions, raisons et causes ».

2. Voir, par exemple, John R. Searle, *L'Intentionalité*, *op. cit.*, chap. 3.

3. Ceux-ci revendiquent souvent explicitement cet héritage, en particulier D. Velleman, *The Possibility of Practical Reason*, Oxford, Oxford University Press, 2000, p. 5 *sq.*; M. Bratman, *Faces of Intention*, *op. cit.*, p. 2 *sq.*

D'une certaine façon, c'est en tant qu'ils partagent ces présupposés méthodologiques qu'un certain nombre d'auteurs peuvent être considérés comme des représentants de AT ou comme apparentés à une telle méthodologie. Dans la mesure où Anscombe est généralement considérée comme ayant réhabilité voire initié, à travers le retour à des problématiques aristotéliciennes et thomistes, ce qu'on appelle désormais la philosophie de l'action, nous pouvons diviser schématiquement les philosophes de l'action en deux groupes : les uns plus proches de la méthodologie wittgensteinienne employée par Anscombe et qui héritent du « tournant linguistique »[1] en philosophie analytique dans les années 1930, les autres portés vers une méthode et des problématiques plus davidsoniennes et qui, tout en prenant acte du tournant linguistique, sont attirés par une certaine métaphysique héritée du « tournant cognitif » des années 1960.

Il existe à première vue de bonnes raisons de considérer les intentions pures – c'est-à-dire, selon Davidson, « [l]es intentions qui ne sont pas nécessairement accompagnées d'actions »[2] – comme le cas basique d'une étude sur l'intention. Une des raisons principales en est la possibilité de séparer phénoménologiquement l'intention de l'action intentionnelle[3].

1. Voir R. Rorty, *The Linguistic Turn* (2nd ed.), Chicago, The University of Chicago Press, 1992.

2. D. Davidson, « Avoir une intention », dans *Actions et événements*, *op. cit.*, p. 125. Un certain nombre de philosophes (comme, par exemple, John R. Searle, *L'Intentionalité*, *op. cit.*, p. 107 *sq*.) ont également retenu le terme d'« intention préalable » (« *prior intention* ») pour désigner les cas où une intention est formée antérieurement à l'action. Dans de tels cas, l'intention préalable peut se transformer en action, mais ceci n'arrive pas nécessairement, auquel cas elle reste « pure ».

3. C'est aussi l'argument employé par John R. Searle, voir, *L'Intentionalité*, *op. cit.*, p. 114-115.

On pourrait ainsi penser qu'en dépit des réticences prétendument méthodologiques d'Anscombe à considérer un objet purement psychologique, c'est là la seule perspective pour étudier l'intention ; et que, si nous voulons dire quelque chose de philosophiquement intéressant à propos des intentions, nous devons considérer ce dont les expressions d'intention sont l'expression, c'est-à-dire quelque chose de purement « mental ». Mieux, selon Bratman [1] ou Davidson [2] le phénomène de l'intention pure est le plus basique [3] en ce qu'il débarrasse l'intention (*intending*) de l'élément parasite que constitue l'action, qui lui est généralement attaché, pour nous donner accès à la véritable nature de l'intention :

> Nous sommes partis de l'intention pure – l'intention qui n'est pas accompagnée de délibération ou suivie de conséquences explicites – parce que dans ce cas il ne fait pas de doute qu'avoir une intention est un état ou un événement distinct de l'action qu'on a l'intention de réaliser ou distinct des raisons qui l'ont provoquée [4].

Dans la perspective de Davidson, le phénomène d'intention pure (*pure intending*) révèle la nature mentale de l'intention (*intending*). Il en conclut que l'intention doit être une sorte d'état mental intervenant dans l'action intentionnelle.

Or, il est plutôt surprenant de voir que cette conception de l'intention comme pur état mental est assez largement partagée par les philosophes contemporains de l'action,

1. M. Bratman, *Intention, Plan and Practical Reason*, *op. cit.*

2. D. Davidson, « Avoir une intention » et « Introduction », dans *Actions et événements*, *op. cit.*, p. 8.

3. R. Moran, M. Stone, « Anscombe sur l'expression des intentions », art. cit.p. 136.

4. D. Davidson, « Avoir une intention », art. cit., p. 126.

et, en particulier, par ceux qui se réclament d'Anscombe. S'ils sont, en effet, influencés par Anscombe, cette conception constitue un point de divergence fondamental. Le désaccord qui se voulait simplement méthodologique entre Anscombe et TA est en fait le symptôme d'un désaccord beaucoup plus profond, qui porte non seulement sur une certaine conception de l'activité philosophique, mais aussi sur une certaine vision de l'intention. Cette question constitue la toile de fond du présent chapitre. Un des objets principaux de la suite de ce chapitre sera donc de montrer en quoi le refus de la stratégie d'Anscombe et le retour à la dimension purement psychologique des intentions reviennent simplement à négliger le travail philosophique effectué dans l'*Intention*, qui consiste à placer les *descriptions de l'action* au cœur de l'enquête sur l'intention[1].

Comprendre comment cette philosophie de l'action a mal tourné impose un détour par la philosophie de l'esprit et une brève mise au point sur la critique radicale qu'en fournit la tradition wittgensteinienne, dont toute la mesure n'a toujours pas été prise par la philosophie analytique *mainstream*.

« La charte mentaliste »

À la source du désaccord entre Anscombe et Davidson (et plus largement les partisans de AT), se trouve le problème classique de la philosophie contemporaine de l'esprit : celui du rapport entre le corps et l'esprit, le fameux « problème cerveau-esprit ». Dans ses grandes lignes,

1. Ce point deviendra encore plus évident dans le chapitre IV où je conteste l'idée d'une prétendue thèse Anscombe-Davidson sur la question de l'individuation de l'action.

celui-ci repose sur une certaine lecture de la question cartésienne de l'interaction du corps et de l'esprit : il s'agit de trouver un moyen d'expliquer comment un esprit ou une volonté (quelque chose qui, par définition, est immatériel) peut mouvoir un corps (c'est-à-dire de la matière)[1]. Ainsi, à moins d'être prêt à admettre une forme quelconque de spiritualisme, la solution la plus plausible à ce problème serait celle proposée par la Princesse Elisabeth de Bohème à Descartes dans sa lettre du 20 Juin 1643 :

> J'avoue qu'il me serait plus facile de concéder la matière et l'extension à l'âme, que la capacité de mouvoir un corps et d'en être ému, à un être immatériel[2].

Transposée dans le cadre contemporain de la philosophie analytique anglo-saxonne, le problème prend la forme suivante : comment faire place à l'esprit dans le monde physique ?[3] Il n'y a pas lieu d'entrer ici dans les détails des solutions proposées à ce problème devenu central en philosophie de l'esprit. Il s'agit plutôt de voir comment l'influence du problème cartésien sur l'empirisme puis sur son héritage dans la philosophie anglo-saxonne du XXe siècle engendre davantage de confusions philosophiques que de

1. Voir R. Descartes : « comme lorsque de cela seul que nous avons la volonté de nous promener, il suit que nos jambes se remuent et que nous marchons », *Traité de l'âme* I, 18, Paris, Vrin, 1994.

2. R. Descartes, *Correspondance avec Elisabeth et autres lettres*, J.-M. Beyssade et M. Beyssade (éd.), Paris, Flammarion, 1989, p. 72. Voir J. Kim, *Philosophie de l'esprit*, trad. M. Mulcey (dir.), Paris, Ithaque, 2008.

3. Pour une présentation claire et assez exhaustive de la question, voir J. Kim, *L'esprit dans un monde physique*, trad. F. Athané et E. Guinet, Paris, Syllepse, 2006.

clarifications [1]. En particulier, la lecture davidsonienne d'Anscombe reste prisonnière d'un cadre de réflexion et de catégories hérités de ce paradigme cartésien [2], qui l'empêche de tirer toutes les conséquences de l'approche de celle-ci. Cette confusion consiste à prendre pour point de départ une ontologie héritée de l'empirisme, qui assimile le sens du mot « exister » à celui de « être observable dans un médium (matériel ou physique) » et qui se trouve dès lors prise dans l'alternative suivante : soit ce que nous appelons « esprit » ou « mental » a une existence observable ou matérielle, soit cela n'existe pas.

Ce diagnostic n'est pas nouveau ; il a été posé par Wittgenstein, entre autres, dans un passage bien connu des *Recherches Philosophiques*, § 308 :

> Comment le problème philosophique des processus et états psychiques et du béhaviourisme peut-il bien surgir ? – Le premier pas dans cette direction passe complètement inaperçu. Nous parlons de processus et d'états, en laissant leur nature indécidée ! Peut-être un jour connaîtrons-nous plus de choses à leur sujet – pensons-nous. Mais nous avons ainsi arrêté une manière déterminée de les considérer. Car nous avons un concept déterminé de ce que veut dire : apprendre à mieux connaître un certain processus. (Le pas décisif dans le tour de passe-passe est franchi, et c'est justement lui qui nous semble innocent.) – Et la comparaison qui aurait dû nous rendre nos pensées compréhensibles s'effondre alors. Aussi nous faut-il nier l'existence d'un processus encore incompris qui se déroulerait dans un *medium* encore inexploré. Mais nous

1. Voir à ce propos l'article de C. Chauviré, « La philosophie est-elle soluble dans la science ? », *Revue Philosophique de la France et de l'étranger*, n° 3, Paris, P.U.F., 1999, p. 277-290.

2. Cf. V. Aucouturier, *Qu'est-ce que l'intentionalité ?*

semblons ainsi avoir nié l'existence des processus psychiques. Pourtant nous ne voulons évidemment pas la nier !

Cette remarque présente, sous forme de diagnostic, les raisons pour lesquelles nous en venons à nous demander de quelle nature est le mental et si nous pouvons, par exemple, en rendre compte en termes physiologiques. L'erreur, d'après Wittgenstein, consiste à penser que lorsque nous parlons d'états ou de processus mentaux, nous parlons d'objets dont l'hypothétique nature ne nous est pas encore claire. Nous les pensons comme des entités hypothétiques, dont la nature reste à déterminer. Mais, en réalité, si nous en sommes à ce point de la réflexion, c'est que « le pas décisif dans le tour de passe-passe est franchi », car « nous avons un concept déterminé de ce que veut dire : apprendre à mieux connaître un certain processus ». C'est ce concept déterminé qui nous incite à penser les processus mentaux suivant le modèle d'un processus mécanique ou physiologique. Pour comprendre l'objection de Wittgenstein, il faut se placer en amont de la question de la nature des processus mentaux.

Or, justement, dans *La denrée mentale*[3], Descombes, suivant la présentation (par Jerry Fodor[4]) de ce qu'il appelle « la charte de la nouvelle philosophie mentale », fournit une synthèse éclairante des trois grands « articles » de la philosophie dite « mentaliste », qui est ici l'une des cibles de Wittgenstein. Cette philosophie est dite mentaliste en

3. V. Descombes, *La denrée mentale*, *op. cit.*, p. 105-111.

4. J. Fodor, « Why There Still Has to Be a Language of Thought » (Appendice), *Psychosemantics : The Problem of Meaning in the Philosophy of* Mind, Cambridge, Mass., MIT Press/Bradford Books, 1987, p. 135.

ce que ses réflexions posent l'existence d'une réalité mentale et portent sur la nature ontologique de cette dernière.

« Le premier article », dit Descombes, « pose la réalité du mental[1] » ; il correspond au constat, prétendument innocent, de l'existence d'états (d'événements, de propriétés, etc.) mentaux. Les auteurs concernés restent d'ailleurs délibérément vagues quant à la spécification des notions d'état, d'événement ou de propriété mentaux. Ce qui est incontestablement problématique. Il existe une sorte de consensus suivant lequel, en amont de la théorie, ces expressions sont utilisées de la manière la plus neutre et la plus ordinaire (mais aussi la plus vague…) possible : si j'ai mal, on peut dire que je suis dans un état (mental) de douleur ; si je réalise soudainement que j'ai oublié de fermer la fenêtre du salon alors qu'il pleut, on peut appeler l'occurrence soudaine de cette pensée un « événement mental ». Cela fait apparemment partie d'une « pratique philosophique commune » d'employer « événement » en un sens large incluant « les états comme les changements »[2]. Il est en effet rare de voir les notions d'état ou d'événement mentaux classées parmi les concepts théoriques en philosophie de l'esprit[3]. Leur existence est souvent considérée comme relevant du sens commun et on ne leur trouve pas de chapitre dédié dans les encyclopédies de philosophie de l'esprit (même si un chapitre est souvent dédié aux notions d'« état » et d'« événement » tout court).

1. V. Descombes, *La denrée mentale*, *op. cit.*, p. 105.

2. B.P. McLaughlin, « Epiphenomenalism », *A Companion to the Philosophy of Mind*, S. Guttenplan (ed.), Oxford, Blackwell, 1994, p. 278.

3. Bien qu'ils constituent un thème important de la philosophie de l'esprit des années 1950-1960. *Cf.* D. Davidson, *Actions et événements* ; E. Anscombe, « Events in the mind », in *Metaphysics and the philosophy of mind*, *op. cit.*, p. 57-63.

On considère généralement que états et événements mentaux apparaissent à un temps *T* et qu'ils se distinguent parfois en ce que le dernier suggère un changement et pas l'autre :

> Ce qui fait donc d'un état un état *mental*, c'est qu'il est instancié par « un organisme ayant des propriétés mentales » c'est-à-dire auquel on aurait tendance à attribuer un esprit. La définition peut sembler circulaire. On pourrait expliquer un certain besoin de rester vague dans la mesure où le débat porte justement sur la détermination de la nature de ces états mentaux constatés. C'est cette nature qui reste à découvrir. On se contentera pour le moment de remarquer que, dans le cadre de cette tradition de pensée, ce sont nos concepts psychologiques ordinaires qui sont généralement employés pour désigner des sortes d'états, de propriétés ou d'événements mentaux[1].

Dans cette citation de Kim se dessine très précisément le mouvement qui nous fait passer du constat innocent de l'existence d'états mentaux (le premier article de la charte mentaliste) à l'idée qu'il nous faut rendre compte de la « nature » de ces états, propriétés ou événements. Nous constatons innocemment la possibilité d'une intention pure ; il nous reste à en déterminer la nature.

« Le deuxième article » de la charte mentaliste, écrit Descombes, « nous dit qu'une théorie matérialiste de l'esprit est concevable[2] ». On décide ainsi de la « nature indécidée » du mental : elle sera matérielle, sous peine de ne pas être du tout. Il faudra, dès lors, identifier ces états ou processus mentaux à des états ou processus physiques ou physiologiques ou au moins expliquer leur relation. Ceci si nous voulons éviter l'impasse du dualisme cartésien,

1. J. Kim, *Philosophie de l'esprit*, *op. cit.*, p. 8.
2. V. Descombes, *La denrée mentale*, *op. cit.*, p. 106.

qui nous force à penser la substance pensante comme immatérielle (laquelle, dès lors, sort de la catégorie de ce qui peut faire l'objet d'une étude empirique objective).

« Le troisième article pose que les entités mentales dont la réalité vient d'être posée ont une fonction causale[1] ». Il nous fait revenir à la question de l'interaction du corps et de l'esprit et à l'idée, déjà suggérée par la Princesse Elisabeth, que cet interaction n'est concevable qu'à condition d'accepter une certaine version de la théorie matérialiste de l'esprit. Ainsi ce serait seulement en tant qu'elles sont rapportées à des états ou processus physiques (ou physiologiques) que des entités mentales pourraient exercer un quelconque pouvoir causal sur les corps, les mouvoir et les faire agir. C'est selon ce principe qu'une intention pure pourrait produire une action.

Or, nous retrouvons la structure générale du diagnostic de Descombes dans l'exposition par Moran et Stone des thèses de TA : partant de l'idée banale que nous avons des intentions et qu'elles peuvent demeurer de purs états mentaux, nous aboutissons à une façon très spécifique de poser la question de la relation entre intention et action : celle de l'interaction entre du mental et du physique.

Descombes conclut de ces remarques qu'« en accordant ces vérités peu contestables [le lecteur] a accepté les uns après les autres les éléments d'une métaphysique de l'esprit », car chaque article « demande de remplacer un énoncé banal par la formule mentaliste canonique grâce à laquelle la psychologie pourra accomplir le prodige annoncé : *naturaliser* l'*Intentionalité*[2] ». En se démarquant

1. *Ibid.*

2. *Ibid.*, p. 107. Descombes orthographie le terme d'« intentionalité » à la manière des traducteurs de Searle (*L'Intentionalité*), mais c'est pour en faire un concept nouveau. Contrairement à Searle qui, nous le verrons

légèrement du mentalisme fodorien auquel s'attaque Descombes à cet endroit, nous pouvons reformuler le passage de l'énoncé banal à la thèse métaphysique comme suit (reprenant ainsi la critique plus générale de Wittgenstein) : dans le premier article, un constat banal d'existence (nous avons des croyances, des intentions, etc.) devient une certaine posture ontologique qui pousse à la détermination de la *nature* du type d'existence en question ; dans le deuxième article, nous précisons la nature de cette existence par le biais de la corrélation entre avoir un esprit et avoir un cerveau, « croire quelque chose *pourrait* bien être un état du cerveau [1] » (nous évitons l'écueil du spiritualisme) ; dans le troisième article nous passons de l'idée d'un lien rationnel entre des pensées et des actions (par exemple « courir de peur de rater le train ») à celui d'un lien causal entre des états du cerveaux (corrélatifs des états d'esprit) et des mouvements du corps.

Voici comment se produit la naturalisation de l'esprit sous couvert de sens commun et sur fond d'un matérialisme présupposé d'avance, dès l'article un, mais qui en réalité ne va pas de soi. C'est ce sur quoi je voudrais revenir en me concentrant sur les articles un et deux de la charte mentaliste de Descombes et sur les étapes (i) à (iv) de la transformation d'Anscombe en AT. Je ne m'attarderai donc pas sur la question de la causalité mentale et ceci pour

au troisième chapitre, définit l'intentionalité comme un certain rapport de l'esprit (ou des esprits) au monde (comme la capacité qu'ont nos états mentaux d'être *à propos* du monde), Descombes définit l'intentionalité comme étant à l'extérieur des penseurs et des agents, dans son expression et donc aussi dans leurs actions. Il cherche ainsi à se débarrasser du dualisme du sujet (le mental) et de l'objet (ce que vise le mental) qu'on trouve dans la conception searlienne de l'intentionalité. Voir sur ce point *La denrée mentale*, *op. cit.*, p. 33-47.

1. *Ibid.*, p. 108.

deux raisons. D'abord, parce que, dès lors que nous rejetons une certaine image de l'intention promue par les partisans de AT, la question des rapports entre action et intention cesse de se poser dans les termes d'une quelconque relation à deux termes. D'autre part, mon objet n'est pas tant de rejeter l'image de la cause mentale que de rejeter une certaine conception du mental sur laquelle s'appuient certaines conceptions bien spécifiques de la causalité mentale, que j'examinerai au prochain chapitre.

LE PROBLÈME AVEC LES INTENTIONS PURES

Le premier article du diagnostic de Descombes relève d'une posture ontologique. À partir de la reconnaissance naïve de l'existence de phénomènes psychiques (nous avons, de fait, souvent l'intention de faire des choses) nous aboutissons à une façon déterminée de considérer ces phénomènes comme les objets d'une enquête empirique, *analogue* à celle que nous menons lorsque nous cherchons la composition chimique de l'eau. « Nous parlons de processus et d'états, en laissant leur nature indécidée ! », dit Wittgenstein. « Peut-être un jour connaîtrons-nous plus de choses à leur sujet – pensons-nous. Mais nous avons ainsi arrêté une manière déterminée de les considérer » (*RP*, § 308). « Intention » devient ainsi comme le *nom de quelque chose* dont la véritable nature resterait à découvrir. Mais traiter l'intention comme un quelque chose, c'est la penser sur le mode de l'objet au sens contemporain du terme, au sens où, par exemple, une table ou un verre d'eau, ou l'objet qui a été trouvé dans les poches de l'accusé, sont des objets[1]. Dès lors, pour décider de cette nature

1. Voir G.E.M. Anscombe, « The Intentionality of Sensation », art. cit., p. 3.

indécidée de l'intention, il faudrait pouvoir mettre le doigt sur une sorte d'incarnation objective (physiologique ou matérielle) de celle-ci. Or, comme le rappelle Anscombe :

> Le fait qu'un mot prenne la forme d'un nom ne constitue cependant pas la preuve que nous avons affaire à un objet. Il est vrai que nom et objet sont corrélatifs, mais ceci signifie seulement que si nous construisons (syntaxiquement parlant) un nom, nous construisons aussi, soit un objet, syntaxiquement parlant, soit une relation à un objet existant[1].

L'argument ici invoqué consiste à révéler ce que Gilbert Ryle a appelé une « erreur de catégorie »[2]. Une telle erreur revient, par exemple, à considérer que les catégories de « nom » et d'« objet » fonctionnent *toujours* de la même façon. Ainsi un nom n'aurait de sens qu'en vertu de sa référence, de ce qu'il désigne un certain objet dans le monde[3]. Suivant cette image, si un concept psychologique, par exemple, celui d'« intention », a un sens, il *doit* faire référence à un objet dans le monde. Or, dans la mesure où nous ne savons pas encore de quelle nature est cet objet, il convient de le découvrir. Car, suivant cette image du langage[4], les mots « chaise », « table », « rêve », « contrat »,

1. G.E.M Anscombe, « On Private Ostensive Definition », *Language and Ontology : Proceedings of the 6th International Wittgenstein Symposium*, Vienne, Hölder-Pichler-Tempsky, 1982, p. 215.

2. G. Ryle, *La notion d'esprit*, trad. S. Stern-Gillet, Paris, Petite Bibliothèque Payot, 2005, p. 81.

3. Cf. *RP*, § 40.

4. L'image prise ici pour cible ressemble à l'image augustinienne du langage discutée par Wittgenstein au début des *Recherches Philosophiques*. Comme le font, par ailleurs, remarquer Anscombe (« A Theory of Language », *in* M. Geach, L. Gormally (eds), *From Plato to Wittgenstein*, Imprint Academic, 2011, p. 193-203) ou Travis (*Thought's Footing*, Oxford, Oxford University Press, 2006, p. 10 *sq.*) cette image n'est pas

« université », « intention » et « croyance » appartiennent tous à la même catégorie, celle des noms qui désignent des objets.

Est ici en cause l'idée qu'il n'existerait qu'*une seule* bonne manière de comprendre la logique des noms, qui consisterait à pointer vers, à référer à une chose qu'ils désignent dans le monde. Or, les exemples pris par Anscombe montrent qu'il n'y a pas une seule logique des noms : il existe différentes catégories de noms et un nom ne désigne pas nécessairement une entité identifiable dans le monde. Cette notion de catégorie est logique ou grammaticale :

> Si « nom propre » est une catégorie grammaticale, « chiffre » [...] en est une autre, de même que « nom de couleur » ou « verbe psychologique ». Mais [...] même celles-ci s'avèrent être, en quelque sorte, génériques. Autrement dit, il existe des différences de « catégorie » propres à chaque type[1].

Tous ces noms ne *fonctionnent* donc pas de la même façon. Et ils ne fonctionneront pas toujours de la même façon, selon le contexte dans lequel ils sont employés (et le jeu de langage dans lequel ils le sont), en dépit du fait que, dans la grammaire scolaire, ils appartiennent tous à la même catégorie. « Ouest », « douleur », « chaise », « eau » et « intention » sont tous des noms, certes, mais ils appartiennent à des catégories logiques différentes ; ils ont des usages et des fonctions différentes dans le langage. Une bonne manière de comprendre cette objection

fausse. Mais il serait faux de concevoir le fonctionnement de tous les noms et de tous les mots du langage sur ce simple modèle.

1. E. Anscombe, « A Theory of Language », *in* M. Geach, L. Gormally (eds), *From Plato to Wittgenstein*, *op. cit.*, p. 201.

philosophique est de se demander comment nous comptons, individualisons ou dénombrons les « choses » : combien de rêves avez-vous fait cette nuit ? Combien d'intentions avez-vous eues aujourd'hui ? Combien d'argent avez-vous ? Combien de croyances ? Combien d'universités avez-vous fréquentées ? Combien de stylos rouges possédez-vous ? Etc. Certaines de ces questions paraissent incongrues précisément parce qu'elles sont aussi absurdes et ont autant de réponses que les devinettes du chapelier de Lewis Caroll[1].

Pour illustrer cette erreur de catégorie, Ryle prend l'exemple d'un individu qui ne saurait pas ce qu'est une université et à qui on ferait visiter un campus en lui montrant la bibliothèque, les salles de classe, les bâtiments administratifs, etc. Une fois cela fait, cet individu interrogerait son hôte en lui demandant : « Mais alors, où est l'université ? ». L'individu n'aurait pas compris que l'université était précisément l'ensemble de ces bâtiments et non pas un bâtiment supplémentaire. Il aurait fait une erreur de catégorie en pensant que l'université était une chose qui devait être comptée, en plus de chacun de ces bâtiments[2]. De la même façon, quelqu'un qui penserait qu'une paire de gants est une troisième chose, en plus d'un gant droit et d'un gant gauche, commettrait une erreur de catégorie[3]. Ces erreurs de catégorie illustrent le fait que tous les mots – et plus précisément les noms – que nous employons ne désignent pas forcément une même catégorie d'objets. Par exemple, nous pouvons compter les objets rouges sur une image, mais nous ne comptons pas le rouge.

1. L. Caroll, *Les aventures d'Alice au pays des merveilles*, Paris, Gallimard, 1990, p. 141-144.

2. G. Ryle, *La notion d'esprit*, p. 85 *sq.*

3. *Ibid.*, p. 90.

Or, l'« intention » appartient à une catégorie particulière de concepts. Par exemple, nous ne savons pas répondre à la question : « pouvez-vous compter le nombre de chaises de cette pièce et le nombre d'intentions que vous avez eues aujourd'hui ? » Un des objets de la suite de ce chapitre sera de révéler certaines spécificités de la catégorie de l'intention.

Ces différences d'usage et de rôle logique des mots dans le langage nous incitent à traiter l'intention, en tant qu'elle est objet d'une certaine enquête philosophique, différemment de la façon dont nous traiterions les chaises. Le fait que ces mots se comportent différemment dans le langage doit avoir des conséquences immédiates sur la façon dont il convient d'étudier ce dont ils parlent, et ceci constitue une raison suffisante de les traiter différemment.

Pris dans sa forme la plus littérale, cet argument a pour conséquence que la façon dont nous employons les mots dans le langage détermine (au moins partiellement) la façon dont nous devons enquêter sur les phénomènes. Cette dernière idée rencontre pourtant quelques résistances :

> La chimie peut nous apprendre que ce que nous appelons de l'eau est une substance qui a la composition H_2O, mais nos concepts mentaux, comme ceux d'intention, de croyance ou de désir n'ont pas le même statut que des concepts d'espèces naturelles tels que « eau ». Selon l'aprioriste[1], à la différence de concepts tels que *eau*, des concepts comme celui d'intention sont *essentiellement* déterminés par la manière dont *nous* concevons les phénomènes qu'ils désignent. Ce sont les propriétés

1. La cible ainsi désignée par Pascal Engel est Norman Malcolm, (*Dreaming* (2 nd ed.), Londres, Routledge and Keagan Paul, 1962) mais si l'objection a une portée quelconque, alors elle vise tout autant Wittgenstein et Anscombe.

> auxquelles nous avons accès par l'observation de nous-même ou d'autrui qui déterminent le sens de ces concepts. C'est pourquoi selon la perspective « conceptuelle » ou aprioriste, si l'on découvrait que telle ou telle propriété mentale est identique à telle ou telle propriété physique, cette découverte ne pourrait pas changer le *sens* que nous donnons aux concepts mentaux exprimant cette propriété [1].

Il est ici reproché à l'analyse conceptuelle [2] de se fonder sur une conception *a prioriste* du langage selon laquelle la façon dont nous utilisons le langage fixerait la signification des mots (ou du moins, ici, des concepts psychologiques) de sorte qu'aucune découverte empirique ne serait susceptible de changer la signification de ces mots. Mais cette objection repose sur une mauvaise compréhension du rôle du langage dans la détermination du type d'enquête à opérer.

En premier lieu, Pascal Engel a raison de dire que l'analyste conceptuel pense que la façon dont, de fait, nous utilisons les mots, dans des contextes variés, fournit de précieuses informations sur la façon dont ces mots *peuvent* effectivement être utilisés de manière sensée. Ainsi, l'étude des usages appropriés du langage peut éclairer la signification des mots et des phrases. Cette idée se fonde sur la manière dont nous apprenons à faire un usage correct du langage en nous familiarisant avec des usages corrects.

1. P. Engel, *Introduction à la Philosophie de l'Esprit*, Paris, La Découverte, 1994, p. 4.

2. J'emploie, pour la discussion de cet argument, l'expression « analyse conceptuelle » d'une façon relativement vague. Celle-ci doit permettre de mettre au jour un certain nombre de règles suivant lesquelles un mot est, dans des circonstances données, utilisé ou non à bon escient, et également d'offrir un nouvel éclairage sur certains problèmes philosophiques traditionnels.

Ceci veut seulement dire qu'on ne peut pas employer n'importe quel mot ou phrase au hasard pour dire quelque chose en particulier. Lorsque Adèle appelle son camion jaune « Jaune », elle n'invente pas un nouveau sens de « jaune » pour signifier « camion jaune », pas plus qu'elle n'étend l'usage de « jaune » de sorte que « jaune » veuille désormais aussi dire « camion jaune » ou même « ce camion jaune en particulier »[1]. En un sens, elle fait simplement une erreur de catégorie, un emploi illégitime de « jaune », en ce qu'elle prend le mot « jaune » pour le nom de l'objet quand c'est en réalité le nom de sa couleur. Que Adèle ne change pas le sens de « jaune » quand elle appelle son camion jaune « Jaune », mais qu'elle fasse simplement un usage illégitime du mot « jaune », illustre le fait que, pour parler de manière sensée, nous ne pouvons pas employer les mots comme bon nous semble. Il y a des règles (ou des conventions) que tout usager du langage doit respecter pour se faire comprendre et pour faire un usage correct et adapté du langage. Ceci ne veut pas dire que nous ne comprenons pas ce que dit Adèle quand elle appelle son camion jaune « Jaune », nous la comprenons dans la mesure où nous pouvons reconnaître son erreur. Mais nous pourrions, comme le fait Wittgenstein dans les *Recherches philosophiques*, imaginer des situations où la communication devient impossible. Si par exemple j'essayais de dire « J'ai faim » par la phrase « La grenouille est sur l'ordinateur », à ce moment-là, il deviendrait impossible de comprendre ce que je veux dire à moins d'une spécification supplé-

1. On pourrait, néanmoins (par exemple dans le cercle familial), considérer que Adèle a, du fait qu'elle l'appelle « Jaune », ainsi baptisé le camion jaune. Et tout le monde pourrait alors se mettre à dire « jaune » pour parler du camion jaune : « Tu vas me chercher Jaune ? » ; « Où as-tu encore mis Jaune ? », etc.

mentaire, disant, par exemple, que j'emploie un langage codé et donnant les règles de décodage de ce langage.

En second lieu, il est aussi juste que suivant l'analyse conceptuelle, nous ne pouvons traiter un concept d'espèce naturelle comme « eau » de la même façon qu'un concept psychologique comme « intention », car la *logique* de leurs usages n'est pas la même. Tandis que « eau » s'emploie pour désigner un élément physique (qu'on peut boire, dans lequel on peut nager, sur lequel on peut naviguer, qui tombe parfois du ciel sous forme de pluie, etc.), nous n'utilisons pas « intention » pour désigner une quelconque entité, mais pour qualifier ce que veulent faire les agents. Cette différence (qui n'en est très vraisemblablement qu'une parmi d'autres, cela n'est pas le propos), pointée par l'analyse conceptuelle, a pour conséquence que, dans le cas de l'eau, on se trouve en présence d'une substance physique sur laquelle, disons, un chimiste peut mener une enquête empirique, alors que, dans le cas de l'intention, l'objet substantiel d'enquête empirique manque (ou il doit avoir une forme différente). (On pourrait d'ailleurs penser que c'est une des raisons pour lesquelles, en dehors de la philosophie du langage[1], l'eau n'est pas devenue une

1. Il ne s'agit pas d'ignorer les importantes discussions (notamment initiées par Hilary Putnam, voire « The Meaning of "Meaning" », *Mind, Language and Reality Philosophical Papers*, vol. 2., Cambridge, Mass., Cambridge University Press, 1975, p. 215-271 et « Meaning and Reference » *Journal of Philosophy*, vol. 70, n° 19, 1973, p. 699-711, trad. V. Aucouturier, « Signification et référence », dans *Textes clés de philosophie du langage I*, Paris, Vrin, 2009, p. 339-361) en philosophie du langage et en métaphysique, qui portent sur les espèces naturelles. Mais l'angle d'attaque de ces problématiques est différent. Elles n'émergent pas du statut ambigu du concept d'« eau ». Tandis que pour le cas de « intention », l'intérêt des philosophes s'y porte notamment du fait que ce mot n'a pas une référence mondaine matérielle évidente, ou encore parce qu'il relève de la psychologie humaine.

énigme pour la philosophie comme peut l'être l'intention – ou encore le temps, la vie, etc.). En revanche, c'est un fait purement contingent de notre langage et des usages des mots « eau » et « intention » que l'un soit généralement employé pour désigner un certain liquide (ayant, en effet, certaines propriétés chimiques et physiques, dont certaines n'ont peut-être pas encore été découvertes), tandis que l'autre n'est généralement pas employé pour désigner de quelconques propriétés substantielles, mais relève du domaine de l'action.

Or, dans certaines circonstances (lorsque, par exemple, quelqu'un forme une intention et n'a encore rien mis en œuvre pour la réaliser), nous pouvons dire qu'une intention est une sorte d'état mental [1] (nous utilisons ainsi un terme plutôt technique, emprunté à la philosophie de l'esprit contemporaine). Nous pourrions même être tentés de dire que le mot « intention » fait *référence* ou *désigne* un état mental. Ce faisant, nous aurons dit peu de choses et n'aurons certes rien dit de faux. Mais nous n'avons pas encore non plus une idée claire de ce qui (de quelle substance), dans le monde, tombe sous le mot « intention », tandis que nous avons une idée relativement claire de ce qui (quelle substance), dans le monde, pourrait compter comme de l'eau et tomber sous le nom « eau » [2]. À suivre ces remarques,

1. Nous employons l'expression « état mental », mais nous aurions indifféremment, pour notre propos, pu employer « événement » ou « propriété », etc.

2. Ce n'est pas directement notre propos ici, mais on pourrait également ajouter que ce qui compte comme tombant sous le concept « eau » n'est pas une question indépendante du contexte : Si Saga a soif, elle se contentera du liquide qui sort du robinet pour étancher sa soif ; si Cavendish veut obtenir de l'H_2O pure, il ne se contentera pas du liquide qui coule du robinet, etc. Sur cette question de la « sensibilité à l'occasion » du sens, voir Ch. Travis, *Les liaisons ordinaires*, trad. B. Ambroise, Paris, Vrin, 2003.

l'analyse conceptuelle est censée révéler l'impossibilité de traiter l'objet « intention » comme on traite l'objet « eau ». Mais c'est exactement ce dont Engel ne peut se satisfaire.

Engel ne nie pas que la façon dont nous employons les mots fixe, dans une certaine mesure, leur sens et la légitimité de leur emploi, mais il pense, en outre, que de nouvelles découvertes sur le monde doivent pouvoir changer (ou étendre) le sens des mots. Il est vrai que le sens de « eau » a évolué lorsqu'au XVIIIe siècle, des physiciens (comme Cavendish ou Lavoisier) ont découvert la synthèse de l'eau. Le sens de « eau » a atteint un certain niveau de raffinement, notamment dans le domaine scientifique, et on pourrait même, sans trop de risque, affirmer, que si, comme dans l'expérience de pensée de Putnam on découvrait, sur une terre-jumelle, un liquide ressemblant parfaitement à de l'eau mais qui ne serait pas H_2O, on aurait quelques réticences à l'appeler « eau »[1]. Les découvertes scientifiques peuvent imposer, et elles le font, de nouvelles contraintes sur la signification de certains mots, et il n'est absolument pas inconcevable qu'elles conduisent même à l'abandon de certains usages du langage.

Il semble cependant que le problème qui touche la philosophie de l'intention et la question de la nature des états mentaux soit distinct de celui évoqué par Engel dans son objection à l'encontre de l'analyse conceptuelle. L'analyse conceptuelle ne dit pas, comme semble le suggérer Engel, que nos concepts psychologiques ne peuvent pas

1. Du moins dans un certains nombre de contextes donnés. Si ce liquide avait toutes les propriétés ordinaires de l'eau (potable, « mouillé », etc.), un profane pourrait peut-être l'appeler « eau », de la même façon qu'on appelle parfois « or » des alliages qui chimiquement ne sont pas véritablement ou à cent pour-cents de l'or, chimiquement parlant.

évoluer ou n'évoluent pas, mais affirme qu'ils ne fonctionnent pas de la même façon que, par exemple, des concepts d'espèces naturelles. Par conséquent, ils n'évoluent pas de la même façon et dans les mêmes conditions que ces concepts d'espèces naturelles [1]. Il s'agit d'une remarque *logique.* Cette logique nous pousse à résister à deux idées : la première est que « intention » ferait nécessairement référence à un état mental (subjectif) des agents ; la deuxième est que, pour connaître la véritable nature de l'intention en tant qu'état mental, il faudrait découvrir comment une intention est corrélée au fonctionnement d'un système physique ou biologique, le cerveau. Suivant cette idée, à laquelle résiste l'analyse conceptuelle, il y aurait un fossé explicatif à combler entre l'état mental de l'agent et l'état physiologique de son cerveau. Avant de revenir sur la critique de l'intention comme un pur état mental, arrêtons-nous un instant sur cette question de la réduction de l'intention à un état cérébral.

FORMATION DE CONCEPT ET IDENTITÉ CONCEPTUELLE

Engel affirme que, d'après l'analyse conceptuelle, « si l'on découvrait que telle ou telle propriété mentale est identique à telle ou telle propriété physique, cette découverte ne pourrait pas changer le *sens* que nous donnons aux

1. Voir sur cette question l'ouvrage de Pierre Cassou-Noguès (*Lire le cerveau*, Paris, Seuil, 2012) où ce dernier imagine justement que nos concepts psychologiques auraient été modifiés par l'existence d'un « lecteur de cerveau », de sorte que nous ne déterminerions plus les pensées des gens à partir de ce qu'ils disent et font, mais de ce qui apparaît sur le lecteur de cerveau. Par exemple, c'est le lecteur de cerveau plutôt que vous qui aurait l'autorité pour dire si et où vous avez mal.

concepts mentaux exprimant cette propriété[1]. » Selon lui, la conception du langage promue par « l'analyse conceptuelle » (concernant plus particulièrement les concepts psychologiques) serait telle qu'une fois le sens des mots fixés par une convention (et par d'éventuels usages), celui-ci serait immuable et ne pourrait plus évoluer (en fonction, par exemple, de nouvelles découvertes scientifiques). Engel pense ainsi que suivant l'analyse conceptuelle le sens que les concepts psychologiques ont aujourd'hui ne peut pas changer et que c'est la raison pour laquelle elle affirme, par exemple, que les intentions ne sont pas des états cérébraux (parce que nous ne désignons pas ordinairement par « intention » un état cérébral).

Contre cette idée, Engel soutient qu'en dépit des usages actuels de nos concepts psychologiques, il se pourrait que nous découvrions un jour que, par exemple, une intention *est en réalité* un état cérébral, que cette « propriété mentale est identique à telle ou telle propriété physique[2] ». Le modèle d'identité qu'il a ici en tête est celui d'une identité *empirique*, c'est-à-dire le type d'identité que les physiciens ont pu mettre en évidence lorsqu'ils ont découvert que l'eau était H_2O. Or, si l'identité éventuelle que nous pourrions découvrir entre une propriété mentale et une propriété physique doit être une identité empirique, ce n'est donc pas à la philosophie de poser cette identité, comme cela a pu être fait à la fin des années 1950.

Souvenons-nous que le deuxième article de la charte mentaliste de Descombes souligne en quoi une telle vision peut sembler attractive. Si nous partons du principe (article 1) que les intentions sont des états (ou entités)

1. P. Engel, *Introduction à la Philosophie de l'Esprit*, *op. cit.*, p. 4.
2. *Ibid.*

mentaux, étant donné que nous pouvons avoir de bonnes raisons de le penser ; si cependant nous refusons d'endosser l'idée qu'elles seraient un type d'entité étrange, très particulier, différent de n'importe quel autre type d'entité que nous trouvons ordinairement dans le monde ; alors nous nous trouvons dans la situation où, à défaut de vouloir nier leur existence, nous devons nous interroger sur le lieu où nous pourrions les identifier, dans le monde d'entités que nous connaissons. Dès lors, la réponse la plus plausible est que c'est dans les cerveaux humains qu'il faut chercher ces entités mentales ou qu'elles sont, d'une façon ou d'une autre, « réalisées » ou « produites » par des cerveaux humains.

A quoi ressemblerait le type d'enquête empirique que Engel a à l'esprit ? Au minimum, une enquête empirique de ce type devrait trouver une façon de stabiliser la notion d'« intention », de sorte que l'enquêteur puisse être parfaitement au clair sur l'objet de son enquête. Ce n'est en effet pas sur un liquide palpable, comme l'eau, qu'elle porte, mais sur un prétendu état psychologique des individus.

On trouve certes, à l'origine de l'hypothèse selon laquelle des scientifiques pourraient bien finir par découvrir « que telle ou telle propriété mentale est identique à telle ou telle propriété physique », le fait indiscutable qu'avoir un cerveau en état de marche est une condition nécessaire de la pensée (et, de ce fait, avoir des intentions, des sensations, calculer, etc. en sont dépendants). Mais l'observation est triviale. En revanche, l'hypothèse d'une corrélation (et même d'une éventuelle identité) entre *un* état mental et *un* état cérébral n'a, quant à elle, rien de trivial, surtout si elle repose sur l'idée que nos concepts psychologiques, celui d'« intention » en particulier, désigneraient *en réalité* des phénomènes cérébraux.

Ainsi l'hypothèse mise en question par l'analyse conceptuelle présuppose qu'un jour nous serons peut-être capables de voir des intentions ou des croyances dans le cerveau des gens, c'est-à-dire de connaître les croyances et les intentions des gens par la simple observation de phénomène neurophysiologiques[1]. Or, mon argument central consistera à montrer qu'« un état cérébral n'est pas une condition suffisante de la croyance » ou de l'intention[2], ou de quoi que ce soit qu'on pourrait qualifier de psychologique ou de mental. Le point ne consiste pas à nier la possibilité de découvertes scientifiques importantes sur le fonctionnement du cerveau des agents lorsqu'ils agissent, prennent des décisions, ont peur, etc. ; il consiste à réfuter l'idée qu'une intention serait pour nous un objet mystérieux, que nous ne saurions pas déjà ce qu'est une intention (ce que veut dire avoir une intention, comment employer correctement ce mot) et que nous aurions, de ce fait, besoin de la science pour nous le dire. En réalité, celui qui maîtrise le langage sait parfaitement reconnaître et exprimer des intentions.

On pourrait néanmoins objecter que, dans le cas de l'eau, quelqu'un pourrait très bien savoir employer le mot « eau » dans des situations ordinaires ou quotidiennes et ne pas savoir qu'elle est H_2O. Ainsi, par analogie, savoir appliquer le mot « intention » correctement ne signifierait pas qu'on sait tout ce qu'il y aurait à savoir sur le sujet.

1. Ce genre de possibilité a récemment été suggéré à propos du rêve dans un article du *Guardian*, voir J. Randerson, « Scary or Sensational ? A Machine That Can Look Into The Mind », Jeudi 6 Mars 2008 [en ligne], accès 7 oct. 2009, http://www.guardian.co.uk/science/2008/mar/06/medicalresearch

2. E. Anscombe, « The Causation of Action », in *Human Life, Action and Ethics*, *op. cit.*, p. 99.

Mais, l'analogie ne vaudrait que si « eau » et « intention » appartenaient à une même catégorie de concepts, celle qui désigne des substances (matérielles). En revanche, s'il s'agit de dire que certains experts (peut-être des sociologues ou des psychologues) savent plus de choses que les profanes sur les intentions, alors la remarque est acceptable et ne constitue pas une objection : il n'est pas question d'exclure des usages au profit d'autres usages, mais d'éviter la confusion conceptuelle qui consiste à rabattre un usage sur un autre. Si la science peut nous apprendre des choses, ce n'est donc pas sur les intentions en ce sens, mais sur des fonctionnements du cerveau. Elle produit alors un nouveau sens technique de « intention ».

Ainsi, le défaut d'une philosophie qui commencerait par dissocier la notion d'intention de celle d'action pour la constituer en pur état mental (qui deviendrait éventuellement état cérébral) serait d'imposer un nouveau sens de « intention » qui ne tiendrait pas compte de la variété des usages de ce mot[1] ; elle transposerait, en fait, le mot de ses usages quotidiens à un usage métaphysique. Mais, pas plus qu'Adèle n'a le pouvoir de fixer le sens de « jaune », les philosophes n'ont d'autorité quelconque leur permettant de fixer, en dépit de ses autres usages, le sens du mot « intention » (par exemple en disant que les intentions seraient des états mentaux ou cérébraux, ou les deux).

Les philosophes ne peuvent pas fixer le sens d'un mot à leur guise pour au moins deux raisons. Premièrement, chercher ce qu'une intention est *vraiment*, ce que le mot « intention » veut *vraiment* dire, suggère qu'il y aurait, indépendamment ou hors de nos usages du langage, une signification réelle ou vraie du mot « intention », que

1. *L'Intention*, § 1, p. 33-34.

chercherait à découvrir la philosophie. Deuxièmement, le fait que les philosophes ou les scientifiques pensent parfois qu'ils ont le pouvoir de décider quelle serait cette signification *véritable*, suggère l'existence d'un certain langage idéal, dont les usages seraient fixés indépendamment des humains et auquel devrait tendre le langage ordinaire. Mais ce dernier « va très bien » :

> Les philosophes parlent souvent de rechercher et d'analyser le sens des mots. Mais n'oublions pas qu'un mot n'a pas un sens qui lui soit donné, pour ainsi dire, par une puissance indépendante de nous ; de sorte qu'il pourrait ainsi y avoir une sorte de recherche scientifique sur ce que le mot veut *réellement* dire. Un mot a le sens que quelqu'un lui a donné. (...) Il est faux de dire qu'en philosophie nous envisageons un langage idéal par opposition à notre langage ordinaire. Car cela donne l'impression que nous penserions pouvoir améliorer le langage ordinaire. Mais le langage ordinaire va très bien [1].

À l'encontre de cette idée que les philosophes pourraient enquêter sur le véritable sens des mots, Wittgenstein rappelle que la signification n'est pas indépendant de nous ; elle n'est pas une chose que nous découvrons en regardant le monde. Bien plutôt, les humains créent la signification par leurs usages du langage. En un sens, la signification est contingente, puisqu'elle dépend des décisions et de l'histoire humaines, ainsi que de la façon dont nos formes de vie et nos pratiques se sont développées à travers le langage. Mais Wittgenstein rappelle aussi qu'en dépit de cette contingence, la signification n'est pas arbitraire, puisqu'elle reste largement déterminée par le contexte et par nos pratiques. Ainsi un quelconque individu ne peut pas par

1. L. Wittgenstein, *Le cahier bleu et le cahier brun*, trad. M. Goldberg, J. Sackur, Paris, Gallimard, p. 71.

un simple fiat décider de changer le sens d'un mot, sans aucune référence aux usages existants de ce mot dans le langage ordinaire. Les philosophes ou les scientifiques commettent ces deux erreurs lorsque, d'une part, ils s'emploient à chercher ce qu'une intention est vraiment en prétendant faire abstraction des façons dont nous employons effectivement la notion d'intention et lorsque, d'autre part, pour satisfaire un certain cadre théorique, ils affirment qu'en son sens véritable « intention » désigne un état mental ou cérébral, allant ainsi à l'encontre des usages ordinaires de ce concept. Cette remarque de Jocelyn Benoist synthétise clairement l'objection :

> C'est (…) dans la pesanteur d'un usage, désaxé de lui-même et dont on prétend pourtant retirer les bénéfices, sans avoir défini les conditions de son application au delà de ses limites habituelles, qu'il faut voir le principe de ce qu'on appelle « illusion métaphysique ». Toutes en ce sens sont assez directement nourries à la grammaire du langage ordinaire, qu'elles sollicitent simplement systématiquement en dehors de ses conditions d'application, pour ainsi dire à contre-emploi, sans que les conditions de ces transgressions aient jamais été explicitées ou clairement posées [1].

Ainsi, celui qui prétend découvrir la nature des intentions pures joue sur deux tableaux en même temps : il compte sur notre compréhension ordinaire de « intention » pour que nous l'accompagnions dans sa recherche et il nous propose de mettre de côté cette compréhension ordinaire en faisant comme si nous ne savions absolument pas de quoi il était question, puisque c'est l'enquête empirique

1. J. Benoist, « Sur quelques sens possibles d'une formule de Wittgenstein », dans S. Laugier (éd.), *Wittgenstein, Métaphysique et Jeux de Langage*, Paris, P.U.F., 2001, p. 171.

qui est censée nous le révéler. Contrairement à ce que suggère Engel, les philosophes ne sont pas en position de stipuler *a priori* qu'un concept a le sens qu'ils veulent lui donner pour ensuite prétendre que ce qu'ils en disent conserve un quelconque rapport avec ce dont nous parlons en employant ordinairement ce concept. L'activité philosophique ne peut pas à la fois prétendre construire de nouveaux concepts ou redéfinir les concepts et prétendre que ce qu'elle dit de ces concepts aurait à voir avec les concepts qui nous sont familiers. Si la philosophie veut éclairer certaines catégories de concepts, c'est sur ces catégories qu'elle doit se pencher plutôt que sur les ombres qu'elle leur invente.

Les suggestions faites par les premiers défenseurs de la thèse de l'identité corps-esprit (comme, par exemple, Ullin Place, Herbert Feigl et John Smart[1]) perdent, dès lors, leur valeur. Leurs arguments prenaient en effet pour point de départ (sous la menace du spiritualisme et l'influence du physicalisme) l'idée que nos concepts psychologiques devaient, en réalité, faire référence à certains états physiologiques du cerveau et que les questions de savoir de quel type d'états il s'agissait et où ils se trouvaient devaient être résolues par la science. Mais cette supposition, qui pose l'équivalence entre états mentaux et états cérébraux, suggère que nous ne savons pas encore réellement de quoi nous parlons quand nous parlons, en l'occurrence, d'intention. Elle suggère que lorsque nous parlons, disons, de l'intention de Saga d'aller au Japon après sa thèse, nous ne savons pas vraiment de quoi nous

1. Voir U.T. Place, « Is Consciousness a Brain Process ? », *British Journal of Psychology*, n° 47, 1956, p. 44-50 ; H. Feigl, *The "Mental" and the "Physical", The Essay and a Postscript*, Minneapolis, University of Minnesota Press, 1967 ; J.J.C. Smart, « Sensations and Brain Processes », *Philosophical Review*, n° 68, 1959, p. 141-156.

parlons tant que la science n'aura pas trouvé un moyen de nous en dire plus sur la réalité matérielle de cette intention ou de ce qui la produit. De fait, ce n'est pas le cas. Nous savons parfaitement de quoi nous parlons. Il n'y a là aucun mystère que seule la science pourrait résoudre. La seule opacité à laquelle on pourrait être confronté concernant les intentions aurait plutôt un rapport avec leur sincérité, qu'avec leur « véritable » nature ontologique.

Par ailleurs, comme je l'ai déjà fait remarqué, si l'enquête est censée être empirique, il est plutôt étonnant qu'une philosophie spéculative ait son mot à dire sur le sujet. Searle, par exemple, prétend être, dans une certaine mesure, d'accord avec cela, mais considère cependant que l'idée que « les états conscients existent dans le cerveau [1] » relève « du sens commun plus ou moins instruit [2] ». Il considère donc que cette question est l'apanage du philosophe et que l'analyse scientifique doit venir ensuite :

> Je peux effectuer une analyse philosophique pour montrer qu'un seul et même événement doit être à la fois un événement qualitatif, subjectif et conscient et avoir aussi beaucoup de propriétés chimiques et électriques. Mais ici s'arrête l'analyse philosophique. J'ai besoin de savoir comment cela marche exactement dans la tuyauterie. J'ai besoin de savoir exactement comment le cerveau cause et réalise l'intention-dans-l'action consciente de sorte que l'intention, avec sa combinaison de structures phénoménologiques et électrochimiques, peut mouvoir des objets physiques. J'aurai besoin pour cela des résultats de la recherche neurobiologique [3].

1. John R. Searle, « Putting Consciousness Back in the Brain », art. cit., p. 99.
2. *Ibid.*
3. *Ibid.*, p. 123-124.

Si les philosophes ne font qu'affirmer que les états mentaux sont des états cérébraux et que, par conséquent, une intention est un état cérébral, il ne formulent pas de cette façon une *hypothèse* scientifique. Ils nous demandent seulement d'admettre que lorsque nous parlons de sensations, de perceptions, de sentiments, de croyances, de désirs, d'intentions, etc., nous parlons *en fait* (sans le savoir) de processus ou d'états physiques ; d'ailleurs nous ne saurions même pas (encore) de quoi nous parlons, ce qu'ils sont *vraiment* :

> Comment savons nous qu'il existe des événements mentaux si nous ne les percevons pas ? Mais comment pourrions-nous les percevoir ? Nous percevons des objets et certains de nos propres processus physio-chimiques, mais si on définit les événements mentaux comme quelque chose qui dépasse les processus physio-chimiques ou les objets, dès lors, comment peuvent-ils être perçus ? Comment peut-on les connaître ? (…) Je crois que, si nous devons conserver le terme d'« événement mental », nous ne le pouvons que si nous l'employons comme un terme parfaitement interchangeable avec celui de « processus cérébral » [1].

Mais ce raisonnement qui va de l'existence des entités [2] mentales à leur existence matérielle résulte, comme le suggère Wittgenstein, d'un « tour de passe-passe » *conceptuel*. Ce « tour de passe-passe » consiste à emprunter, par exemple, le concept d'« intention » au langage ordinaire,

1. J.J. Ray, « Do Mental Events exist ? Physiological Adumbrations », *British Journal of Psychiatry*, 120, 1972, p. 131.

2. On parle d'« entité », mais, une fois de plus, le vocabulaire est ici relativement indifférent à l'argument. Que Ray parle d'« événement mental » plutôt que d'« état » n'a pas d'incidence sur l'argument, ni sur son propre raisonnement.

et à créer un nouveau concept empiriste d'intention, qui, au lieu d'être employé en relation avec les actions des gens et leurs projets ordinaires, en vient à désigner un certain état physiologique *p*. On décrète ainsi, comme le fait Ray dans ce passage, qu'« intention » désigne en réalité, bien que nous l'ignorions, un état cérébral – appelons ce nouveau concept « intention^{P} ». S'il en est ainsi, si c'est bien le raisonnement suivi par ces philosophies du mental, alors nous n'avons pas affaire à une découverte empirique, mais bien à un « tour de passe-passe » conceptuel. Dès lors, le concept d'intention^{P} invoqué n'est pas le concept d'intention.

Considérons à nouveau l'analogie de l'eau. Un locuteur compétent du français sait, au moins dans une certaine mesure, employer les mots « eau » et « intention » correctement. Le sens de ces mots ne lui paraît pas obscur. Or, lorsqu'un chimiste cherche la composition de l'eau, il n'enquête pas sur la signification du mot « eau » (même si, on l'a vu, ses découvertes peuvent éventuellement engendrer des évolutions de sens). Mais lorsque des philosophes essaient de fixer la référence du mot « intention », en faisant abstraction des usages actuels de ce mot, ils font comme si cette référence avait été fixée indépendamment des conventions humaines, comme si nous ne savions pas vraiment ce qu'« intention » veut dire (c'est-à-dire comment et quand employer ce mot) et comme si nous allions pouvoir le découvrir par le biais d'une enquête pseudo-scientifique. Lorsqu'ils affirment qu'une intention doit être identifiable dans le cerveau, qu'elle doit être un état cérébral *P*, les philosophes (et peut-être certains praticiens des sciences cognitives) ne font ainsi que *former* un nouveau concept : « intention^{P} », qui serait un état physiologique encore méconnu, à propos duquel une enquête physiologique devrait nous apprendre des choses. Mais, dès lors que nous n'avons plus affaire à « intention » mais à « intention$_P$ », toute découverte qui pourrait être faite à propos de *P* n'aurait rien à voir avec le concept d'intention, c'est-à-dire avec les intentions des gens. Alors qu'il n'y a pas, pour le cas de l'eau, une telle rupture entre le langage ordinaire et le langage scientifique, et c'est pourquoi le langage scientifique peut, dans ce cas, nous apprendre des choses sur ce que nous appelons « eau ». Autrement dit, ce n'est pas au philosophe de décider plus ou moins arbitrairement ce qu'est une intention. N'importe quel locuteur compétent du français sait cela relativement bien. Et, lorsque je demande à Saga si elle a toujours l'intention d'aller au Japon, ni elle, ni moi ne faisons référence à un quelconque état cérébral.

Il faut en conclure que l'hypothèse spéculative suivant laquelle une intention serait en réalité un état physiologique du cerveau ne pourrait acquérir le statut, tant revendiqué, de découverte ou même d'hypothèse scientifique, que dans la mesure où elle pourrait être testée empiriquement :

> Car, s'il s'agit d'une identité *empirique*, alors la façon dont nous identifions les événements mentaux devra être différente de la façon dont nous identifions les événements cérébraux. S'ils étaient identifiés de la même façon, ils ne seraient, dès lors, pas logiquement indépendants [1].

Autrement dit, une des conditions *sine qua non* de la mise en évidence d'une identité empirique, c'est que les critères d'identifications de l'état mental (disons, l'intention) soient différents des critères d'identifications de l'état cérébral. Par exemple, pour le cas qui nous concerne, on

1. J. Shaffer, « Mental Events and the Brain », *The Journal of Philosophy*, vol. 60, n° 6, 1963, p. 161.

ne peut pas simplement désigner de manière *ad hoc* l'intention comme un certain état cérébral *P* avant d'avoir décidé très précisément ce qu'on désignait par « intention » en dehors de cet état cérébral *P*, tout comme les chimistes s'entendent sur ce qu'est l'eau avant d'analyser sa structure physicochimique. S'ils la définissaient, au préalable, par une certaine structure physicochimique, ceci ne constituerait pas une découverte, mais une formation de concept. Ce qui fait que eau = H_2O est une découverte, c'est qu'en étudiant ce qu'on appelle ordinairement de l'eau, on a pu mettre en évidence sa composition. Il n'a pas été posé *a priori*, telle une définition arbitraire, que eau = H_2O.

Cet argument de l'identité empirique a notamment été employé par Norman Malcolm au chapitre dix de *Memory and Mind*[1]. Dans ce texte, il considère Fred voulant attraper le bus[2]. En fonction des circonstances dans lesquelles on considère l'intention de Fred d'attraper le bus, l'état mental dans lequel Fred est censé se trouver – qu'on pourrait identifier, par exemple, par la proposition « l'intention de Fred d'attraper le bus » – peut varier considérablement. Nous pouvons, par exemple, imaginer des circonstances dans lesquelles Fred est en train de courir après le bus qui vient de lui passer sous le nez, d'autres dans lesquelles il attend simplement le bus debout sous l'abribus, d'autres circonstances encore dans lesquelles il projette de se lever à 7h30 le lendemain pour prendre le bus plutôt que la voiture, etc. « Il y a, affirme Malcolm, des différences frappantes entre ces (…) cas, dans les comportements de

1. N. Malcolm, *Memory and Mind*, Ithaca, Cornell University Press, 1977, p. 230-271.

2. *Ibid*, p. 236-237. Je modifie légèrement l'exemple, pour lui appliquer le concept d'intention.

Fred, ses pensées, ses images, ses sensations, etc.[1] ». Or, pour établir une identité empirique entre l'intention de Fred et une certaine activité de son cerveau, il faudrait être capable d'isoler, d'une façon ou d'une autre, l'élément d'intention de tous ces autres états psychologiques dans lesquels Fred peut se trouver lorsqu'il a l'intention de prendre le bus. C'est en cela que réside la difficulté principale à poser une quelconque identité ou corrélation un-à-un entre état mental et état cérébral.

Le holisme du mental

Cette difficulté, soulevée par Malcolm, peut-être rapportée à l'analyse, faite par Descombes, du holisme anthropologique :

> La thèse du holisme anthropologique est que l'état d'esprit de quelqu'un ne peut pas être un état cérébral. La raison de cette thèse n'est pas qu'on saurait d'avance par la philosophie ce que la science neuronale n'a encore établi qu'imparfaitement : en quoi consiste un cerveau, et quelles sont ses fonctions. L'impossibilité dont il s'agit n'a rien à faire avec les particularités du cerveau ; elle tient dans une différence métaphysique entre deux sens du mot « état ». Les états cérébraux dont on nous parle sont des états internes, des états déterminables sans avoir à tenir compte du monde extérieur et de l'histoire, alors que les états intentionnels sont justement des états qui sont fonction du monde historique auquel appartient le sujet[2].

1. N. Malcolm, *Memory and Mind*, *op. cit.*, p. 237.
2. V. Descombes, *La denrée mentale*, *op. cit.*, p. 312.

Pour illustrer ce point, ce dernier s'appuie sur cet exemple de Peter Geach [1], repris par Anscombe dans son article sur la causation de l'action :

> On admet qu'un état est quelque chose dans lequel un sujet est censé se trouver ici et maintenant ou pendant un certain temps, sans aucune référence à quoi que ce soit d'extérieur à celui qui s'y trouve ou au moment dans lequel il s'y trouve ; en particulier, sans aucune référence à l'histoire de la chose dont cet état est l'état. Mais (…) nous ne pouvons attribuer une croyance portant, par exemple, sur les horaires d'ouverture des banques, à quelqu'un qui ne vit pas dans un monde de banques et d'horloges. Nous regardons en effet implicitement *au delà* de l'individu et dans son monde si nous lui attribuons une *quelconque* croyance. Nous n'avons pas besoin de faire cela pour attribuer un état cérébral. (…) Et il en va de même pour les intentions, les décisions et les pensées [2].

En effet, les concepts psychologiques (croyance, intention, pensée, etc.) ne font pas référence à des états définis isolables ; bien plutôt nous les employons dans des contextes qui s'inscrivent dans des réseaux de significations, un cadre de vie historique et institutionnel dont ils ne peuvent se détacher ou duquel on ne peut les isoler. C'est en cela que « nous regardons […] implicitement *au delà* de l'individu et dans son monde si nous lui attribuons une *quelconque* croyance », mais aussi des intentions, des pensées, etc. C'est en effet toujours en référence à quelque

1. P. Geach, « Some remarks on representation », *The behavioral and brain sciences*, 3, 1980, p. 81.

2. E. Anscombe, « The Causation of Action », in *Human Life, Action and Ethics*, *op. cit.*, p. 99-100. *Cf.* V. Descombes, *La denrée mentale*, *op. cit.*, p. 307.

chose d'extérieur aux individus (des objets, des conventions, etc.) que nous leur attribuons des intentions (de se marier, de faire un gâteau, etc.). Un individu ne pourrait pas, par exemple, avoir l'intention de se marier en l'absence de l'institution du mariage, l'intention de tenir sa promesse ou de jouer aux échecs si ce jeu n'existait pas :

> En attribuant une intention à quelqu'un, nous présupposons tout un contexte fait d'institutions et de coutumes. L'intention de jouer aux échecs est l'intention de jouer à un jeu bien défini, qui a ses règles [voir *RP*, § 337]. (…) Si cette institution n'existait pas, personne n'aurait l'intention de jouer aux échecs. L'impossibilité en cause n'est pas, bien sûr, empirique, comme si l'on voulait dire seulement que les gens n'y penseraient pas, que l'idée ne leur en viendrait pas. L'impossibilité est logique : quelle que soit l'idée qui leur vient, ce n'est pas l'idée de jouer aux échecs, s'il n'y a pas une présence institutionnelle des échecs dans leur monde [1].

La difficulté d'identifier des états cérébraux et des états intentionnels tient au fait que les premiers sont isolables indépendamment des circonstances alors que les seconds dépendent de ce qui leur est extérieur, du contexte historico-social dans lequel ils existent. Ainsi, il y a une impossibilité *logique* à penser l'attribution d'une intention, comme celle de jouer aux échecs, à quelqu'un qui vivrait dans un monde où les échecs n'existeraient pas. Il s'agit d'une impossibilité *logique* et pas seulement empirique, dans la mesure où ce n'est pas seulement la contingence de l'existence du jeu d'échecs qui conditionne la possibilité qu'il ait l'intention de jouer aux échecs : il est bien *nécessairement* impossible d'envisager qu'il ait une telle intention en l'absence de

1. V. Descombes, *La denrée mentale*, *op. cit.*, p. 304.

l'institution des échecs, c'est-à-dire s'il ne possède pas un concept défini de ce en quoi consiste jouer aux échecs (quelle que soit la présence, contingente, d'un jeu d'échec à sa disposition). De même le personnage d'Anscombe et Geach ne peut s'interroger sur les horaires de fermeture de la banque s'il ne vit pas dans un monde de banques et d'horloges, et s'il ne peut par conséquent pas posséder les concepts de banque et d'heure.

Ainsi, si nous sommes, en vertu d'une impossibilité logique, incapables d'individualiser un état mental (de l'isoler absolument de son contexte historique et institutionnel) au sens requis par la mise en évidence d'une identité empirique, nous ne sommes pas en mesure de démontrer une quelconque corrélation empirique (ou relation d'identité) entre un état mental et un état cérébral. Nous n'échappons pas à l'alternative entre, d'une part, postuler d'autorité qu'une intention, par exemple, correspond à un état ou un processus cérébral (à l'encontre de tous les enseignements du langage ordinaire) et, d'autre part, invoquer une éventuelle corrélation empirique indémontrable du fait de l'impossibilité d'individualiser, selon des critères indépendants, l'état mental et l'état cérébral censé lui correspondre.

Le monisme anomal

Revenons à « Anscombe transformée » (AT). Celle-ci admet, dans une certaine mesure, l'argument du holisme du mental. Aussi pourrait-on penser que la version raffinée de la thèse de l'identité cerveau-esprit défendue par Davidson, en quoi consiste son « monisme anomal », réconcilie ce problème avec les théories traditionnelles de l'identité que je viens d'évoquer. Ce dernier maintient en effet que

> les entités mentales (des objets et des événements particuliers limités dans le temps et dans l'espace) sont des entités physiques, mais que les concepts mentaux ne sont pas réductibles, par définition ou en vertu d'une loi naturelle, aux concepts physiques [1].

Et son monisme anomal doit rendre compatibles les trois prémisses (apparemment paradoxales) suivantes :

> (1) que les événements mentaux sont causalement liés aux événements physiques, (2) que les relations causales singulières sont soutenues par des lois strictes et (3) qu'il n'existe pas de lois psychophysiques strictes [2].

En d'autres termes, Davidson se dit en accord avec Anscombe et les wittgensteiniens quant au fait que nous ne pouvons pas rendre compte de l'efficacité causale du mental dans le langage ordinaire des raisons, des intentions, des motifs, etc. Ainsi, si Saga dit : « Je vais dans la salle-de-bain me faire couler un bain », son intention de prendre un bain explique pourquoi elle se rend dans la salle-de-bain. Mais cette relation *explicative* entre son intention (de prendre un bain) et son action (d'aller dans la salle-de-bain) n'exprime pas une relation *causale* entre intention et action, et elle n'exprime pas, comme telle, une *loi* causale.

Cependant, ajoute Davidson, les événements mentaux (intention, désir, croyances), que nous invoquons pour expliquer l'action, sont des descriptions (dans le vocabulaire mental) d'un seul et *unique* événement au niveau

1. D. Davidson, « Thinking Causes (1993) », *Truth, Language and History*, Oxford, Clarendon Press, 2005, p. 185.

2. *Ibid.*

ontologique, qu'on peut également *décrire* en termes matérialistes (ou physicalistes). Ainsi l'intention de Saga de prendre un bain se rapporterait-elle, au niveau ontologique, à un *seul* événement, pouvant également recevoir une description physique, et, ce dernier, envisagé sous cette description, possèderait bien une force causale[1]. Voici comment Davidson rend compte de la compatibilité des prémisses (1) et (3) : il existe bien une relation causale entre événements mentaux et événements physiques, mais celle-ci est *singulière*, elle n'instancie une loi que lorsque ces événements mentaux sont considérés sous leur description physique. Ainsi il n'y a pas de lois psychophysiques strictes, mais bien seulement des lois physico-physiques strictes.

Il s'agit, ni plus, ni moins, de défendre une version raffinée de la thèse de l'identité. Simplement les événements mentaux ne sont pas considérés comme des types réitérables, mais comme des token individuels. Autrement dit, la question de la possibilité d'instancier à diverses reprises et dans des circonstances différentes un même type d'état mental ne se pose plus, puisque chaque événement mental est lié à son contexte singulier et est, par conséquent, unique : c'est un *token*. Ainsi, plutôt que de supposer la possibilité d'identifier un certain *type* d'état mental (par exemple, au moyen d'une description) comme « l'intention de Fred d'attraper le bus », à un certain type d'état cérébral (physiologique), Davidson affirme simplement que les événements mentaux sont bien des *token* singuliers (peut-être uniques : par exemple, chaque instance de l'intention de Fred d'attraper le bus sera différente suivant les

1. Cette analyse de la pluralité des descriptions sera reprise au quatrième chapitre sur la question de l'individuation de l'action.

circonstances dans lesquelles elle apparaît) et sont, dès lors, instanciés par des événements physiques singuliers (donc uniques).

Alors que les théories classiques de l'identité-type cerveau-esprit exigeaient qu'on puisse isoler, par exemple, l'intention de Fred de prendre le bus, en des occasions différentes, afin de tester l'identité empirique supposée entre un certain type d'état mental (son intention) et un certain type d'état cérébral – ce qui a été mis en échec par l'argument du holisme du mental –, la thèse de Davidson se passe de l'exigence de ré-identification. Elle lui permet alors d'affirmer que la relation entre une action et un événement mental (par exemple, une intention) instancie, au niveau ontologique, une relation causale singulière entre deux événements singuliers.

Ce qui rend en effet les prémisses (1) et (3) compatibles c'est, d'une part, l'idée que, si un événement est la cause d'un autre événement, il l'est *indépendamment de la façon dont il est décrit*, car « redécrire un événement ne peut changer ce qu'il cause ou changer l'efficacité causale de cet événement »[1]. D'autre part, même si cette relation causale entre deux événements, quelle que soit leur description, instancie une loi, il ne s'agit pas de lois psychophysiques strictes (des lois qui lieraient des événements mentaux – donc sous une description mentale – à des événements physiques – sous une description physique[2]), car les concepts psychologiques ne sont pas « strictement réductibles » aux concepts physiques[3]. Par conséquent, les explications psychologiques ne sont pas

1. D. Davidson, « Thinking Causes », art. cit., p. 189.

2. D. Davidson, « Davidson », S. Guttgenplan (ed.), *A Companion to the philosophy of Mind*, Oxford, Blackwell, 1994, p. 231.

3. D. Davidson, « Thinking Causes », art. cit., p. 197.

réductibles à des explications physicalistes (déterministes, instanciant des lois causales naturelles) : c'est l'anomalisme du mental, dont on ne peut rendre compte en termes de lois de la nature. En effet, comme le remarque Engel[1], dans le modèle davidsonien, tandis que les explications psychologiques (psychophysiques) sont intensionnelles (elles concernent des contenus sémantiques), les relations causales (physiques) sont extensionnelles (elles concernent des relations entre des événements et valent indépendamment de la manière dont ces événements sont décrits). La conception davidsonienne des événements mentaux n'implique pas de réduction *conceptuelle* des états ou événements mentaux à des états ou événements physiques, mais elle implique une réduction *ontologique* des états ou événements mentaux à des états ou événements physiques[2] car, dit-il, « les entités mentales n'ajoute rien à l'ameublement du monde[3] ». « Le résultat est un monisme ontologique couplé à un dualisme conceptuel[4] » :

> Les événements mentaux sont, selon moi, physiques (ce qui ne veut bien sûr pas dire qu'il ne sont pas mentaux)[5].

Résumons brièvement les positions de Davidson. Il maintient qu'il existe une différence conceptuelle irréductible entre les explications ordinaires de l'action, qui font appel aux intentions et aux raisons d'agir des agents, et les explications causales de type déterministes qui font référence à des lois causales de la nature. Cependant,

1. P. Engel, *Introduction à la philosophie de l'esprit*, *op. cit.*, p. 40-41.

2. Voir D. Davidson, « Thinking Causes », art. cit., p. 185 et « Davidson », *op. cit.*, p. 231.

3. D. Davidson, « Davidson », art. cit., p. 231.

4. *Ibid.*

5. *Ibid.*

il entend maintenir qu'il existe des relations causales entre le mental et le physique, donc que, par exemple, l'explication d'une action par les raisons est aussi une explication causale singulière [1], dans la mesure où elle fait appel à un état mental singulier qui engendre un certain mouvement physique (l'action). Simplement, dans les termes du mental, cette relation causale est seulement instanciée. Elle n'apparaît comme le reflet d'une loi causale qu'une fois l'événement mental (la cause) pris sous une description physique (c'est-à-dire dès lors qu'il n'est plus pris comme un événement mental). Dans la mesure où, pour Davidson, le seul niveau de réalité pertinent d'un point de vue explicatif est celui décrit par des lois de la nature, lorsque nous voulons affirmer l'existence des événements mentaux nous devons pouvoir les instancier à un niveau purement physique (leur occurrence renvoyant nécessairement à l'occurrence d'un événement cérébral) ; cependant, le niveau mental étant un niveau purement sémantique, il est irréductible au niveau physique. C'est pourquoi, sous sa description mentale, un événement mental ne cause pas, à proprement parler, un événement physique, mais il reste néanmoins la cause de cet événement physique sous sa description physique, et, en ces termes physiques, la relation entre ces deux événements instancie une loi causale stricte.

C'est un monisme au sens où il ne postule l'existence que d'un seul type d'entité, les entités matérielles du monde physique. Il est anomal au sens où il admet que les relations psychophysiques ne se plient pas au modèle déterministe des lois de la nature.

Davidson cherche ainsi à rendre compte, dans un cadre qui demeure résolument naturaliste, de la spécificité de

1. Voir D. Davidson, « Actions, raisons et causes », art. cit., p. 15-36.

ces prédicats psychologiques, par rapport aux prédicats d'ordre physiologique. Il pense cependant que son monisme anomal offre la possibilité d'une alternative à la thèse de l'identité pure et simple entre le physique et le mental en indiquant que c'est seulement *dans le langage* qu'il y a spécificité du mental, et non pas au niveau ontologique. Ainsi, selon lui, s'il est juste (en vertu de son dualisme conceptuel) que nos prédicats mentaux sont holistes – qu'ils s'appliquent à des êtres sociaux et pas à leur cerveau (par exemple) et que leur application dépend de la présence de données contextuelles –, il pense néanmoins qu'en dernière instance (en vertu de son monisme ontologique), ce qui se passe *vraiment*, ce sont des événements ayant lieu à un niveau purement phys(iolog)ique.

CORRÉLATIONS NATURELLES ET CORRÉLATIONS CONVENTIONNELLES

Néanmoins, nous pouvons nous appuyer sur une certaine distinction entre le naturel et le conventionnel pour revenir sur l'argument de Davidson. L'originalité des thèses de ce dernier réside précisément en ceci que le monisme anomal permet une réduction ontologique (et nous évite ainsi d'avoir à postuler l'existence d'entité étranges) tout en rendant compte de la spécificité du mental. Cependant, son monisme ontologique ne peut pas tenir, en réalité, face au dualisme conceptuel. L'objection qui valait pour les théories traditionnelles de l'identité *type-type* vaut également pour le monisme anomal de Davidson : en effet, sur quels fondements empiriques prétend-il montrer que, par exemple, une intention est, en fait, un certain événement physique, pris sous une description psychologique ? Même si la forme d'identité proclamée est singulière[1], de *token* à *token*, il n'en reste pas moins que la proclamation d'une identité empirique doit reposer sur des observations empiriques. En particulier, pour établir une corrélation un-à-un, il faut s'appuyer sur des observations répétées. Ce qui est, par définition, impossible pour le monisme anomal, dans la mesure où ce dernier admet que les états mentaux sont toujours singuliers et que nous ne pouvons par conséquent pas individualiser le même événement mental deux fois dans des contextes différents. Si la corrélation singulière (ou *token-token*) entre événements mentaux et événements physiques ne peut être prouvée empiriquement, les assertions du monisme anomal à ce propos sont condamnées à demeurer une pure stipulation. Et si tel est le cas, quel peut bien être le pouvoir explicatif d'un tel système ?

Partons de la distinction, proposée par Malcolm[2], entre « corrélation conventionnelle » et « corrélation naturelle ». « La relation entre la langue anglaise et le Morse » est une relation conventionnelle. « [C']est une relation d'isomorphisme, basée sur des corrélations individuelles, fixées par des stipulations arbitraires, entre les lettres de l'alphabet latin [...] et des configurations de points et de tirets »[3]. Il s'agit donc d'une corrélation arbitraire fixée par des conventions. En revanche, un exemple de corrélation naturelle est celle qui existe « entre la fumée et le feu, ou entre les marées et les phases de la lune ». Nous devons pouvoir « faire l'hypothèse que telle ou telle corrélation existe » et « déterminer si elle existe bien par l'observation

1. Nous pouvons observer les états cérébraux d'un individu au moment où il exprime une intention.

2. N. Malcolm, *Memory and Mind*, *op. cit.*, p. 234-235.

3. *Ibid*, p. 234.

de ce qui se passe dans le monde, et non pas par une simple stipulation »[1].

Dès lors, si Davidson avait raison d'affirmer que, disons, une intention est en fait un état physique sous une description psychologique, il faudrait qu'il puisse montrer que, soit nous pouvons individualiser une intention en individualisant un état physique – ce qui s'est avéré impossible en raison de la façon dont nous attribuons effectivement des intentions aux gens et de la nature holiste du mental ; soit il devrait pouvoir montrer l'existence d'une relation un-à-une entre un événement cérébral et une intention, ce qui ne pourrait être fait qu'en vertu d'observations répétées. Or cela est directement incompatible avec l'idée de relation singulière et de singularité des états mentaux (conséquence du holisme). Il nous faut donc conclure qu'au mieux, la suggestion de Davidson est celle d'une nouvelle convention, qui consisterait à appeler certains états cérébraux « intention », « croyance », etc. Au mieux, les propos de Davidson nous conduisent à la remarque triviale selon laquelle notre cerveau est en activité lorsque nous pensons, agissons, etc. Mais dans ce cas ni la philosophie, ni la science, ne nous apprennent quoi que ce soit sur les intentions des gens.

Voici donc comment le passage de l'expression d'intention à l'intention pure a détourné la philosophie de l'action des questions pratiques – de quels concepts usons-nous pour juger l'action ? – vers les impasses d'une philosophie de l'esprit héritière du mentalisme. Le renoncement d'Anscombe à l'analyse mentaliste au profit d'« une analyse *historique* ou biographique » qui « décrit la conduite d'un agent dans le contexte de ses activités

1. *Ibid*, p. 235.

passées et de son milieu historique de vie[1] » n'est pas gratuit.

LE VÉRITABLE PROJET D'ANSCOMBE

Pour finir et conclure ce premier chapitre, je voudrais revenir sur les véritables raisons pour lesquelles Anscombe ne s'attarde pas sur l'expression d'intention pour le futur et préfère se tourner vers l'action elle-même.

On l'aura compris, ce que les lecteurs de AT auront pris à tort pour un simple parti pris méthodologique est en réalité le résultat d'un constat philosophique : se concentrer sur l'expression d'intention conduit à une impasse.

> Car, si nous nous arrêtons à l'expression verbale de l'intention, nous constatons uniquement qu'il s'agit d'une espèce (bizarre) de prédiction. Et si nous essayons de chercher ce dont elle est l'expression, nous risquons de nous retrouver dans une impasse : par exemple le jargon psychologique sur les pulsions et les « dispositions » ; la réduction de l'intention à une espèce de désir, c'est-à-dire à un type d'émotion ; ou encore l'idée d'une intuition irréductible de la signification de « J'ai l'intention de ». (*L'Intention*, § 3, p. 39)

Comment est-on tombé dans cette impasse ? Le constat est le suivant. L'expression d'intention, comme par exemple « L'été prochain nous partirons en vacances ensemble », ne se présente pas seulement comme la description d'un état d'esprit présent (mon intention de partir avec vous en vacances l'été prochain), mais *aussi* comme la description d'un état de choses futur. Ainsi, en un sens, elle dit quelque chose *de moi* et en un sens elle dit quelque chose de ce qui

1. V. Descombes, Préface à *L'Intention*, p. 15.

va se produire dans le futur, *de mon action future*. Elle s'apparente donc à la fois à l'expression d'un état psychologique et à une prédiction. En ce sens, elle n'est précisément *pas* la simple description d'un état psychologique présent. En effet, fait remarquer Anscombe, si c'était le cas, personne ne pourrait me reprocher de ne pas être partie en vacances si je ne le fais pas et, au moindre reproche, je pourrais rétorquer que je ne parlais pas alors de ce que je comptais faire l'été prochain mais ne faisais que décrire mon état d'esprit du moment.

L'expression d'intention est donc une sorte de prédiction, cependant elle n'est pas n'importe quel type de prédiction. Elle ne ressemble pas, par exemple, aux prévisions météorologiques qui se basent sur des observations : « Le ciel est couvert, il va pleuvoir. ». D'ailleurs, dans ce second cas, si je me trompe dans ma prédiction, j'aurai commis une erreur de jugement et c'est mon énoncé qu'il faudra corriger. En revanche, si je ne réalise pas mon intention, c'est, par exemple, que j'en aurai été empêchée ou que j'aurai changé d'avis. C'est l'*action* elle même qui sera alors en question[1]. Ainsi, une des différences centrales dont il faut rendre compte, entre le premier type de prédiction (*estimates for the future*) et les expressions d'intention, tient au fait que, dans le second cas, c'est largement de *moi* que dépend la réalisation de ce qu'Anscombe appellera plus loin « l'action projetée »[2].

Les premiers paragraphes de *L'Intention* ne servent donc pas simplement à faire la part entre divers choix méthodologiques possibles pour étudier l'intention. Ils montrent qu'il n'est pas *possible* d'étudier l'expression

1. Je reviendrai sur ce point au troisième chapitre.
2. *L'Intention*, § 50, p. 153.

d'intention indépendamment de sa relation à un événement futur ; car elle est une action projetée. Contester cela serait analogue au fait de contester que les prévisions météorologiques ont à voir avec le temps qu'il va faire et ne sont pas seulement des observations portant sur un état présent du monde (voire de ma croyance).

La question devient donc : quel type de prédiction sont les expressions d'intention ? Pour répondre à cette question, nous devons nous demander *de quelle façon nous justifions* ces affirmations concernant le futur (nos futures actions). Et la réponse est que nous les justifions en fournissant des *raisons d'agir*. Reste à comprendre (ce que le reste de l'*Intention* vise à comprendre) *en quoi* ces raisons d'agir justifient nos intentions. Or, comprendre ce qu'est une raison *d'agir* ne peut se faire indépendamment d'un examen de la façon dont nous justifions nos actions elles-mêmes. Il faut comprendre la parenté qui existe entre la façon dont nous justifions nos *actions* intentionnelles et la façon dont nous justifions nos déclarations d'intention.

Ainsi, la raison pour laquelle Anscombe poursuit son enquête en se penchant directement sur l'action intentionnelle ne relève en rien d'un choix méthodologique arbitraire. Elle relève d'une nécessité philosophique qu'ont simplement manquée les promoteurs de AT. Or, l'une des raisons pour lesquelles ils l'ont manquée tient au fait qu'ils ont confondu un usage du concept d'intention, l'expression d'intention pour le futur, avec une catégorie ontologique, l'intention pure. Une intention ne peut être pure qu'au sens où elle ne donne pas ou n'a pas encore donné lieu à une action : elle peut demeurer phénoménologiquement pure. En revanche, une intention ne peut pas être pure au sens où elle n'entretiendrait aucun rapport logique avec l'action projetée. Autrement dit, une intention porte nécessairement sur quelque chose que nous projetons *de faire* et, en ce sens, aussi pure soit-elle, elle conserve un rapport logique avec une action projetée : elle n'est que la description d'une action qui devrait (si tout va bien) se produire, exactement comme la prévision est une description d'un état de choses qui devrait se produire et pas seulement de ma croyance qu'il va se produire. C'est en ce sens qu'on ne peut pas comprendre l'intention indépendamment de l'action. C'est la raison pour laquelle il faut traiter de *l'action* pour comprendre les intentions [1].

Anscombe rejette ainsi pour des raisons philosophiques importantes la stratégie méthodologique à laquelle, si l'on suit Moran et Stone, ses prétendus héritiers ont adhéré pour donner naissance à une nouvelle Anscombe revue et corrigée, Anscombe Transformée (AT) [2]. Ils ont ainsi manqué le point de départ de cette philosophie de l'action. Cette rencontre manquée a donné lieu à une suite de malentendus sur la question des rapports entre l'intention et l'action, sur lesquels je reviendrai aux troisième et quatrième chapitres [3]. Avant cela, il me faut revenir sur le mode d'explication particulier que constituent les raisons d'agir et qui spécifie le rapport de l'intention à l'action.

1. L'expression d'intention est de ce point de vue distincte de l'expression d'émotion (*L'Intention*, § 2, p. 39), qui quant à elle est bien l'expression d'un état psychologique présent.

2. R. Moran, M. Stone, « Anscombe sur l'expression des intentions », art. cit., p. 36-43.

3. En particulier, l'attribution à Anscombe de la thèse des « directions d'ajustement » et l'idée qu'il existerait une « thèse Anscombe-Davidson » sur l'individuation de l'action.

Chapitre II

INTENTIONS ET RAISONS D'AGIR

Un humain a l'intention de faire ce qu'il fait

L'expression d'intention aurait pu, à première vue, apparaître comme le lieu où les intentions se manifestent de la façon la plus explicite et la plus pure. Mais son examen conduit à une impasse. Nous avons beau l'étudier sous tous les angles, l'expression d'intention pointe nécessairement vers autre chose qu'elle même : un état de choses futur et, plus précisément, une action future. Nous aboutissons à cette observation mystérieuse que l'expression d'intention est justifiée par des raisons d'agir, plutôt que par des raisons de penser ou de croire qu'un état de choses va se produire [1].

Comprendre l'intention requiert donc l'élucidation du concept de raison d'agir. Pour procéder à cette élucidation, il convient, à suivre Anscombe, de rendre compte d'un sens particulier de la question « Pourquoi ? » s'appliquant spécifiquement à l'action intentionnelle. Il faut donc s'attarder sur l'action, mais pas n'importe laquelle, celle que nous justifions précisément par des raisons d'agir. Ce

1. *L'intention*, § 2, p. 37, § 3, p. 42.

sont ces actions qui, par hypothèse, doivent nous révéler ce lien particulier entre l'intention et les raisons d'agir.

Ce qui est en jeu, je l'ai mentionné en introduction, c'est la clarification des concepts de l'action en vue d'établir les bases d'une philosophie morale qui ne sera pas parasitée par une mauvaise métaphysique de l'action. C'est cela que la philosophie de l'action *mainstream* a perdu de vue en se concentrant sur le concept d'intention, qu'elle a jugé à raison comme central, mais qu'elle a eu tort de considérer comme une catégorie psychologique analysable indépendamment des autres concepts de l'action : le volontaire, l'involontaire, le non-intentionnel, le volontaire non-intentionnel, etc. Ce sont les liens logiques qui unissent ce réseau de concepts qu'Anscombe cherche à restituer dans sa philosophie de l'action.

Demandons nous alors comment nous faisons pour « dire quelles sont les intentions de quelqu'un » lorsqu'il ne les exprime pas verbalement[1]. Pour commencer, on reconnaitra assez trivialement que « en gros, un homme a l'intention de faire ce qu'il fait effectivement »[2] :

> Si vous voulez dire quelque chose d'à peu près exact sur les intentions de quelqu'un, une bonne manière d'y arriver sera d'indiquer ce qu'il a effectivement fait ou ce qu'il est en train de faire. Car, quoi qu'il ait l'intention de faire par ailleurs, ou quelles que soient ses intentions en faisant ce qu'il fait, la plupart des choses dont vous diriez d'emblée qu'il les fait ou qu'il les a faites sont des choses qu'il avait l'intention de faire. (*L'Intention*, § 3, p. 42)

Cette remarque préliminaire, souvent prise à tort pour la thèse de *L'Intention*, voire même pour une forme de

1. *L'Intention*, § 3, p. 42.
2. *L'Intention*, § 25, p. 92, trad. mod.

béhaviorisme déguisé, n'est en réalité qu'une banale observation, une description de nos pratiques, un simple *fait grammatical*. Toute la difficulté tient à ce que ce fait grammatical reste à expliquer. Et cette difficulté vient précisément de ce que, ordinairement, nous ne nous demandons pas *comment* nous faisons pour reconnaître ainsi des actions intentionnelles, c'est-à-dire pour reconnaître que les gens ont effectivement généralement l'intention de faire ce qu'ils sont en train de faire.

« Comment faisons-nous pour dire les intentions des gens ? Ou : quel genre d'énoncés vrais peut-on faire de façon certaine sur les intentions des gens ? Et comment savons-nous qu'ils sont vrais ? »[1]. Une manière de comprendre comment nous reconnaissons des actions intentionnelles consiste à mettre au jour les circonstances dans lesquelles nous le faisons à bon droit. Il faut nous intéresser à *ce que* nous pouvons dire des intentions des gens et *quand* nous pouvons le dire. C'est, pour ainsi dire, la logique ou la grammaire (pour parler comme Wittgenstein[2]) des usages de la notion d'intention qu'il faut élucider, c'est-à-dire les règles qui gouvernent les conditions dans lesquelles nous attribuons à bon droit des intentions aux gens et parlons des intentions des gens ; plus généralement, les cas où nous employons le concept d'intention.

1. *L'Intention*, § 3, p. 42.

2. Wittgenstein dit : « La grammaire ne dit pas comment le langage doit être construit pour atteindre son but, pour agir de telle et telle manière sur les hommes. Elle décrit seulement l'emploi des signes, et ne l'explique d'aucune façon. » ; *RP*, § 496. Autrement dit, l'approche grammaticale se veut *descriptive* ou phénoménologique ; elle n'explique pas l'origine du langage, ou de ses usages, par exemple.

Ainsi, affirmer qu'« en gros, un homme à l'intention de faire ce qu'il fait effectivement », c'est « bien sûr, une façon *très* approximative de parler »[1], qui demande, comme le dit Descombes « à être précisée, ajustée pour tenir compte de la variété des situations[2]. » Il ne s'agit donc pas de dire qu'une action serait toujours, ou par définition, intentionnelle, ou que le concept d'intention serait réductible à celui d'action. Il ne s'agit pas d'une simple équivalence, malgré ce que peut parfois suggérer la lecture de Moran et Stone lorsqu'ils affirment que l'intention est « structurée comme l'action elle-même[3] ». Une fois de plus, il ne s'agit pas encore d'une thèse substantielle quant à la nature de l'action ou de l'intention. Le propos vise à exprimer le fait que, *si nous voulons connaître les intentions de quelqu'un*, alors, observer ce qu'il fait constituera une façon importante d'en décider. La remarque est grammaticale. Il faut donc retrouver dans la logique ou la grammaire du langage les raisons de ce rapport étroit observé entre l'intention et l'action :

> Je pense ici au genre de choses que vous diriez dans un tribunal si vous étiez témoin et qu'on vous demandait ce que faisait une personne quand vous l'avez vue. (*L'Intention*, § 4, p. 43)

Autrement dit, il ne s'agit pas de dire que nous attribuons constamment et explicitement des intentions aux gens, mais plutôt de remarquer que, *la plupart du temps*, lorsque nous décrivons leurs actions nous rendons également compte de certaines au moins de leurs intentions. C'est ce

1. *L'Intention*, § 25, p. 92.

2. V. Descombes, Préface à *L'Intention*, p. 8.

3. R. Moran, M. Stone, « Anscombe sur l'expression des intentions », art. cit., p. 47.

que nous faisons *lorsque* nous voulons connaître les intentions des gens. D'où l'exemple paradigmatique du témoignage au tribunal, puisqu'il renvoie précisément à des circonstances dans lesquelles nous cherchons tout particulièrement à savoir, entre autres, les intentions des gens.

Dire ce que quelqu'un fait ou a fait, la plupart du temps, c'est également dire ce qu'il a ou avait l'intention de faire. De même, exprimer ses intentions, c'est, la plupart du temps, dire ce qu'on *va faire.* Voici le fait à expliquer.

Mais remarquer que la coïncidence entre intention et action vaut seulement « la plupart du temps » est une réserve importante. Ceci suggère que pour comprendre le lien entre les deux il faudra également prêter attention aux cas où précisément il peut y avoir un *décalage* entre l'intention et l'action. Néanmoins, ceci indique aussi que le décalage *ne saurait être la règle*. S'il l'était, nous ne pourrions simplement jamais nous fier à ce que font les gens pour déterminer ce qu'ils ont en vue. Comme le souligne Descombes :

> Toute action humaine est fragile et peut échouer à exécuter l'intention dans laquelle elle est faite. (…) Pourtant, il n'est pas possible que toutes les actions humaines échouent, car, dans ce cas, on ne devrait pas dire que les hommes agissent, mais échouent toujours à atteindre les fins qu'ils poursuivent, on devrait dire que le concept d'action est devenu vide[1].

Ainsi, la contingence des actions humaines ne peut dissoudre le lien entre intention et action, sans quoi c'est le concept même d'action qui disparaît. Il est illégitime de supposer, comme le souligne Wittgenstein, que « ce qui

1. V. Descombes, Préface à *L'Intention*, p. 20.

se produit parfois pourrait se produire toujours[1] ». Nous pouvons voir les intentions des gens dans leurs actions, parce que les agents n'échouent pas constamment à effectuer ce qu'ils ont en vue. L'échec marque l'exception. Ainsi, si la situation de l'échec peut se produire, elle ne saurait constituer un paradigme pour l'étude de l'intention. Ceux qui appuient leurs théories sur l'étude des intentions pures vont, semble-t-il, à l'encontre de ce constat de l'indissociabilité logique des concepts d'action et d'intention que je me propose d'explorer, puisqu'ils prennent précisément le cas de la non-coïncidence entre l'action et l'intention comme le modèle paradigmatique de l'intention. En ce sens, ils se trompent de point de départ.

PAS DE MODIFICATION SANS ABERRATION

On ne peut cependant ignorer le fait, relevé par Austin[2], qu'un appel à la notion d'intention n'est véritablement requis *que* lorsque nous nous interrogeons sur le caractère véritablement intentionnel de l'action observée. Nous nous intéressons généralement aux intentions des gens lorsque celles-ci ne sont pas directement évidentes, lorsque nous voulons connaître l'intention qu'ils ont *en faisant* ce qu'ils font. L'appel au concept d'intention ne s'impose donc ordinairement que lorsqu'on suppose un décalage entre l'action et l'intention.

Il serait, en effet, inapproprié d'ajouter l'adverbe « intentionnellement » chaque fois que nous décrivons l'action de quelqu'un. Il serait tout aussi inapproprié de

1. *RP*, § 345. Dans le passage cité plus haut, Descombes fait référence au sophisme dénoncé par Wittgenstein.

2. J.L. Austin, « Plaidoyer pour les excuses », art. cit., p. 152-153.

demander aux gens, chaque fois qu'ils agissent, s'ils le font « intentionnellement. » L'ajout de ce genre d'« expression modifiant le verbe » (pour reprendre les mots d'Austin[1]), n'est légitime *que* dans des circonstances spéciales, comme celles, par exemple, d'un procès.

Mais étudier les cas où « nous employons un concept d'"intention" »[2], en l'occurrence l'action intentionnelle, ne revient pas à étudier les cas où nous employons l'adverbe « intentionnellement ». Il ne s'agit pas de dire qu'à chaque fois que nous avons affaire à une action intentionnelle, il serait possible ou même permis[3] d'ajouter cet adverbe à n'importe quel verbe d'action, dans n'importe quelles circonstances. Mais, outre le fait que la notion d'intention est implicite dans de nombreux verbes d'action[4], il existe un rapport étroit à expliciter entre décrire ce que font les gens et dire ce qu'ils ont l'intention de faire :

> En général, la question de savoir si les faits et gestes d'un homme sont intentionnels ne se pose pas. Il est donc souvent « bizarre » de les appeler ainsi. Par exemple, si je voyais un homme suivre le trottoir, puis se tourner vers la route, regarder des deux côtés, et traverser la rue

1. J.L. Austin, « Modifying expression », *ibid.*

2. *L'Intention*, § 1, p. 33.

3. Les notions de possibilité et de permission sont empruntées à Austin (« Plaidoyer pour les excuses », *op. cit.*, p. 153) et font référence aux usages corrects du langage, aux règles suivant lesquelles une certaine forme de langage peut être exclue de l'usage ordinaire admis et suivant lesquelles certains usages du langage sont admis en des occasions données. Par exemple, en dehors de circonstances particulières, nous ne disons généralement pas que les gens marchent intentionnellement ; une circonstance spéciale pourrait indiquer qu'on n'est pas vraiment sûr qu'un agent est à l'origine des mouvements de sa marche.

4. *L'Intention*, § 47. D'après L.W. Forgusson, Austin suggère quelque chose de semblable dans « Trois manières de renverser de l'encre », dans *Écrits philosophiques*, *op. cit.*, p. 242-243, n. 6.

> quand c'est sans danger, je ne dirais pas d'habitude qu'il a traversé la route intentionnellement. Mais il serait faux d'en déduire que ce n'est pas un exemple typique d'action intentionnelle. Ce serait également une erreur de dire : puisque nous avons là un exemple typique d'action intentionnelle, considérons l'action elle-même, et essayons de trouver dans l'action, ou dans l'homme lui-même au moment où il agit, la caractéristique qui rend l'action intentionnelle. (*L'Intention*, § 19, p. 71-72)

Cette remarque m'autorise à distinguer trois approches différentes de l'intention : (i) une première (celle de la « philosophie du langage ordinaire[1] ») consisterait à distinguer les cas où nous pouvons légitimement introduire une « expression modifiant le verbe » (comme « intentionnellement »), sans créer de bizarrerie, des cas où nous ne pouvons pas le faire (qui seront plus fréquents); (ii) une deuxième approche consisterait à élucider le lien conceptuel, logique ou grammatical entre la notion d'« intention » et une certaine classe d'actions, qu'on pourrait appeler des actions intentionnelles, pour les distinguer des actions en général (c'est ce qu'Anscombe se propose de faire dans l'*Intention*, § 4-22); (iii) une troisième approche, celle de la philosophie de l'action *mainstream*, consisterait à prendre l'action intentionnelle comme un phénomène *ready-made*[2] sur lequel les philosophes pourraient mener leur enquête, qu'ils pourraient décomposer en éléments simples, etc.

1. En tant qu'elle se distinguait, dans les années 1950-1960 de l'analyse grammaticale wittgensteinienne. Sur ce point voir E. Anscombe, « The intentionality of sensation », art. cit.; V. Aucouturier, « De l'usage de la grammaire : Wittgenstein et Anscombe », *Implications philosophiques*, 2011.

2. J.L. Austin, « Plaidoyer pour les excuses », art. cit., p. 140.

Je voudrais défendre la seconde approche : celle qui vise à mettre au jour les raisons, tenant à la logique du langage, pour lesquelles décrire des actions revient généralement à rapporter des intentions. Il faut rendre compte du fait que cette *possibilité* est contenue dans la logique ou la grammaire du langage. Je reviendrai en passant, dans ce chapitre, sur les différences méthodologiques entre la première et la seconde approche. J'examinerai plus précisément la troisième approche au prochain chapitre.

En premier lieu, il existe une différence entre le fait d'énoncer une remarque grammaticale sur les traits logiques qui légitiment l'usage du concept d'intention – comme lorsqu'on nous demande de donner « un exemple typique d'action intentionnelle »[1] – et le respect du principe d'Austin, « pas de modification sans aberration[2] », qui se rapporte au fait qu'on ne peut librement – c'est-à-dire dans n'importe quelles circonstances – ajouter l'adverbe « intentionnellement » à une phrase de la forme « Martin a fait *X* », ou demander à propos de chacun des mouvements de Martin s'ils étaient ou non intentionnels :

> L'économie naturelle de la langue prescrit que dans le cas *standard*, c'est-à-dire pour n'importe quel verbe normal (« tuer » ne fait peut-être pas partie de cette majorité) nulle expression le modifiant n'est requise, ni même permise. Une expression modifiant le verbe n'est appropriée, ou même de rigueur, que, si nous accomplissons l'action que nomme le verbe d'une façon *particulière* ou dans des circonstances *particulières*, différentes de celles dans lesquelles on accomplit normalement cet acte[3].

1. *L'Intention*, § 19, p. 71.
2. J.L. Austin, « Plaidoyer pour les excuses », art. cit., p. 152.
3. *Ibid.*, p. 152-153 – trad. mod.

James Conant, dans un article portant sur cette remarque d'Austin, soutient que l'argument consiste à « faire ressortir comment un certain type d'accord entre une phrase et une situation d'élocution constitue une condition de possibilité de notre capacité à voir en quoi quelqu'un peut dire quelque chose par ces mots[1]. » Il poursuit en expliquant que c'est ainsi qu'Austin montre comment les philosophes ont tendance à se détourner du droit chemin lorsqu'ils cessent de se demander ce que nous dirions et à quelle occasion en employant une certaine phrase et qu'ils cherchent à déterminer le sens ou la vérité de cette phrase indépendamment de cela.

Mais ce n'est pas ce que fait Anscombe lorsqu'elle dit qu'on peut considérer l'exemple de l'homme traversant la rue comme « un exemple typique d'action intentionnelle » et qu'elle caractérise l'intention comme « ce qu'un homme fait effectivement ». Ceci peut sembler contredire le principe d'Austin en cela qu'elle a l'air de suggérer que la caractéristique « intentionnelle » serait, d'une certaine façon, attachée à la notion d'action, et que, en dehors d'un ensemble de circonstances particulières dans lesquelles, par exemple, nous faisons une chose sans le savoir, nous pourrions presque poser une équivalence entre « action » et « action intentionnelle », indépendamment du fait que l'adverbe « intentionnellement » n'a pas d'application légitime dans la plupart des cas de description d'action.

De ce point de vue, il pourrait sembler qu'Anscombe rejoigne le camp des partisans de AT selon lesquels « un événement est une action s'il est intentionnel sous une

1. J. Conant, « Three Ways of Inheriting Austin », Ch. Al-Saleh et S. Laugier (éd.), *Austin et la philosophie du langage ordinaire*, Hildesheim, Olms, p. 414-415.

description[1] », c'est-à-dire considère que la caractéristique « intentionnelle » définit l'action (en est une condition nécessaire) d'une façon ou d'une autre. Mais cette lecture, qui a fortement influencé AT, est erronée. Ceci apparaît explicitement dans le passage suivant :

> [Davidson] suggère qu'on est en présence d'une action (au sens strict) si ce qui est fait (au sens ordinaire, non strict) est intentionnel sous *une quelconque* description. Ceci permet d'affirmer que si je verse du café alors que je voulais verser du thé, il s'agit quand même d'une action, qui est intentionnelle sous la description « verser le liquide qui se trouve dans cette théière ». J'ai peur cependant que cela ne fasse aussi de « trébucher sur le bord du tapis » une action, si chaque étape d'une progression intentionnelle à travers la pièce est intentionnelle sous cette description. Pourtant Davidson ne veut pas compter « trébucher » comme une action. Si cela est correct, alors sa conception est fausse, car elle inclut ce qu'elle veut exclure. De plus, je ne pense pas qu'elle comprenne les omissions, qui sont souvent des actions[2].

Ainsi, comme nous allons le voir, bien que « le terme "intentionnel" renvoie à une *forme* de description d'événements »[3], contrairement à ce que soutient AT, il ne doit pas être compris, comme le propose Davidson, en termes de conditions nécessaires et suffisantes pour qu'un événement soit autorisé à recevoir le label « action intentionnelle ». Comme nous le verrons au dernier chapitre,

1. R. Moran, M. Stone, « Anscombe sur l'expression des intentions », art. cit., p. 39. Voir, par exemple, D. Davidson, « L'agir », art. cit., p. 68-73.

2. E. Anscombe, « Action, Intention and "Double Effect" », in *Human Life, Action and Ethics*, *op. cit.*, p. 207.

3. *L'Intention*, § 47, p. 145.

l'étude de la grammaire de l'intention ne constitue pas un chapitre d'une ontologie de l'action. Il ne s'agit pas de déterminer une liste de critères permettant d'isoler une sous-classe d'événements que seraient les actions intentionnelles, comme si nous avions une liste d'unités prédéfinies qu'on nommerait « événements » au sein de laquelle il conviendrait de faire un tri.

Mais l'enquête ne se limite pas non plus aux seuls cas où nous employons *de fait* « intention », « intentionnel », « intentionnellement », ou ce qu'Austin appelle une « expression modifiant le verbe ». Elle ne se concentre pas exclusivement sur les cas *spéciaux* où la question est précisément de savoir *si* quelqu'un a agit intentionnellement ou non (a tué sa femme, cassé les tasses, brulé la maison, empoisonné les habitants du village, etc.). Mais elle s'intéresse aux exemples *typiques* d'action intentionnelle, c'est-à-dire aux cas d'actions auxquels nous appliquons généralement (et implicitement) une notion d'intention – qui se démarquent d'autres cas (de maladresse, d'inattention, etc.) –; ces cas qui compteraient, dans une situation de procès, comme ce qu'un agent a fait en connaissance de cause[1].

L'un des objectifs de la suite de ce chapitre et du suivant sera de montrer l'importance de la distinction entre l'affirmation qu'une action est intentionnelle *sous une description* et le slogan de AT suivant lequel un événement est une action s'il est intentionnel sous une quelconque description. Le contraste entre ces deux approches de l'action devrait en effet ressortir à la lumière de la

1. L'importance de cette notion de connaissance de ses propres actions, et plus particulièrement de savoir ce qu'on fait, sera explorée en détail au prochain chapitre.

caractérisation de l'action intentionnelle « en termes de langage », à partir de l'examen des usages de la question « Pourquoi ? »[1].

On pourrait en effet soutenir que l'une des thèses principales de l'*Intention* est qu'une action est intentionnelle *sous une description* (et pas « par définition » ou « par essence »). La question « Pourquoi ? », au sens spécial identifié par Anscombe (dans la logique du langage), vise à circonscrire le domaine des *descriptions* sous lesquelles on peut dire qu'une action est intentionnelle[2]. C'est en cela qu'elle est une caractérisation en termes de langage[3].

En termes de langage

> Comment distinguer les actions intentionnelles de celles qui ne le sont pas ? Je suggérerai que ce sont les actions auxquelles s'applique un certain sens de la question « Pourquoi ? ». Ce sens est bien sûr celui dans lequel la réponse mentionne, si elle est positive, une raison d'agir. (*L'Intention*, § 5, p. 45)

Le rôle de la question « Pourquoi ? » est de rendre compte de façon non circulaire du concept de raison d'agir, qui est apparu au premier chapitre comme le lien entre l'(expression d')intention et l'action (intentionnelle). Nous

1. *L'Intention*, § 47, p. 148.

2. Ce qui n'implique pas, comme le suggère AT, que toute action, pour être ainsi définie, devrait pouvoir être envisagée sous une description sous laquelle elle est intentionnelle. Il s'agit d'envisager, parmi les diverses formes possibles de description de l'action (volontaire, involontaire, les omissions, etc.), une forme de description de l'action sous laquelle elle est intentionnelle.

3. Anscombe procède à cette caractérisation de l'action intentionnelle en termes de langage au moyen de la question « Pourquoi ? », *L'Intention*, § 5 à 18.

avons vu à cette occasion qu'il était possible de faire une distinction très générale entre des raisons de penser qu'une chose va se produire (ou, j'ajouterais, qu'une chose est le cas) et des raisons d'agir, propres à un agent particulier. Nous pouvons rapporter cette distinction à deux usages de la question « Pourquoi ? » : l'un qui porterait sur l'explication de phénomènes non intentionnels, comme la chute des feuilles à l'automne, et l'autre qui porterait sur des phénomènes intentionnels, en particulier, ce que font les gens.

Pour le problème qui nous concerne, il faut rendre compte de ce deuxième usage de la question « Pourquoi ? » : quand s'applique-t-elle à ce que font les gens et quel type de réponse constitue une raison d'agir ? L'examen de cet usage particulier de la question « Pourquoi ? » doit permettre de déterminer ce qu'est l'action intentionnelle en précisant ce qu'est une raison d'agir [1]. À ce titre elle reste un outil artificiel, de philosophe.

Pour revenir aux discussions de méthode entre une philosophie du langage ordinaire et une analyse grammaticale, la dernière va s'intéresser aux cas où il est *possible* de poser la question « Pourquoi ? » en un sens qui requerrait des raisons d'agir (même si c'est le cas échéant hors de propos, non requis ou non permis), et pas seulement aux cas où il serait permis et même exigé de poser la question. Cette précision est cruciale pour saisir les différences entre

1. C'est ainsi que Descombes synthétise le rôle de la question « Pourquoi ? ». Voir V. Descombes, Préface à *L'Intention*, p. 16. De manière très générale, donner une raison d'agir en réponse à la question « Pourquoi ? » consisterait à situer son action dans un contexte, un scénario dans lequel elle a du sens ou apparaît cohérente. Par exemple : « Pourquoi faites-vous bouillir de l'eau ? – Pour faire du thé pour mes invités qui vont arriver. »

cette philosophie de l'action et les théories de l'action *mainstream* (qui prennent pour point de départ les intentions pures [1]).

L'examen de ce sens particulier de la question « Pourquoi ? » va faire apparaître une forme de dépendance logique ou grammaticale entre le concept d'action et la possibilité de soulever la question-pourquoi-demandeuse-de-raisons à propos d'un certain événement. Cette dépendance est logique ou grammaticale, dans la mesure où elle apparaît dans le langage : on observe une certaine dépendance entre la *description* sous laquelle on considère certains événements – en l'occurrence des actions – et la possibilité de soulever la question « Pourquoi ? » (en son sens spécial) à propos de ces événements.

Dans l'*Intention*, Anscombe déclare vouloir « d'une part, expliquer [le sens spécial de la question "Pourquoi ?"] et, d'autre part, décrire des cas où cette question *n'a pas* d'application. » [2]. Elle commence ainsi par décrire négativement les cas d'action intentionnelle comme ceux qui n'excluent pas l'application de la question « Pourquoi ? » (au sens pertinent). Par exemple : « Pourquoi sciez-vous cette planche ? – Parce que je fabrique une cabane à oiseaux. » ; « Pourquoi le chat s'approche-t-il furtivement de l'oiseau ? – C'est qu'il veut l'attraper pour en faire son dîner. » Lorsque l'application de la question « Pourquoi ? » est refusée, la description de l'action considérée est une description sous laquelle celle-ci n'est pas intentionnelle ; tandis que si elle s'applique, la description de l'action considérée est une description sous laquelle elle est

1. Voir *supra* chapitre I, p. 25 *sq*.
2. *L'Intention*, § 6, p. 47.

intentionnelle ou au moins volontaire (je reviendrai plus loin sur cette distinction).

Pour faire ressortir les cas où la question s'applique, Anscombe procède par élimination. Elle caractérise d'abord la question « Pourquoi ? » de manière négative, en commençant par les cas où son application est refusée, où celle-ci s'avère non-pertinente, inappropriée ou même insensée. On observe alors que c'est généralement rétrospectivement que nous pouvons déterminer si la question s'applique ou non. En d'autres termes, si, en une occasion donnée, l'application de la question « Pourquoi ? » est refusée, cela montre qu'elle était inappropriée à cette occasion. Mais ce caractère inapproprié n'a pas été décidé d'avance, avant que la question soit posée. Ceci n'est déterminé que rétrospectivement. Ainsi, ce n'est pas parce que l'application de la question est refusée que cela n'avait pas de sens de la poser.

Nous pouvons donc distinguer trois cas :

(a) Les cas où la question « Pourquoi ? » (au sens spécial) n'est pas pertinente, où, de toute évidence, on n'a pas affaire à une action (par exemple, les ondulations d'un arbre dans le vent, la chute des feuilles à l'automne, etc.).

(b) Les cas où la question est pertinente. Ces derniers cas se subdivisent en deux autres cas :

> (b') La question est pertinente mais son application est refusée, comme dans les exemples suivants : « Pourquoi sciez-vous la planche de Smith ? – J'ignorais que cette planche appartenait à Smith. » ; « Pourquoi sonnez-vous cette cloche ? – Je n'avais pas vu que c'était *moi* qui la sonnais. »
>
> (b'') La question est pertinente et elle s'applique.

De façon très schématique, les cas de type (a) ne sont pas des actions ou la description sous laquelle l'occurrence est considérée n'est pas une description d'action[1] ; les cas (b') et (b") se rapportent tous deux à des actions, mais dans le cas (b') l'action n'est pas intentionnelle ou est prise sous une description sous laquelle elle n'est pas intentionnelle, tandis que dans les cas (b") l'action est intentionnelle ou au moins volontaire.

Sous une description

Pour atteindre le cœur de la relation logique entre l'intention, l'action et leur mode de justification au moyen des raisons d'agir, il faut d'abord éliminer les cas parasites[2]. Pour comprendre cette stratégie adoptée par Anscombe, il faut revenir à l'observation qui a marqué durablement l'ensemble de la philosophie de l'action ; celle selon laquelle une action est intentionnelle *sous une description* :

> Comme une unique action peut avoir plusieurs descriptions, par exemple « scier une planche », « scier du chêne », « scier une des planches de Smith », « faire grincer la scie », « dégager beaucoup de sciure », etc., il est important de remarquer qu'un homme peut savoir qu'il fait une chose sous une description, et pas sous une autre. (*L'Intention*, § 6, p. 47)

1. Voir par exemple, *L'Intention*, § 23, p. 83 : « La description qui correspond à la question "Pourquoi produisez-vous ces substances dans vos fibres nerveuses ? " sera *de fait* exclue de notre propos sauf si nous supposons que cet homme a comme projet de les produire. ».

2. Comme le suggère Austin dans son « Plaidoyer pour les excuses » (p. 141), « l'anormal met au jour ce qui est normal, et nous aide à déchirer le voile aveuglant de la facilité et de l'évidence qui dissimule les mécanismes de l'acte naturel et réussit. »

En dépit de sa simplicité ou de son apparente innocence, cette observation a suscité beaucoup de malentendus[1]. Son importance, j'y reviendrai, tient au fait que nous identifions et comptons les actions au moyen de leur description et non pas *indépendamment* de leur description. C'est l'interprétation de cette idée qui a prêté à confusion. Retenons, pour le moment, que la question « Pourquoi ? » doit porter sur une certaine description d'action et que c'est prise sous une certaine description qu'une action peut s'avérer intentionnelle ou pas.

Ainsi, Anscombe relève trois cas principaux où nous refusons l'application de la question « Pourquoi ? » :

> 1. On refuse toute application à cette question quand on répond : « Je n'étais pas consciente que je faisais cela. ». (*L'Intention*, § 6, p. 47)
> 2. Il est clair qu'on refuse une application à la question « Pourquoi ? » (au sens qui nous intéresse), si on répond : « C'était involontaire », même si on était alors conscient de faire cette action. (§ 7, p. 48)
> 3. Nous pouvons maintenant ajouter que répondre « Je savais que je faisais cela, mais seulement par observation » est une autre manière de la rejeter. Par exemple si on remarque qu'on actionne les feux de circulation en traversant une rue. (§ 8, p. 51)

En effet, un agent n'a pas nécessairement conscience ou connaissance de toutes les conséquences de son action, ou de tout ce en quoi consiste faire ce qu'il fait. Il peut, par exemple (cas 1), ignorer que la planche qu'il scie est en chêne ou qu'elle appartient à Smith. Ce sont seulement les descriptions sous lesquelles un agent *connaît* son action

1. En particulier au sujet d'une prétendue thèse Anscombe-Davidson sur l'individuation de l'action. Voir le chapitre IV, p. 223 *sq*.

qui peuvent compter comme des descriptions intentionnelles de ce qu'il fait[1]. Cette façon de refuser la question « Pourquoi ? » a toutefois des limites :

> Il y a des cas où cette réponse [« Je n'avais pas conscience que je le faisais »] ne peut être donnée de façon plausible ; par exemple, si vous voyiez un homme scier une planche, que vous lui demandiez « Pourquoi sciez-vous cette planche ? », et qu'il répondait « Je ne savais pas que je sciais cette planche », alors, vous pourriez vous demander ce qu'il a bien pu vouloir dire. (*L'Intention*, § 6, p. 47)

En effet, Anscombe le soulignera à nouveau au § 47 de l'*Intention*, pour un certain nombre de verbes d'action, comme téléphoner, manger, jouer d'un instrument, etc., nous avons du mal à voir en quoi pourrait bien consister le fait de les faire non-intentionnellement. Mais j'anticipe ici un point sur lequel je reviendrai plus loin.

Il y a par ailleurs des cas, comme agiter le pied nerveusement, où la réponse « Je n'avais pas conscience que je le faisais » est généralement plausible. Tandis qu'il semble difficile (en dehors de circonstances spéciales) de scier une planche distraitement, il est en revanche tout à fait courant d'effectuer un mouvement nerveux et répété par inadvertance.

« Scier une planche » fait partie des actions qu'Austin classerait parmi les « cas standards[2] », c'est-à-dire des actions à propos desquelles il n'est normalement pas pertinent de demander si les gens les font *M*-ment (par exemple « intentionnellement ») ou pas. Ce sont aussi des

1. Cette dimension de l'action intentionnelle a été caractérisée par Moran comme l'intensionalité du savoir pratique. Je reviendrai en détail sur cette idée au troisième chapitre.

2. J.L. Austin, « Plaidoyer pour les excuses », art. cit., p. 152.

actions à propos desquelles une réponse du type « je n'avais pas conscience que je faisais cela » ne sera généralement pas acceptée. En revanche, l'agent peut dans ce cas légitimement prétendre qu'il n'était pas conscient qu'en sciant la planche, il sciait la planche *de Smith*, faisait grincer sa scie, etc. Comme cela a été souligné, si nous lui demandions, par exemple, pourquoi il scie la planche de Smith, il pourrait répondre qu'il ne savait pas que c'était la planche *de Smith* qu'il sciait. On peut dire, de ce point de vue, qu'en un sens, un agent a, en sciant une planche, une certaine action en vue (sous une certaine description [1]), qui n'est pas, en l'occurrence, celle de scier la planche *de Smith*.

D'autre part, tandis qu'il me faut normalement observer autrui, son action ou ses actions, pour déterminer ce qu'il fait, ou ce qu'il a en tête, je n'ai normalement pas besoin de m'observer en train d'agir pour pouvoir dire ce que je suis en train de faire. Ainsi, dire que j'ai su ce que je faisais seulement par observation (cas 3) est une façon de refuser l'application de la question « Pourquoi ? ». C'est le troisième cas, mentionné ci-dessus : lorsque l'agent réalise ou sait ce qu'il fait seulement par l'observation de son action ou de ses actions.

> Par la connaissance que nous avons de nos actions intentionnelles, j'entends la connaissance que nous nions avoir quand on nous demande, par exemple, « Pourquoi sonnez-vous la cloche ? » et que nous répondons « Mon Dieu ! Je ne savais pas que c'était *moi* qui la sonnais ! ». (*L'Intention*, § 28, p. 100)

1. Cette question du point de vue de l'agent sur son action sera discutée en détail au prochain chapitre.

De même qu'en m'adossant contre un interrupteur, je ne réalise pas forcément que c'est *moi* qui allume et éteins la lumière, il se peut que j'entende le son d'une cloche sans réaliser que j'ai le coude appuyé sur le bouton qui le déclenche. Alors, c'est après coup, en me *voyant* le faire, que je réalise que je suis l'agent causalement responsable de ces événements.

Si donc j'ignore qu'une certaine description s'applique à ce que je suis en train de faire (cas 1) ou si je ne fais qu'observer que je suis l'agent d'un certain événement (cas 3), je ne suis pas en position de dire *pourquoi* je fais ces choses, de donner des raisons d'agir, même si c'est bien moi qui les fais. Ceci suggère, par contraste, que l'action intentionnelle exige de la part de l'agent une certaine conscience de son action. C'est cette conscience qui se manifeste, on va le voir, dans la pratique consistant à fournir des raisons d'agir.

LES CAUSES MENTALES ET LA CONNAISSANCE NON OBSERVATIONNELLE

Mais avant cela, arrêtons nous un instant sur le cas complexe de l'action involontaire (cas 2). Avant tout, le domaine de l'involontaire ne comprend pas que les actions d'un agent conscient. Il comprend notamment les mouvements réflexes et l'activité autonome des organes (par exemple, du cœur ou de l'estomac). Il s'agit de cas non problématiques, relevant de descriptions purement physiques : ce sont des mouvements qui nous arrivent et pas que nous produisons[1].

1. Pour plus de précision sur ce cas voir *L'Intention*, § 7-8.

Mais il y a un ensemble de cas d'action involontaire qui ne se laisse pas facilement exclure de l'analyse, si nous ne voulons pas nous contenter de définir l'involontaire de manière circulaire, comme ce qui n'est simplement pas volontaire ou intentionnel[1]. Il s'agit du deuxième cas (ci-dessus) de refus de la question « Pourquoi ? » où « on répond : “C'était involontaire”, même si on était alors *conscient* de faire cette action »[2].

Nous pourrions dire que le troisième cas est en fait un cas particulier de l'involontaire. Mais la différence entre les deux porte sur le caractère *observationnel* ou non de la connaissance qu'on a de son action. Dans le troisième cas (semble-t-il, non problématique) qu'on vient de voir, sont exclues du domaine de l'action intentionnelle les actions d'un agent qui en prendrait connaissance seulement par observation. Le second cas exclut du domaine de l'action intentionnelle des choses qu'on fait et dont on aurait une connaissance sans observation. Ainsi, le critère de la connaissance non observationnelle apparaît comme un critère nécessaire mais non-suffisant de l'action intentionnelle.

Pour comprendre cette nuance, penchons-nous sur ce concept de connaissance non-observationnelle. C'est en examinant les cas de rejet de la question « Pourquoi ? », qu'Anscombe introduit le concept de « connaissance sans observation ». Il s'agit d'un outil méthodologique pour éviter une certaine circularité dans la description de l'involontaire. Celui-ci vise à décrire l'involontaire « sans

1. Ici l'étude de cas proposée par Austin dans « Plaidoyer pour les excuses » et « Trois manières de renverser de l'encre » s'avère très éclairante sur les relations logiques qui unissent les catégories du volontaire, de l'involontaire, de l'intentionnel, du non intentionnel, etc.

2. *L'Intention*, § 7, p. 48.

utiliser des notions comme "visé" (*intended*), "voulu", "volontaire" ou "involontaire" »[1].

Dans la mesure où Anscombe suggère que l'action intentionnelle est une sous-classe de la classe des choses connues sans observation[2], les cas problématiques sont justement ceux où quelqu'un sait ce qu'il fait sans observation, mais où ce qu'il fait n'est pas intentionnel (cas 2).

Mais que signifie « sans observation » ?

> Un homme connaît souvent la position de ses membres sans observation. Nous disons « sans observation », parce que rien ne lui *montre* la position de ses membres ; ce n'est pas comme si un picotement dans le genou lui signalait que sa jambe n'était pas étendue mais repliée. Là où nous parlons de sensations descriptibles séparément, qui, lorsqu'on les a, nous servent de critères pour dire quelque chose, nous pouvons dire que nous observons cette chose, mais ce n'est généralement pas le cas lorsqu'on connaît la position de ses membres. (*L'Intention*, § 8, p. 50)

Cette image de la connaissance sans observation peut sembler surprenante car purement intuitive. Elle a d'ailleurs retenu l'attention de nombreux lecteurs d'Anscombe[3].

1. *L'Intention*, § 8, p. 50.

2. *Ibid.*, p. 51. Nous pouvons considérer, une fois de plus, que cette caractérisation est d'ordre philosophique, elle a un intérêt de clarification. Anscombe ne nie pas qu'on puisse connaître une intention par observation, par exemple, lorsqu'on attribue des intentions en troisième personne.

3. Voir, par exemple, D. Braybrooke, « Some Questions for Miss Anscombe about *Intention* », *Analysis*, vol. 22, n° 3, Jan. 1962, p. 49-54 ; G.N.A. Vesey, « Knowledge Without Observation » ; A. Danto, « Action, Knowledge and Representation », *The Body/Body Problem : Selected Essays*, Beckeley, University of California Press, 1999, p. 70-75 ; A. Byrne, « Introspection », *Philosophical Topics*, n° 33, 2005, p. 79-104 ;

Elle a ceci d'étonnant qu'elle semble faire appel à une intuition d'ordre purement phénoménologique de la part d'une auteure qui prétend plutôt fonder son propos sur des observations grammaticales, c'est-à-dire relevant de la logique des usages du langage [1]. La remarque citée constitue en réalité une critique de la notion traditionnelle de sensation kinesthésique [2]. Elle fait écho à la critique de Maurice Merleau-Ponty qui explique que ce n'est pas par une sensation particulière que j'entre en relation avec mon corps et avec ses mouvements, puisque mon corps est justement le médium *par lequel* j'ai des sensations, par lequel j'entre en relation avec mon environnement [3]. Mon corps, en tant que tel, n'est donc pas nécessairement (même s'il peut l'être [4]) objet de perception, au sens où un bruit, une sensation, une couleur, etc., le sont.

Bien que la remarque d'Anscombe semble rejoindre celle de Merleau-Ponty, Roger Teichmann [5] à la suite de Wittgenstein [6], en propose à juste titre une lecture non-

J.D. Velleman, « What Good is a Will? », in *Action in Context*, A. Leist (ed.), Berlin, Walter de Gruyter, 2007, p. 193-215; J. McDowell, « Anscombe on bodily self-knowledge », *in* A. Ford, J. Hornsby, F. Stoutland, *Essays on Anscombe's* Intention, Cambridge MA, Harvard University Press, 2011, p. 128-146.

1. L'exemple, d'ailleurs, vient de Wittgenstein, *RP* II, VIII, p. 263-264.

2. C'est une notion issue principalement de la psychologie, voir, par exemple les textes de Henri Piéron (*Vocabulaire de la psychologie*, Paris, P.U.F., 1968, p. 234).

3. Dans la *Phénoménologie de la perception* (1944), Paris, Gallimard, 1976, chap. 1, sections 1, 2, 3, Merleau-Ponty propose de réinterpréter en ce sens ce que les psychologues ont appelé « sensation kinesthésique ». Il remet ainsi en question l'image cartésienne du dualisme, puisque le corps n'est plus seulement objet de perception, mais il en est le médium.

4. Dans le cas de la douleur, par exemple.

5. R. Teichmann, *The Philosophy of Elizabeth Anscombe*, Oxford, Oxford University Press, 2008.

6. *RP* II, VIII, p. 264 : « Ici, je cherche la différence grammaticale. »

phénoménologique. Il défend notamment l'idée que cette remarque porte « sur les concepts, pas sur la connaissance [1] ». La sensation de donner un coup de pied réflexe n'est pas du même ordre que celle de descendre dans un ascenseur, dans la mesure où la seconde est « descriptible séparément » – on pourrait dire à son propos « apprendre des nouvelles surprenantes procure cette sensation » – et pas la seconde – on ne pourrait pas dissocier la sensation réflexe du mouvement lui-même et l'invoquer dans un autre contexte.

> Si vous parlez de « cette sensation qu'on a en donnant un coup de pied, quand on nous tape le genou », ce n'est pas comme, par exemple, « la sensation de descendre dans un ascenseur ». On pourrait, en effet, à la rigueur, dire « J'ai pensé que j'avais donné un coup de pied réflexe, alors que je n'avais pas bougé », mais en aucun cas, « Apprendre des nouvelles surprenantes procure cette sensation (qu'on a quand on donne par réflexe un coup de pied) » : la sensation n'est pas séparable, comme l'est la sensation de « descendre dans un ascenseur ». (*L'Intention*, § 8, p. 52)

Pour le dire autrement, la sensation de descendre dans un ascenseur est une sensation qu'on pourrait avoir dans un autre contexte que celui où on est dans un ascenseur (lorsqu'il y a des turbulences en avion, par exemple), ce qui n'est pas le cas de la sensation de donner un coup de pied réflexe.

Selon Teichmann, « le point conceptuel est révélé par le fait que vous ne pourriez pas *dire* "Je viens d'avoir la sensation de donner un coup de pied réflexe", ni rien d'autre qui s'en approcherait, s'il n'existait pas quelque chose

1. R. Teichmann, *The Philosophy of Elizabeth Anscombe*, *op. cit.*, p. 14.

comme le coup de pied réflexe[1] ». Tandis qu'il serait possible d'imaginer quelque chose comme la sensation de descendre dans un ascenseur, même dans un monde sans ascenseur – la sensation ne serait alors pas désignée par cette expression, bien sûr. Le point important tient au caractère *séparément descriptible* de cette dernière sensation, c'est-à-dire au fait qu'on puisse la décrire et la ré-identifier dans des contextes variés. En effet, c'est par *l'intermédiaire* de cette sensation que nous entrons en relation avec ce dont elle est la sensation. Or ce n'est pas le cas lorsque nous parlons de connaître la position de ses membres, car « ce n'est pas comme si un picotement dans le genou [nous] signalait que [notre] jambe n'était pas étendue mais repliée »[2]. Cela ne veut pas dire que nous ne connaissons jamais cette position au moyen d'une sensation, mais seulement que ce n'est généralement pas le cas.

L'objectif de la remarque est alors de construire une analogie entre « connaître la position de ses membres » et « savoir ce qu'on fait », pour caractériser une certaine forme de connaissance – la connaissance sans observation[3] – qui s'appliquerait aux deux cas. Le problème, comme je l'ai fait remarquer plus haut, est que cette caractérisation ne s'applique pas exclusivement à la connaissance de ses propres actions. Elle s'applique en particulier à un certain type d'action involontaire résultant de ce qu'Anscombe nomme des « causes mentales ».

1. R. Teichmann, *The Philosophy of Elizabeth Anscombe*, *op. cit.*, p. 14.

2. *L'Intention*, § 8, p. 50.

3. Je reviendrai au prochain chapitre sur la dimension cognitive de cette connaissance. Je me concentre exclusivement ici sur sa dimension non observationnelle.

Une cause mentale serait une représentation ou la perception de quelque chose, qui produit un mouvement ou une pensée. En voici un exemple typique : « "Pourquoi avez-vous renversé la tasse ? " : "J'ai vu telle et telle chose, et cela m'a fait sursauter » [1].

Le coup de pied réflexe est involontaire dans la mesure où, bien que nous puissions savoir sans observation que nous le donnons, la cause du mouvement (le coup de marteau à un endroit précis du genou) n'est connue que par observation : je sais que le coup de marteau est la cause de mon coup de pied seulement parce que j'ai observé qu'il me faisait lever la jambe de manière réflexe. Mais il convient de distinguer les choses qu'on fait involontairement, dont on sait sans observation qu'on les fait et dont on connait la cause *par observation*, de celles qu'on fait involontairement, dont on sait sans observation qu'on les fait et dont on connait la cause *sans observation.* Les causes mentales appartiennent à ce deuxième type de cause. Les premières ne sont pas problématiques, car le fait que nous ne puissions connaître la cause de notre mouvement que par observation exclut que nous ayons affaire à une action volontaire ou intentionnelle.

En revanche, comment distinguer l'action involontaire, qui serait le résultat d'une cause mentale, de l'action volontaire ou intentionnelle ? Lorsque je dis « J'ai vu telle ou telle chose et cela m'a fait sursauter », la cause « en tant que cause » est connue sans observation. Cela ne veut pas dire qu'on n'a pas observé ce qui nous a fait sursauter (« telle ou telle chose »), mais que nous ne l'avons pas observé nous faire sursauter [2] – tandis qu'on aura observé

1. *L'Intention*, § 9, p. 53.
2. *Ibid.*

le coup de marteau du docteur nous faire donner un coup de pied réflexe.

De plus, ce concept de cause mentale ne s'applique pas seulement à des actions, mais aussi à des sentiments et à des pensées : une certaine cause mentale (un son, un bruit, un goût, etc.) peut faire surgir un sentiment (par exemple de la peur) ou une pensée (comme le goût de la madeleine fait revenir à Proust le parfum de son enfance). Ce « cas plutôt étrange de causalité »[1] a ceci d'étrange qu'il ne résulte pas de l'observation et encore moins de l'observation d'un lien régulier entre deux événements distincts. Il ne correspond pas à la notion humienne[2] de cause[3], qui suggère l'observation d'une corrélation régulière entre une cause et son effet et la possibilité d'établir une loi causale à partir de l'observation de cette régularité. La notion de cause fait plutôt référence ici à une relation singulière non nécessaire entre un événement (par exemple, le grognement d'un crocodile) et un autre (le sursaut de quelqu'un). Cette relation n'est pas nécessaire en ce sens que, bien qu'en une occasion donnée le grognement du crocodile cause ce sursaut, nous n'avons aucune raison de penser que cela se produira en toute occasion, voire même en une autre occasion.

À ce titre, dans un article de 1971, « Causality and Determination »[4], Anscombe soutient l'idée qu'il n'existe pas une unique notion de « cause », qui correspondrait à une relation déterministe, nécessaire, légale, entre deux événements (l'un étant la cause de l'autre, l'autre son effet).

1. *L'Intention*, § 5, p. 46.

2. D. Hume, *Traité de la nature humaine*, « L'entendement », Livre I, trad. Ph. Saltel, Paris, GF-Flammarion, 1995, Livre I, 3, sect. 2 et 3.

3. *L'Intention*, § 10, p. 54.

4. E. Anscombe, *Metaphysics and the philosophy of mind*, *op. cit.*, p. 133-147.

Elle fait remarquer que la notion de cause a d'autres sens et d'autres usages dans le langage ordinaire, et que nous l'employons couramment non pas en référence à une quelconque loi déterministe, mais pour mettre le doigt sur l'origine d'une certaine occurrence singulière (typiquement dans des questions comme : « Qu'est-ce qui vous a fait faire ceci ou cela ? »). De ce point de vue, si les causes mentales sont bien des causes, elles ne le sont pas au sens où elles instancieraient une loi causale [1], mais au sens plus ordinaire où une certaine occurrence est le résultat, la conséquence ou l'effet d'une autre occurrence singulière. Le grognement du crocodile peut bien être la cause du sursaut de Martin (ou de quelqu'un d'autre) sans qu'il existe aucune loi disant que les grognements de crocodiles le font sursauter (ou font sursauter les gens) ; nous pouvons invoquer ici la notion de cause, sans avoir à supposer l'existence d'une telle loi, ni même avoir à suggérer qu'à un certain niveau de premier ordre (disons, physique) une loi serait instanciée.

Ce qui compte, pour qu'une cause mentale soit telle, c'est qu'elle soit « perçue par la personne affectée » :

> Une « cause mentale », bien sûr, n'est pas nécessairement un événement mental, c'est-à-dire une pensée, un sentiment ou une image ; une telle cause peut n'être qu'un coup frappé à la porte. Mais si elle n'est pas un événement mental, elle doit au moins être perçue par la personne affectée – par exemple, le coup frappé à la porte doit être entendu – de telle sorte que, si quelqu'un souhaite dire qu'il s'agit toujours d'un événement mental, je n'y vois aucune objection. Une cause mentale est ce que quelqu'un décrirait si on lui posait la question : qu'est-ce qui a

1. Contrairement, nous l'avons vu au chapitre précédent et nous allons y revenir, à ce que pense Davidson.

> produit cette action, cette pensée, ou ce sentiment en vous ? Qu'avez-vous entendu, senti, quelles idées ou quelles images vous sont venues à l'esprit et vous ont conduit à cela ? (*L'Intention*, § 11, p. 55-56)

Ce qui caractérise une cause comme *mentale* est donc le fait qu'elle soit pensée ou perçue par quelqu'un (par un être conscient) afin de pouvoir jouer son rôle causal. Elle a le statut de cause dans la mesure où elle produit (en tant qu'elle est perçue ou pensée) un certain effet sur la personne (ou l'être) concernée – elle la fait sursauter, se souvenir de quelque chose, etc. Elle implique une certaine passivité de la part de celui qui en est affecté. C'est pourquoi les questions portant sur des causes mentales auront plutôt la forme suivante : « Qu'est-ce qui a produit ...? » ou « Qu'avez-vous perçu, ..., qui vous a conduit à cela? » On ne s'intéresse pas alors, à proprement parler, aux *raisons* de l'agent, mais à ce qui a provoqué son action, ce qui lui a fait faire ce qu'il a fait ou penser ce qu'il a pensé.

Néanmoins, ne pourrions-nous pas suggérer que l'action volontaire et intentionnelle serait le résultat d'un type particulier de cause mentale que nous nommons « intention » ? Car, s'il y a des causes mentales, ceci fait ressurgir la question, chère à la philosophie de l'action *mainstream*, de savoir dans quelle mesure une intention peut être conçue comme une cause déclenchant l'action (et ce qui la distingue, le cas échéant, de ce qui cause l'action involontaire). La réponse d'Anscombe est claire :

> La causalité mentale elle-même se caractérise par le fait qu'elle est connue sans observation. Toutefois, il ne suffit pas de dire que les actions intentionnelles sont celles qui sont sujettes à la causalité mentale, puisque celle-ci n'est pas exclue de certaines actions involontaires. Les actions

> intentionnelles sont donc celles auxquelles s'applique la question « Pourquoi ? », dans un sens spécial qui, jusqu'à présent a été expliqué comme suit : négativement, la question n'a pas ce sens si la réponse consiste à indiquer une preuve, ou fait état d'une cause, mentale ou non. (*L'Intention*, § 16, p. 65)

Ainsi, si nous nous accordons sur la caractérisation qui a été donnée de la cause mentale, il apparaît clairement qu'une intention ne peut pas être une cause mentale. Car à la question « Pourquoi avez vous fait cela ? », il est rare que nous répondions « Mon intention de scier cette planche m'a conduite à scier cette planche. ». (Une telle réponse n'aurait d'ailleurs aucun intérêt explicatif.) En outre, il semblerait tout à fait étrange, sauf peut-être dans des circonstances spéciales, de demander à Jones : « Qu'est-ce qui vous *pousse* à scier cette planche ? » Il se peut bien sûr que nous posions ce genre de questions et que nous donnions ce genre de réponse à propos de ce que fait quelqu'un. Mais la charge de la preuve revient alors à celui qui voudrait montrer que donner une raison d'agir ou dire l'intention dans laquelle on agit, c'est indiquer ce qui a causé l'action. Car si nous posons parfois la question « Pourquoi ? » en ce sens – « Pourquoi avez-vous sursauté ? » –, il est rare que la question « Pourquoi ? » ait ce sens lorsqu'elle porte sur des « cas typiques d'action intentionnelle », comme scier une planche, traverser la rue, etc.

Il convient dès lors de distinguer la causalité mentale, objet de connaissance sans observation, de l'action intentionnelle, elle même objet de connaissance sans observation. La première ne peut servir de critère pour délimiter la classe de l'action intentionnelle. Elle doit même en être exclue. La difficulté consiste donc à employer la notion de connaissance sans observation pour caractériser les actions intentionnelles, tout en excluant la notion de causalité mentale, qui s'applique plutôt aux cas d'actions involontaires.

LES RAISONS D'AGIR

Dans sa version caricaturale, le débat classique sur la question de savoir si les raisons d'agir peuvent être des causes de l'action oppose, d'une part, ceux qui se rangent derrière les « davidsoniens » pour dire que les raisons sont aussi des causes de l'action et, d'autre part, ceux qui se rangent derrière les « wittgensteiniens » pour dire que les raisons ne sont pas des causes et inversement. Je ne reviendrai pas en détail sur les arguments bien connus de ce débat[1]. En bref, Wittgenstein aurait montré qu'une raison d'agir n'est pas intelligible indépendamment de l'action qu'elle explique et ne peut donc être conçue comme un événement (mental ou physique) séparé, déclencheur de l'action. Mais Davidson aurait définitivement anéanti la thèse qui distingue les causes des raisons en montrant (en vertu de son monisme anomal[2]) qu'en tant que raison, une raison ne cause pas l'action, mais en tant qu'événement physique elle en est une cause au sens le plus classique (c'est-à-dire humien) du terme.

Or, même s'il conduit à réhabiliter une certaine version de la thèse wittgensteinienne, le propos d'Anscombe ne porte pas directement sur ce débat-là. Ou plutôt, il en revisite les termes d'une manière telle que la position

1. Sur cette question, voir les travaux de Julia Tanney. Par exemple, *Rules, reason and Self-Knowledge*, Cambridge, Mass., Harvard University Press, 2013, part. II.

2. Voir *supra*, chapitre I, p. 67 *sq*.

davidsonienne se révèle de l'ordre d'une pure spéculation, tandis que la question de la distinction entre cause et raison acquiert un degré de raffinement inédit.

Je reviendrai plus loin sur l'ontologie davidsonienne, déjà affaiblie pas les observations du premier chapitre. Notons pour le moment que la question de savoir si une raison d'agir peut être une cause mentale (au sens indiquée si dessus) est une question bien plus profonde que celle de savoir si nous pouvons réduire les raisons d'agir à un substrat neuro-physiologique.

En effet, le fait de poser qu'une cause mentale est le corrélat d'un substrat neurophysiologique est au mieux une remarque triviale, au pire le résultat d'une simple stipulation. En revanche, il y a bien de la causalité mentale au sens où certaines choses que nous percevons, sentons, pensons, etc. produisent en nous des pensées et des mouvements (généralement involontaires ou qui ne sont pas pleinement volontaires). À s'en tenir à cette image de la cause mentale,

> On pourrait penser que répondre à la question « Pourquoi ? » en indiquant l'intention dans laquelle on agit – par exemple en mentionnant quelque chose de futur – c'est aussi une façon d'indiquer une cause mentale. (*L'Intention*, § 11, p. 54-55)

Voici un sens précis auquel il est concevable que l'intention soit une cause préalable de l'action. il y aurait d'abord occurrence d'une intention (cause), puis déclenchement de l'action (effet). Les rapports entre action et intention seraient du même ordre que ceux entre une cause mentale (le goût de la madeleine, le grognement – perçu – du crocodile, etc.) et son effet (l'émergence du souvenir, le sursaut, etc.). On est en droit de soupçonner que, bien que ceci ne soit pas toujours explicite chez les auteurs de la philosophie de l'action *mainstream*[1], c'est le modèle qui domine chez ces auteurs. Ce modèle qui sépare l'intention de l'action comme la cause de son effet est parfait pour qui veut ensuite « naturaliser » l'action, c'est-à-dire l'expliquer en faisant appel à des mécanismes physiologiques sous-jacents. L'idée est qu'une raison d'agir du type « je me suis dirigée vers le placard pour prendre une pomme » pourrait être « reformulée sous la forme : "Parce que je voulais..." ou "Dans le désir de ..." »[2]. Voici comment l'image de l'intention (ou plus largement des raisons) comme causes mentales pourrait se présenter :

> Si le sentiment du désir de manger une pomme m'affecte, que je me lève et me dirige vers un placard où je pense qu'il y en a, je pourrai répondre, si on me demande ce qui m'a conduite à cette action, en mentionnant le désir qui m'a poussée...etc. (*L'Intention*, § 11, p. 55)

Dans le cas ici présenté, le désir (l'intention, etc.) de manger une pomme est censé fonctionner vis-à-vis de l'action de se diriger vers le placard comme la perception du grognement du crocodile par rapport au sursaut, c'est-à-dire comme une cause : mon désir de pomme *m'a fait* faire ceci ou cela, comme le grognement du crocodile *m'a fait* sursauter. Sous cette forme, il peut sembler qu'on a affaire à une cause mentale, comme si c'était l'intention ou le désir de réaliser cet état de choses futur qui causait

1. On aura remarqué, notamment chez Davidson, une certaine ambiguïté entre sa prétention à endosser la remarque wittgensteinienne sur l'impossibilité d'isoler les raisons d'agir de leur contexte narratif et sa volonté d'isoler l'intention de l'action qui la réalise.

2. *L'Intention*, § 11, p. 55.

l'action (comme l'effet ou la conséquence du vouloir, du désir ou de l'intention).

Nous avons déjà vu les réponses constituant un rejet de la question « Pourquoi ? ». En particulier, dire que quelque chose (un bruit) vous a *fait faire* ceci ou cela (par exemple, sursauter), constitue une manière de refuser la question en disant que votre mouvement était involontaire. Néanmoins, la question « Pourquoi ? », au sens qu'il nous intéresse d'élucider, laisse *ouverte* la possibilité de mentionner une cause mentale[1], tandis que la mention d'un autre type de cause (dont l'identification nécessite une forme d'observation ou de spéculation) constitue un rejet pur et simple de la question. Il relève d'un autre ordre d'explication ou de justification[2].

En effet, dire « Mon désir de manger une pomme m'a conduite à la cuisine » n'est pas inintelligible et constitue, en un sens, une réponse satisfaisante à la question de savoir pourquoi j'ai agi de la sorte. Obéir à un ordre[3], ou effectuer certains gestes habituels ou machinaux, par exemple, relèvent souvent de ce genre de cas :

> On peut également indiquer une « raison » qui est seulement la « cause » de ce qui est volontaire et intentionnel. Par exemple : « Pourquoi marchez-vous ainsi de long en large ? – C'est cette musique militaire, elle m'excite. » Ou encore : « Finalement, qu'est-ce qui vous a fait signer ce document ? – La pensée "c'est mon devoir" ne cessait de me travailler jusqu'à ce que je me dise "je ne peux pas faire autrement", et alors, j'ai signé. » (*L'Intention*, § 5, p. 46, trad. mod.)

1. *L'Intention*, § 17, p. 65.
2. Voir J. Tanney, *Rules, Reason and Self-Knowledge*, *op. cit.*, p. 103-132.
3. *L'Intention*, § 15, p. 63.

Il y bien des cas d'action où cela n'a pas vraiment de sens de décider si nous avons affaire à une cause ou à une raison. Mais la *possibilité* de rencontrer ce genre de cas n'implique pas que cela ait un sens de reformuler toutes les réponses pertinentes à la question « Pourquoi ? » en mentionnant une cause mentale : « On ne peut pas toujours expliquer "J'ai fait cela afin de …" par "J'ai *ressenti* le désir de …" »[1]. Ce n'est pas parce qu'on rencontre parfois des cas limites de ce type que tous les cas sont de ce type, c'est-à-dire que tous les cas de réponse à la question « Pourquoi ? » mentionnant un état de choses futur, ou plus généralement une intention ou une raison d'agir pourraient légitimement être reformulés en termes de causes mentales. Si, par exemple, Martin demande à Saga pourquoi elle fait des crêpes, elle pourrait lui répondre qu'elle prépare le goûter pour ses invités, mais il serait étrange de dire que son intention de préparer le goûter a causé son action de préparer des crêpes. Si elle répond à Martin : « Mon intention de préparer le goûter pour les invités m'y a poussé », celui-ci trouvera certainement sa réponse très surprenante, voire inintelligible. Il n'est pas toujours évident et encore moins intelligible de faire référence à une cause mentale pour expliquer son action. « Il est possible que cela arrive, mais ce n'est pas nécessaire »[2], dit Anscombe à propos de la possibilité qu'un certain sentiment ou qu'un certain désir nous conduise à agir. Il s'agit même d'un cas d'exception plutôt que du cas normal :

> Si (…) quelqu'un me demande « Pourquoi avez-vous fait cela ? » et me fait comprendre qu'il veut que je mentionne des causes mentales – c'est-à-dire ce qui m'est

1. *L'Intention*, § 11, p. 55.
2. *Ibid.*

passé par la tête et a abouti à l'action –, il peut arriver que je lui donne une telle explication ; mais habituellement, la réponse serait différente. On ne pose pas souvent une question si particulière ; et je ne crois même pas que, dans les cas où cela a un sens de la poser, une telle question ait toujours une réponse. (*L'Intention*, § 11, p. 55, trad. mod.)

Généralement, la question « Pourquoi fais-tu des crêpes ? » ne signifie pas « Qu'est-ce qui te pousse à faire des crêpes ? » ou « Qu'est-ce qui cause cette action chez toi ? », mais plutôt « Pour quelles raisons le fais-tu ? ».

Puisque nous ne faisons pas ordinairement appel à de quelconques explications causales lorsque nous nous intéressons à l'action intentionnelle et aux raisons d'agir des agents, alors il apparaît égarant de prendre l'image de la cause mentale comme paradigmatique de l'explication de l'action intentionnelle. La plupart du temps, nous ne faisons pas appel à une telle cause mentale (intention préalable, désir, sensation, etc.) pour répondre à la question « Pourquoi ? »[1].

Ce fait relatif à nos pratiques concernant l'explication de l'action suggère que nous n'avons donc aucune raison de faire de la notion de cause mentale l'image standard de

1. L'approche davidsonienne, au contraire s'appuie sur le paradigme de la cause mentale pour caractériser l'explication de l'action. C'est, selon lui, un ensemble de pro-attitudes qui nous conduisent à agir comme nous le faisons (qui sont, comme une cause mentale, les déclencheurs de l'action). Bien que nous ne fassions généralement pas appel à ces pro-attitudes dans les explications ordinaires de l'action, Davidson prétend que celles-ci sont toujours présentes, sans l'être nécessairement consciemment. À quoi on pourrait répondre que cette supposition est purement spéculative et ne correspond pas à la façon dont, de fait, nous faisons appel à des causes mentales ou à des intentions dans l'explication de l'action.

l'explication de l'action. Nous sommes même en droit de nous demander sur quoi se fonde cette déformation produite par la philosophie de l'action héritière de AT[1]. Il faut plutôt distinguer la possibilité de reformuler une explication par les raisons en explication causale (d'ordre mentale et pas spéculative ou observationnelle) de l'affirmation selon laquelle toutes les raisons sont des causes préalables de l'action. Parce qu'une telle reformulation n'est simplement pas toujours possible ou sensée.

Avant de revenir aux cas où « on peut [...] indiquer une raison qui est seulement la cause de ce qui est volontaire ou intentionnel », comme lorsque un morceau de musique nous pousse irrésistiblement à danser, il convient de préciser ce qui distingue une cause mentale d'une raison d'agir. Tout ce qui a été dit pour le moment est qu'il y a des cas où donner une raison d'agir ne peut pas consister à donner une cause mentale (et encore moins une cause hypothétique ou observable[2]).

Il y a certes une certaine porosité entre les concepts de raison et de cause. Mais il importe qu'il y ait des cas où l'une ne peut absolument pas être confondue avec l'autre. Cette remarque est grammaticale au sens où elle tient au fonctionnement du langage et en particulier de la pratique consistant à donner des raisons d'agir. À partir des analyses précédentes, nous savons désormais ce que n'est pas une raison d'agir ; reste à déterminer ce qu'est une raison d'agir[3].

Au moment de caractériser les réponses qui reconnaissent la pertinence de la question « Pourquoi ? », Anscombe

1. D. Davidson, « Actions, raisons et cause », art. cit.

2. *Cf.* L. Wittgenstein, *Le cahier bleu*, *op. cit.*, p. 54.

3. *L'Intention*, § 16, p. 65.

distingue trois catégories de motifs[1], qui constituent autant de types de raisons d'agir : (i) les motifs-en-général, (ii) les motifs orientés-vers-le-passé et (iii) les motifs orientés-vers-le-futur; seuls les derniers seraient des intentions[2]. Selon elle, aucune sorte de motif n'est une cause mentale au sens spécifié plus haut[3].

Il existe, en effet, en philosophie[4] une distinction entre intention et motif selon laquelle « l'intention d'un homme

1. *L'Intention*, § 12-14, p. 56-63.

2. *Ibid.*, § 13, p. 60.

3. C'est l'un des points centraux sur lesquels Davidson se dit être en désaccord avec Anscombe, dès ses premiers textes sur l'action. Dans « Actions, raisons et causes », p. 15, il écrit : « Dans cet article, je veux défendre la thèse traditionnelle – qui est aussi celle du sens commun – selon laquelle une rationalisation est une forme d'explication causale ordinaire. ». Nous venons de voir cependant qu'il n'était pas si évident d'invoquer le sens commun pour défendre une telle thèse, dans la mesure où nos usages ordinaires de l'explication de l'action ont plutôt tendance à faire passer l'explication causale de l'action comme un cas marginal, plutôt que standard.

4. Anscombe pense vraisemblablement à une distinction proposée notamment par certains philosophes utilitaristes comme Jeremy Bentham (*An Introduction to the Principles of Morals and Legislation* (1780), Kessinger Publishing, 2005, chap. VII et X) et John S. Mill. Dans son essai sur l'utilitarisme, Mill soutient à l'encontre des théories déontologiques de la morale que le motif de l'acte d'un agent (ce qui le pousse à agir) – s'il s'agit, par exemple de sauver un ami de la noyade – n'a pas de pertinence éthique. C'est-à-dire qu'il importe peu que l'acte soit effectué par devoir ou dans l'espoir d'obtenir une récompense. Mill répond à un objecteur (Davies) qui prétend que les motifs ne sont pas neutres moralement – dans la mesure où, si l'acte est fait avec le projet de torturer l'homme se noyant après l'avoir sauvé, il ne peut pas être considéré comme bon :

« Si M. Davies avait dit "la moralité ou l'immoralité du sauvetage d'un homme qui se noie dépend beaucoup non seulement du motif mais encore de l'*intention*", aucun utilitariste n'eût différé de lui. M. Davies (…) a dans ce cas confondu deux idées très différentes, l'idée de motif et l'idée d'intention. (…) La moralité de l'action dépend entièrement de est *ce* qu'il vise ou ce qu'il choisit ; son motif est ce qui détermine son but ou son choix ; et il [...] semble qu'on prend alors "détermine" comme un synonyme de "cause" »[1]. Ainsi conçu, le motif serait « ce qui *meut* » ou « ce qui *cause* l'action d'un homme »[2] et l'intention serait l'*objet* de l'action, ce qu'elle vise, son but. Cependant, cette distinction parfois faite en philosophie n'est pas faite ordinairement ; ordinairement « Je voulais ... » (motif) et « Je l'ai fait en vue de ... » (intention) sont souvent synonymes[3]. Toutefois, il existe une certaine distinction courante entre « motif » et « intention » selon laquelle le motif exprimerait plutôt « l'état d'esprit » dans lequel on agit – par exemple, « il l'a tué par haine » ou « pour se débarrasser de ce salaud » – et l'intention exprimerait plutôt « la fin en vue de laquelle [l'action] était un moyen – à savoir un état de choses futur qui devait être produit par [cette action] »[4]. De ce point de vue, l'intention apparaît comme une sorte de motif. La notion de motif de l'action ayant couramment un champ d'application plus large et plus varié que la notion d'« intention dans laquelle on agit »[5].

l'intention, c'est-à-dire de ce que l'agent *veut faire*. Mais le motif, c'est-à-dire le sentiment qui le fait agir ainsi, quand il n'introduit aucune différence dans l'acte, n'en introduit aucune dans la moralité (...). »

1. *L'Intention*, § 12, p. 56.

2. Sur ce point, Anscombe évoque le fameux problème cartésien, indiqué au chapitre précédent, de l'interaction du corps et de l'esprit, qui émerge de la conception du motif comme cause mentale de l'action : « Et il se peut alors qu'on conçoive "ce qui cause [les actions]" comme un événement qui produit un effet, bien que la manière dont il le fait – faut-il penser à une sorte de pression dans un médium non physique ou à autre chose ? – demeure évidemment parfaitement obscure. » (*L'Intention*, § 12, p. 56).

3. *L'Intention*, § 12, p. 56-57.

4. *Ibid.*, p. 57.

5. *Ibid.*, p. 57-58.

Ainsi, « les motifs ne sont pas des causes mentales »[1] de l'action, contrairement au grognement d'un crocodile qui peut être la cause (mentale) d'un sursaut.

Les motifs-en-général, que la philosophie a parfois distingués des intentions décrivent l'état d'esprit dans lequel on agit. Plutôt que de causer l'action, « le motif interprète l'action », il nous fait voir l'action « sous un certain éclairage »[2] :

> Les motifs peuvent nous expliquer les actions ; mais cela ne veut pas dire qu'ils les « déterminent » au sens où ils les causeraient. Certes, nous disons : « Son amour de la vérité lui a fait faire… » et d'autres choses semblables ; assurément de telles expressions nous font penser que le motif doit être ce qui produit ou provoque un choix. Pourtant, cela signifie plutôt : « Il l'a fait par amour de la vérité » ; le motif interprète l'action. (*L'Intention*, § 12, p. 58)

« Le motif interprète l'action » ; la cause mentale se rapporterait quant à elle plutôt à la « provocation d'un déclenchement soudain ». Un motif interprétatif n'est pas une cause de l'action dans la mesure où celui-ci, par exemple l'amour de la vérité, ne fonctionne pas comme un *déclencheur* de l'action, mais comme ce qui en donne le ton, l'esprit. Un motif n'a rien d'analogue avec un son qui vous ferait sursauter, il est de l'ordre des raisons d'agir :

> Il est vrai qu'on ne pense pas ordinairement à un cas comme provoquer un déclenchement soudain quand on parle de raisons d'agir. « Provoquer un déclenchement soudain », pourrait-on dire, n'est pas *agir* au sens suggéré par l'expression « raisons d'agir ». (*L'Intention*, § 5, p. 45)

1. *Ibid.*, p. 58.
2. *Ibid.*, § 13, p. 60.

Cette distinction permet précisément de faire la différence entre les actions qui sont franchement intentionnelles et celles qui ne le sont pas. Quant à eux, les motifs orientés-vers-le-passé (*backward-looking*) sont des réponses à la question « Pourquoi ? » mentionnant « quelque chose qui *est arrivé* (ou arrive maintenant) »[1], un « événement passé (ou [une] situation présente) »[2]. Anscombe en donne comme exemples la vengeance, la gratitude, la pitié et le remords :

> Si je tue un homme dans un acte de vengeance, je peux dire que je le fais afin d'être vengée, ou encore que la vengeance est mon objet. Mais la vengeance n'est pas quelque chose de plus, que j'obtiens en le tuant ; la vengeance, c'est de le tuer. On me demande pourquoi je le tue, et je réponds : « Parce qu'il a tué mon frère ». (*L'Intention*, § 12, p. 58-59)

Ainsi, le motif orienté-vers-le-passé ne déclenche pas plus l'action que ne le font les motifs interprétatifs. Il se distingue de l'intention en ce qu'il ne constitue pas, à proprement parler, une visée, mais fait plutôt référence à un événement passé qui motive l'action, en réaction duquel l'action est censée constituer une réponse rationnelle – non pas au sens de ce qu'il serait le plus raisonnable de faire, mais au sens où on est en mesure de voir en quoi l'action s'ensuit de cet événement passé, en quoi il en est une raison.

En fait, ces motifs passés sont des raisons d'agir et non pas des causes mentales de l'action car ils rendent comptent de l'action en termes de bien et de mal. Autrement dit, ils n'expliquent ou ne rationalisent l'action que dans la mesure

1. *L'Intention*, § 13, p. 59.
2. *Ibid.*, § 14, p. 61.

où ils permettent d'envisager celle-ci comme une réponse adéquate à un événement qu'on juge bon ou mauvais :

> S'il faut que l'agent considère son action comme génératrice d'un bien ou d'une nuisance quelconque, et qu'il considère la chose passée comme bonne ou mauvaise, pour qu'elle puisse constituer la raison de son action, cette raison apparaît alors non pas comme une cause mentale mais comme un motif. (*L'Intention*, § 14, p. 61)

Sans l'intervention d'un jugement de valeur, la mention d'un événement passé ne vient pas *rationaliser* l'action. Elle peut, comme dans l'exemple d'une cause mentale, expliquer un mouvement involontaire : « Pourquoi t'es-tu retournée ? – La porte a claqué. ».

L'intention, à son tour, est une sorte de motif qui redécrit l'action en fonction de sa visée : « Pourquoi Jones scie-t-il cette planche ? – Il construit une cabane ». La réponse nous donne l'intention dans laquelle Jones scie cette planche. Elle fournit, j'y reviendrai, une nouvelle description de ce qu'il est en train de faire.

Le concept de raisons d'agir apparaît donc comme ce pourquoi une certaine action est faite, en un sens qui exclut la mention d'une preuve ou d'une cause (mentale ou non) et qui comprend la mention d'un motif, comme, par exemple, un fait passé, un état d'esprit ou une intention. Rappelons-le, une action qui admet des raisons d'agir est de ce fait une action intentionnelle. L'analyse de la question « Pourquoi ? » montre qu'il existe une dépendance logique ou conceptuelle entre le concept d'action et un certain type de réponse à la question « Pourquoi ? », qui mentionne des raisons d'agir. Je reviendrai en conclusion sur les formes de cette dépendance. Il importe pour le moment que nous puissions dire qu'il y a des situations où nous avons clairement affaire à un cas typique d'action intentionnelle. Ces situations sont celles qui admettent logiquement des raisons d'agir et excluent logiquement la mention d'une quelconque cause ou preuve.

Autrement dit, la distinction entre les causes et les raisons est pertinente dans le cadre d'une philosophie de l'action, non pas parce qu'elle permettrait d'établir une frontière stricte et rigide entre ce qui est de l'ordre de l'agir volontaire ou intentionnel et ce qui ne l'est pas, mais parce qu'elle permet d'identifier des cas *typiques* d'action intentionnelle et par contraste des cas *typiques* d'action involontaire.

En réalité, même si dans certains cas il n'y a pas lieu de confondre une raison et une cause, il existe une certaine porosité entre ces deux concepts : « ce qu'on dit souvent, à savoir que les notions de raison et de cause sont toujours des notions radicalement distinctes, n'est pas vrai »[1]. C'est par exemple le cas si, à la question « Pourquoi l'avez-vous fait ? », l'agent répond « Parce qu'il me l'a demandé. » Dans ce cas, la question de savoir si on a affaire à une raison ou à une cause « dépend, semble-t-il, beaucoup de l'action à laquelle on a affaire et des circonstances »[2]. Dans ces cas limites, la distinction a peu d'importance :

> Bien souvent, nous refuserions de faire une quelconque distinction entre une cause de ce type et une raison. En effet, on a expliqué que c'est ce type de cause que l'on cherche quand on demande à l'agent ce qui l'a conduit à agir et a débouché sur une action de sa part. (*L'Intention*, § 15, p. 63)

1. *L'Intention*, § 15, p. 64.
2. *Ibid.*, p. 63.

Dans l'exemple mentionné, la réponse « Parce qu'il me l'a demandé » constitue comme telle une réponse adéquate, même si l'interrogateur est en droit d'essayer d'en savoir plus.

Mais ce qui nous intéresse sont les cas où la distinction entre les raisons et les causes est « franche », cas qu'Anscombe distingue de ceux pour lesquels cette distinction n'a pas d'intérêt. Celle-ci n'a pas d'intérêt si elle n'apporte pas plus de clarification que ce qui est déjà apporté par la réponse, par exemple, « parce qu'il me l'a demandé » :

> S'il fallait absolument faire la distinction, on pourrait dire grossièrement que, plus l'action est décrite comme une simple réponse, plus on est enclin à utiliser le mot « cause » ; en revanche, plus elle est décrite comme une réponse à quelque chose *ayant une signification* dont l'agent lui-même tient compte dans son explication, ou comme une réponse prise dans un ensemble de pensées et de questions, plus on est enclin à utiliser le mot « raison ». Mais, dans la plupart des cas, la distinction est sans objet. (*L'Intention*, § 15, p. 63-64)

Ainsi, les notions de raison et de cause ne sont pas absolument exclusives l'une de l'autre, elles sont au contraire liées dans la mesure où parfois elles peuvent servir les mêmes attentes explicatives (sur le pourquoi d'une action) et où parfois encore elles peuvent se confondre.

Néanmoins, un exemple typique de distinction franche entre les raisons et les causes serait la différence qui existe entre la revanche (comme motif) et ce qui vous a fait sursauter et renverser une tasse (la cause mentale) :

> On pourrait dire, grossièrement, que [la distinction] établit que quelque chose est une raison si on peut y faire des

> objections ; non pas toutefois comme quand on dit : « Le bruit ne devrait pas vous faire sursauter ainsi, vous devriez consulter un médecin ! », mais plutôt comme lorsqu'on lie l'objection à des motifs et à des intentions : « Vous l'avez fait parce qu'il vous l'a dit, mais pourquoi donc faire ce qu'il dit ? » Des réponses comme « Il a fait beaucoup pour moi », « C'est mon père », « Cela aurait été pire pour moi de ne pas le faire » donnent à la réponse d'origine une place parmi les raisons. (*L'Intention*, § 15, p. 64)

D'après cet exemple, on pourrait dire que, en un sens, une explication qui invoque une « cause mentale », comme « ce bruit m'a fait sursauter », ne requiert pas d'explicitation supplémentaire. On peut éventuellement s'interroger sur les raisons (peut-être psychanalytiques) pour lesquelles une personne sursaute lorsqu'elle entend un certain bruit, mais en tant qu'explication du sursaut, la mention du bruit comme cause suffit à répondre à la question « Pourquoi avez-vous sursauté ? ». Si, en revanche, la suite de la conversation conduit un agent à invoquer des raisons de son action, s'il fournit, par exemple, des raisons pour lesquelles il a fait ce qu'on lui a demandé, alors son action se trouve située à nouveau dans une trame narrative où elle ne comptera pas seulement comme le résultat soudain d'une certaine cause mentale, mais comme une action intentionnelle, effectuée pour certaines raisons. C'est en cela que « plus [la réponse] est décrite comme une réponse à quelque chose *ayant une signification* (…), plus on est enclin à utiliser le mot “raison” » [1].

Cependant, l'importance de la signification ne désigne pas ici le fait que quelque chose comme un sens ou la compréhension de mots serait en jeu (lorsqu'on donne des

1. *L'Intention*, § 15, p. 64.

raisons d'agir), plutôt qu'une simple réponse quasi-mécanique ou automatique (sans implication de sens). Dans un certain nombre de cas, qu'on aurait tendance à décrire comme des causes, la notion de signification est en fait impliquée : une réponse à un ordre peut, dans certaines circonstances (l'hypnose, par exemple), être légitimement considérée comme produite par une cause. Pourtant, le fait que l'agent exécute l'ordre (même mécaniquement ou inconsciemment) dépend de la compréhension par l'agent de l'ordre qui lui a été donné. Anscombe donne ainsi l'exemple suivant de causalité mentale :

> Un enfant vit un morceau d'étoffe rouge au détour d'un escalier, et il demanda ce que c'était. Il crut que sa nourrice lui avait dit que c'était un morceau de Satan, et en ressentit une frayeur épouvantable. (Elle avait évidemment dit que c'était un morceau de satin.) L'objet de sa frayeur était le morceau d'étoffe ; la cause de sa crainte était la remarque de sa nourrice. (*L'Intention*, § 10, p. 54, trad. mod.)

Dans cet exemple, il ne fait aucun doute que la frayeur de l'enfant implique sa compréhension (et même sa mauvaise compréhension) de la remarque de sa nourrice ; pourtant nous pouvons bien parler de la cause de sa peur ou de sa peur comme étant causée.

L'originalité de la notion de cause envisagée par Anscombe est qu'on pourrait la qualifier d'ordinaire, en la distinguant d'une notion de cause relevant des sciences de la nature où « les lois sont telles que, compte tenu de conditions initiales et des lois, un unique résultat est toujours déterminé [1] ».

1. E. Anscombe « Causality and Determination », art. cit., 1971, p. 135.

> On déclare souvent que la causalité est une sorte de connexion nécessaire, ou alternativement, qu'être causé c'est – non-trivialement – instancier une certaine généralisation n'ayant pas d'exception, qui dit qu'un certain événement s'ensuit toujours de certains antécédents. Ou les deux conceptions sont combinées [1].

Comme on l'a remarqué, la notion de « cause mentale » ne correspond pas à la notion humienne [2] de cause, c'est-à-dire l'idée de connexion nécessaire. L'une des raisons à cela est que c'est *en tant qu'elle est perçue* par quelqu'un qu'une cause mentale (par exemple le grognement du crocodile) fonctionne comme cause (d'un sursaut). Une des caractéristiques de la causalité mentale en ce sens est qu'on n'a pas besoin, en première personne, de faire d'hypothèse quant à la cause de son mouvement, de son action ou de son souvenir pour savoir qu'elle en est la cause. Tandis qu'une cause connue par observation, comme celle du coup de pied réflexe ou d'un spasme, peut requérir des hypothèses. Ceci veut dire qu'un individu peut répondre directement à la question « Qu'est-ce qui vous a fait sursauter ? » (« Pourquoi sursautez-vous ainsi ? ») que c'est ce bruit qui l'a fait sursauter, sans que cette réponse n'ait jamais le statut d'une hypothèse pouvant être testée et vérifiée.

Cette notion de cause employée dans le cas de relations causales singulières est en fait une des plus naturelles : on peut l'appliquer à un grand nombre de verbes ordinaires comme « frotter, pousser, mouiller, porter, manger, brûler, renverser, s'abstenir, écraser, faire (par exemple du bruit,

1. E. Anscombe « Causality and Determination », art. cit., p. 133.

2. D. Hume, *Traité de la nature humaine*, « L'entendement », Livre I, 3, sect. 2 et 3.

des bateaux en papier), blesser[1] », où l'idée de cause renvoie généralement à une cause connue par observation, mais qu'on peut employer et comprendre sans avoir à supposer l'existence d'une quelconque loi. L'idée qu'il existerait une telle loi (ou un lien nécessaire entre la cause et l'effet) est une idée distincte, dans le langage courant, de l'activité consistant à chercher la ou les causes, par exemple, de la disparition du dernier chocolat de la boîte. Adèle peut ainsi apprendre à voir des causes (par exemple que la nourriture qu'elle met chaque soir à la porte de la maison a disparu le matin *parce que* les chats l'ont mangée) sans avoir à rapporter cette explication causale à l'idée qu'il devrait y avoir une loi sous-tendant ces événements. Cette remarque mérite un petit détour, car, comme je l'ai déjà souligné, l'attachement aux causes dont témoigne la philosophie de l'action *mainstream* n'est pas anodin. Il s'inscrit dans un programme de naturalisation, dont il a été question au premier chapitre.

PLUSIEURS SORTES D'EXPLICATIONS

Dans son article de 1983 sur la causation de l'action, Anscombe établit une distinction importante entre une certaine sorte d'« histoire causale (physiologique) » et une « enquête historique », soutenant que la seconde est irréductible à la première.

Nous avons vu au chapitre précédent qu'il existe une certaine conception de la relation entre la raison et l'action, popularisée notamment par Davidson, selon laquelle les raisons seraient aussi des causes de l'action (ou du

1. E. Anscombe « Causality and Determination », art. cit., p. 137.

mouvement)[1]. Nous avons également souligné que le monisme anomal n'affirmait pas seulement que l'explication par les raisons est un type d'explication causale singulière, mais aussi que cette relation causale (instanciée par l'explication par les raisons) devait, comme toute relation causale selon Davidson, instancier une loi naturelle (même si les raisons en tant que raisons, conçues dans le vocabulaire des raisons, ne pouvaient instancier cette loi). D'après ce dernier, nous n'avons pas besoin de connaître la loi ou de la découvrir pour dire qu'elle existe car « là où il y a causalité, il doit y avoir une loi : des événements qui entretiennent des relations de cause à effet tombent sous des lois déterministes strictes[2]. » Ce qui veut dire que là où il y aurait ce que Davidson nomme des relations causales singulières (une relation singulière de cause à effet entre deux événements singuliers), il devrait y avoir un loi de ce type, sans qu'il soit nécessaire que nous connaissions cette loi pour être capables d'identifier la relation causale.

1. Pour une discussion détaillée de la distinction entre causes et raisons chez Davidson, voir notamment J. Bouveresse, *Philosophie, mythologie et pseudo-sciences*, Paris, Les éditions de l'éclat, 1991, chap. IV et « La causalité des raisons », *Essais III. Wittgenstein et les sortilèges du langage*, Marseille, Agone, 2003 ; « La force des raisons », J.-J. Rosat, *Revue Philosophique*, n° 3, 1999, p. 317-344 ; J. Tanney, « Why Reasons May Not Be Causes », *Mind and Language*, vol. 10, n° ½, 1995, p. 103-126 et « Reasons as Non-Causal, Context-Placing Explanations », *New Essays on the Explanation of Action*, C. Sandis (ed.), Palgrave, MacMillian, 2008, p. 94-111 ; M. Pavlopoulos, *L'intentionnalité pratique entre causes et raisons*, Paris, E.H.E.S.S., 2008 ; V. Aucouturier, « Human Action and Intentional Action : A Non-mentalist View » *in* M. Fürst, W. Gombocz, C. Hiebaum (eds), *Analysen, Argumente, Ansätze*, vol. 2, Heusenstamm, Ontos Verlag, 2008, p. 195-203.

2. D. Davidson, « Les événements mentaux », dans *Actions et événements*, *op. cit.*, p. 279.

Davidson opère une distinction entre « savoir qu'il y a une loi » et « savoir quelle est la loi en question »[1] et affirme que le premier savoir n'implique pas nécessairement le second. Si je lance une balle sur une vitre et que celle-ci se brise, ceci peut être expliqué par un certain nombre de relations et de propriétés physiques. Cependant, je n'ai pas besoin de connaître l'explication physique pour observer qu'il y a un lien de causalité entre le choc de la balle sur la vitre et le fait qu'elle se brise. Il n'y a pas non plus de loi affirmant que chaque fois que la balle heurte la vitre, celle-ci se brise. Mais il y a bien des lois qui expliquent pourquoi, dans ce cas précis, la vitre s'est brisée.

J'ai, au premier chapitre, exposé un certain nombre de raisons de rejeter la conception de l'intention comme un état mental correspondant à un état cérébral qui serait alors la cause effective du mouvement d'un agent. Cette conception s'est avérée inadéquate car elle repose sur une confusion entre découvrir une relation empirique ou une corrélation naturelle (entre état mental et état cérébral) et construire une corrélation conceptuelle. J'ai alors souligné qu'un état cérébral n'était pas une condition suffisante de l'intention dans la mesure où une intention prend place dans un réseau historique de conventions, d'institutions, où elle exige la maîtrise de concepts en rapport avec la vie sociale, etc. En d'autres termes, nous avons vu qu'il était impossible d'isoler une intention de son environnement institutionnel, historique et conceptuel. Ce qui rendait logiquement impossible l'établissement d'un quelconque type de relation une-à-un entre l'intention et un état physique ou cérébral ou un ensemble d'états physiques ou cérébraux.

1. D. Davidson, « Les relations causales », dans *Actions et événements*, *op. cit.*, p. 214.

Il existe un argument parallèle à l'encontre de l'assimilation de l'explication par les raisons (incluant celle par les motifs ou les intentions) à une explication par les causes, ou plutôt à l'encontre de son assimilation à une certaine forme spécifique d'explication par les causes – celle défendue par Davidson, à savoir à une explication physiologique[1]. Pour le comprendre, il faut une fois de plus revenir sur la notion de cause.

L'erreur de Davidson est double. Elle consiste, d'une part, à penser qu'en dépit de la distinction entre une raison d'agir et une cause mentale, il est toujours logiquement possible d'isoler les raisons de l'action. Ce qui, on vient de le voir, n'est pas le cas. D'autre part, elle consiste à postuler qu'une raison est un événement mental qui possède un corrélat physiologique. Mais s'il n'est pas logiquement possible d'isoler l'événement mental qu'est une raison d'agir, la deuxième étape qui consiste à identifier cet événement à un événement physiologique ne peut pas avoir lieu.

Lorsqu'il pense les raisons comme des causes, Davidson considère bien qu'une cause mentale peut causer une action, mais il pense également que nous devrions théoriquement être capables d'isoler cette cause mentale sur le plan physique ou plutôt physiologique. Son monisme exige que cette cause mentale ait une réalité physique, même si, dans le langage, l'explication psychologique est irréductible à l'explication causale nomale. J'ai déjà émis deux objections à l'encontre de cette conception. La première est que si la notion de cause mentale a un sens, si ce sont parfois des causes mentales qui sont à l'origine de nos mouvements

1. E. Anscombe, « The Causation of Action », in *Human Life, Action and Ethics*, *op. cit.*, p. 100.

ou actions, généraliser le modèle de la cause mentale à l'ensemble des explications de l'action relève de la pure spéculation. Majoritairement, nos explications de l'action (les réponses à la fameuse question « Pourquoi ? ») invoquent des raisons (motifs ou intentions) plutôt que des causes. La deuxième objection porte sur l'ontologie davidsonienne, critiquée au premier chapitre, et sur son idée qu'il y aurait une sorte de synonymie entre « existence » et « existence matérielle ou physique », comme si nous ne pouvions comprendre la notion d'existence en dehors de celle d'existence matérielle.

L'erreur de Davidson ne consiste donc pas à penser qu'une certaine enquête physiologique est possible, mais à penser qu'une explication de l'action par les raisons doit être annexée à une explication physiologique (par les causes, en un sens qui va être précisé). Les deux types d'enquête peuvent tout à fait être menés, mais ils sont, pour des raisons grammaticales, c'est-à-dire liées aux règles d'usage du langage dans des jeux de langage, incommensurables [1]. Or, comme je l'ai montré au premier chapitre, l'incommensurabilité grammaticale implique l'impossibilité logique de la réduction ontologique. En effet, la réduction ontologique exigerait la possibilité d'observer une identité empirique (entre par exemple une intention et un certain état physiologique), mais j'ai soutenu que c'était impossible *à cause de* la nature (ou de la grammaire) de nos concepts psychologiques. Affirmer qu'une intention serait réellement ou également un certain état physiologique (du cerveau, vraisemblablement) n'est pas faire un constat empirique, c'est étendre ou plutôt confiner le concept d'intention à un nouvel usage, sans

1. E. Anscombe, « The Causation of Action », art. cit., p. 94.

que cela puisse valoir, en tant que tel, comme justification empirique. Les deux sortes d'explication, en termes d'intention et en termes d'enchaînement causal d'événements physiologiques sont donc deux sortes *distinctes* d'explication.

Anscombe concède cependant qu'en un certain sens, « l'existence chez un homme d'une croyance, d'un désir, d'un but ou d'une intention peut être la cause de quelque chose qui se produit plus tard, d'actions de sa part, par exemple[1]. » Elle prend alors pour exemple la façon dont l'intention d'Henry VIII d'épouser Anne Boleyn, car sa femme Catherine n'avait pu lui donner de fils, « conduit à, aidât à produire, l'Acte de Suprématie, sa décision de rompre avec Rome ». Mais ce type d'histoire causale appartient à un genre différent de l'histoire physiologique (ce qui se produit dans le corps d'Henry VIII pendant cette période), même si « elle la touche (…) à certains endroits » (le Roi, par exemple, a signé quelque chose, il a apposé de l'encre sur le papier, etc.)[2] :

> C'est une chose de dire qu'un état distinct et identifiable d'un être humain, à savoir qu'il a une certaine intention, *peut* causer l'occurrence d'un certain nombre de choses, y compris même l'exécution de l'action que l'intention visait à réaliser ; c'en est une autre de dire que, *pour* une action, être faite en vue de la satisfaction d'une certaine intention (qui existait *avant* l'action) c'est de ce fait même être causée par cette intention préalable[3].

Le sens auquel une intention peut ici être appelée « cause de l'action » diffère de la notion de cause mentale

1. E. Anscombe, « The Causation of Action », art. cit., p. 100.
2. *Ibid.*
3. *Ibid.*, p. 101.

exposée précédemment. L'explication ici en jeu est celle d'un enchaînement d'événements historiques : il s'agit de montrer, comme on le fait dans les livres d'histoire, comment certains événements ont pu en entraîner d'autres. Il s'agit donc d'une « explication de la façon dont ce qui a été fait a pu être amené à avoir lieu [1] », et ceci ne saurait procéder d'une enquête physiologique, mais uniquement d'une enquête sur l'histoire qui entoure l'action, l'histoire de ce qui s'est passé à ce moment-là [2]. Présupposer le contraire suggèrerait, si on pousse la caricature à l'extrême, qu'un jour les historiens pourront se contenter de travailler au niveau physique ou biologique pour reconstituer des enchaînements de faits historiques.

Par ailleurs, cette possibilité d'invoquer une explication causale de l'action ne constitue pas une règle, mais plutôt un cas particulier. La plupart du temps, l'intention n'est pas antérieure à l'action ou pure, mais elle se manifeste dans l'action ou vient clarifier a posteriori la nature de l'action :

> L'explication par l'intention n'acquiert pas une caractéristique nouvelle simplement parce que l'intention existait avant l'action. Elle est la même que lorsque l'intention est, pour ainsi dire, incarnée dans l'action, et n'est jamais, ou seulement après, pensée de manière distincte [3].

Il faut ici faire un rapprochement entre ce qu'Anscombe a appelé, au début de l'*Intention*, l'« expression d'intention

1. E. Anscombe, « The Causation of Action », art. cit.
2. Voir sur ce point J. Tanney, « Reasons as Non-Causal, Context-Placing Explanations », art. cit.
3. E. Anscombe, « The Causation of Action », art. cit., p. 7.

pour le futur » et l'« intention dans l'action »[1]. Nous n'avons pas plus de raisons de penser l'intention comme une cause déclenchante lorsqu'elle est antérieure à l'action que lorsqu'elle est dans l'action est qu'elle en marque l'objectif (lorsqu'elle est une intention *dans laquelle* on agit). C'est ce qui a été montré au cours de l'analyse de la question « Pourquoi ? » : le fait que l'intention (ou en général les raisons de l'action) ait été formulée préalablement à l'action ne change rien au fait qu'elle constitue une nouvelle description de l'action. Elle insère l'action dans une certaine trame narrative plutôt que de constituer un déclencheur de l'action. Nous pouvons, dans certains cas, faire appel à une notion de cause, mais seulement dans la mesure où nous voyons comment, *en tant que raisons*, les raisons de l'agent ont pu le pousser à agir de telle ou telle façon. Ceci ne nous autorise pas à comprendre la cause comme le fait Davidson, c'est-à-dire comme l'instanciation d'une loi causale.

Certes, en vertu de son insertion dans des circonstances particulières, nous pouvons concevoir cette relation comme une relation causale singulière entre une intention et une action subséquente. Mais ce type d'explication causale est du même ordre que celui invoqué dans un procédé narratif, lorsque nous exposons comment l'enchaînement de certains événements a pu produire tel résultat ou avoir telle conséquence : comment, par exemple, le chat a sauté sur la table, fait tomber la bouteille d'eau sur l'assiette du bébé qui a atterri sur les genoux de votre patron, qui a refusé de vous augmenter. On conçoit que certains de ces événements pourraient instancier des lois causales (la loi de la gravitation,

1. C'est un rapprochement qu'elle suggère également au § 50 de l'*Intention*, lorsqu'elle dit : « Ce que j'ai dit de l'intention dans l'action s'applique aussi à l'intention dans une action projetée. »

par exemple), mais on ne pourrait décrire l'histoire de ce qui s'est passé en ces termes seuls sans en perdre l'essentiel (ce en quoi ils constituent une explication). Ce qui fait la cohérence et l'intérêt de l'histoire, à savoir son *sens*, est que nous ne pouvons rendre compte de ce sens qu'au niveau de description propre à l'action, car c'est à ce niveau-là que sont prises en compte les dimensions narratives et éventuellement psychologiques et sociologique de l'événement; comme par exemple, le fait que votre patron trouve particulièrement désagréable de se retrouver avec de la purée de carotte sur les genoux, le fait qu'il est avec vous – en raison de sa position sociale – dans un rapport de pouvoir, etc. Il n'est possible de comprendre le pouvoir « causal » de ces éléments narratifs *que* dans le cadre d'une description de l'action. Nous ne pouvons absolument pas le comprendre par le biais d'une description d'enchaînements d'événements purement physiques qui auraient eu lieu à ce moment-là. Il est certes concevable qu'un physicien ne s'intéresse, dans cet enchaînement d'événements, qu'à ce qui se produit sur le plan purement physique, mais il est impossible de raconter le *même* enchaînement d'événements dans les termes du physicien, qui ne permettent pas de rendre compte de ce qui s'est passé du point de vue de la description de l'action.

Si nous n'avons aucune raison de penser qu'il serait possible de rendre compte d'une telle histoire en des termes purement physicalistes, nous n'avons pas plus de raison de penser que les événements de notre histoire devraient, en fait, être instanciés par des événements descriptibles en ces termes. Il y a une différence entre dire que notre histoire dépend en partie de ce qui se passe physiquement dans le monde et dire que ce dont parle réellement notre histoire, ce ne sont que ces événements physiques, débarrassés de tout l'aspect historique, qui ne serait dès lors qu'épiphénomène. Cela n'a pas de sens, dans un monde d'humains, de parler ainsi et d'imaginer qu'une *vraie* explication ne peut être historique, puisque ce qui compte et existe vraiment serait l'enchaînement causal des événements physiques (auquel cas le fait que la personne avec laquelle vous dînez à ce moment-là est votre patron n'aurait aucune espèce d'importance).

En outre, l'importance que Davidson accorde à la notion de loi causale dans sa conception des causes, correspond bien à un certain usage du concept de cause, mais ce dernier ne peut servir de paradigme pour comprendre tous les usages de la notion de cause. Mon voisin peut très légitimement me raconter comment, à la suite d'un certain nombre d'événements consécutifs, une de ses amies a fini par perdre son emploi *sans* faire appel à une quelconque loi, sans même sous-entendre qu'il existerait des lois causales sous-jacentes aux événements qu'il me décrit. Nous n'avons aucune raison *a priori* de spéculer, comme le fait Davidson, sur l'existence d'une supposée loi cachée derrière chaque explication causale (ou quelque chose qui y ressemble). Nous comprenons la notion de cause et sommes en mesure de la posséder relativement indépendamment de l'idée de loi causale et sans avoir à poser un lien nécessaire entre cette notion et l'idée d'une loi déterministe[1].

Certes, pour réaliser une intention, nous devons souvent faire un certain nombre de choses, comme c'est le cas pour Henry VIII qui doit rompre avec l'église catholique de Rome, qui lui a refusé son divorce avec Catherine, avant de pouvoir réaliser ses objectifs, en particulier, celui d'épouser Anne Boleyn. Ces choses peuvent être conçues

1. Nous pouvons bien sûr parler de déterminisme social, en un autre sens.

comme des moyens en vue d'une fin. Ainsi, une histoire racontant pourquoi Henry VIII a rompu avec Rome peut l'expliquer par son intention de divorcer avec Catherine et d'épouser Anne. Son intention d'épouser Anne est alors une cause de sa rupture avec Rome, puisque cette rupture était le seul moyen pour lui de divorcer de Catherine et d'épouser Anne. Mais cette histoire causale est d'une autre sorte que celle qui implique l'examen de la physiologie d'Henry VIII au moment où il épouse Anne, et que cela puisse nous apprendre quoi que ce soit sur ses intentions est pour le moins douteux. Elle est d'une autre sorte encore que lorsqu'un bruit vous fait sursauter.

Sans recenser systématiquement tous les contextes dans lesquels nous invoquons un concept de cause, distinct de celui hérité de l'empirisme et de la physique classique, ces remarques montrent que cette variété existe et qu'elle rend illégitime la défense d'une conception univoque de la causalité. Nous trouvons un exemple de cette diversité dans la différence entre l'enquête consistant à chercher ce qui s'est passé physiologiquement chez Henry VIII quand il a rompu avec Rome et l'enquête historique sur les raisons pour lesquelles il a rompu avec Rome. Nous mentionnons des intentions et des raisons d'agir pour expliquer ce que quelqu'un fait ou a fait, sans supposer que l'action en question aurait été causée par l'occurrence d'une intention préalable. C'est notamment en cela que l'enquête physique se distingue de l'explication de l'action (de l'enquête historique, en ce qu'elle porte sur une narration[1]) :

1. Voir, par exemple, sur ce point Max Weber (*Wirtschaft und Gesellschaft*, Tübingen, Mohr, 1956; trad. fr. partielle J. Chavy, E. de Dampierre (dir.), *Économie et société*, vol. 1, Paris, Plon, 1971) ou P. Ricœur (*Soi-même comme un autre*, Paris, Seuil, 1990).

> L'unité de l'enquête physique sur un être humain est celle de l'enquête physiologique – l'individu humain. Et la question de savoir si ce qu'un humain est en train de faire est, disons, signer un chèque, une pétition, ou une assurance vie ne sera pas révélé par une enquête physique sur ce qui se passe à l'intérieur de lui : ces descriptions n'intéressent pas le physiologiste, il ne peut donc pas non plus se préoccuper des intentions qu'elles impliquent [1].

Dans la mesure où le niveau de description qui intéresse le physiologiste n'est pas celui de l'action à proprement parler, c'est-à-dire le niveau de description qui porte sur ce que font les agents (signer un chèque ou une pétition) et éventuellement ce pourquoi ils le font, celui-ci n'a pas non plus son mot à dire sur les intentions des agents puisqu'elles appartiennent au même registre de description que leurs actions. En effet, il s'agit alors de déterminer ce que *font* les agents et *pourquoi* ils le font.

Toujours dans le même article, Anscombe propose à ce propos une analogie intéressante. Il semblerait que ceux qui se préoccupent de la réduction des explications par les raisons (les intentions, les croyances, etc.) à des explications causales se nourrissent d'une illusion concernant la prétendue réalité de ce qui se passe. Cette illusion consiste à croire qu'il y aurait un niveau de réalité auquel les choses auraient vraiment lieu, *la* réalité, et un autre (ou peut-être plusieurs autres) niveau(x) de réalité qui serai(en)t simplement émergent(s) ou survenant sur ce niveau, c'est-à-dire qui n'en serai(en)t que le corrélat, une sorte de fantôme ou d'ombre du niveau de la vraie réalité. Le niveau auquel les choses auraient réellement lieu serait le niveau des événements physiques et des relations physique, physiologiques, ou biologiques, c'est-à-dire décrits dans

1. E. Anscombe, « The Causation of Action », art. cit., p. 102.

les termes de la physique, de la physiologie ou de la biologie, et plus généralement des sciences de la nature. De ce point de vue, le niveau de l'explication historique (ou par les raisons) ne serait qu'un niveau d'explication survenant sur le niveau physique qui ne pourra acquérir un authentique pouvoir explicatif qu'une fois soutenu par une loi de la nature. Il n'y aurait d'explication que rapportée au niveau des modes explicatifs des sciences de la nature, qui fourniraient le véritable et unique niveau d'explication authentique.

Dans son article de 1983, Anscombe rejette cette idée d'une hiérarchisation des explications dans le domaine de l'explication de l'action, qui donnerait, en particulier, la priorité à une enquête physiologique sur n'importe quel autre type d'explication. En effet, d'abord, l'explication de l'action n'en est une qu'à condition d'être historique (le physiologiste ne s'intéresse pas aux actions en ce sens), ensuite, l'intérêt d'une explication dépend avant tout des objectifs qu'elle sert. S'il s'agit de comprendre l'action, alors la perspective des raisons sera bien plus probante que celle des mécanismes physiologiques – on l'a vu pour le cas d'Henry VIII. Voici donc l'analogie qui étaie l'argument :

> Dans un dessin animé de Disney (…) il se peut qu'une souris fracasse une théière à coups de marteau, mais il ne s'agit en réalité que d'une succession d'états complexes d'illumination de l'écran, la souris et le marteau ne produisent aucune efficacité, seulement une *image* de l'efficacité. En revanche, nous trouvons qu'il est vraiment pratique scientifiquement de parler de l'efficacité causale des ondes lumineuses [1].

1. E. Anscombe, « The Causation of Action », art. cit., p. 103.

L'objection vise l'idée qu'il y aurait, d'une part, une *vraie* efficacité dont on parlerait dans le domaine scientifique et, d'autre part, simplement une « image de l'efficacité », symbolisée par la souris qui fracasse la théière. Il y aurait une description de l'événement correspondant au vrai niveau de la réalité (celui, ici, de ce qui se passe physiquement, explicité en termes scientifiques) qui s'opposerait aux autres niveaux de description subalternes, comme celui, par exemple, du mini-scénario, qui se déroule à l'écran sous nos yeux, de la souris qui fracasse la théière.

En fait, ces deux niveaux de descriptions renvoient à des intérêts différents (à des niveaux d'explication différents) et leur pertinence dépend du contexte dans lequel il sont envisagés. Si ce qui nous intéresse dans un dessin-animé, ce sont les mécanismes des ondes lumineuses et la façon dont elles parviennent à produire de la couleur, alors peu importe le récit de ce qui se passe à l'écran. Mais si notre objectif est de faire le récit de ce dessin-animé à un enfant de quatre ans, alors, peu importe l'efficacité causale des ondes lumineuses. Les deux façons d'envisager ce qui se passe n'ont simplement rien à voir. En ce sens, ce ne sont pas des niveaux de description ou d'explication concurrents ou incompatibles, ce sont simplement des modes de description et d'explication différents qui servent des objectifs descriptifs et explicatifs différents.

La même remarque vaut à l'encontre de la hiérarchisation entre l'explication historique et l'explication physiologique ou encore à l'encontre de l'assimilation ou des tentatives de réduction de l'une à l'autre : on conçoit très bien qu'il y ait une certaine histoire à raconter sur ce qui se passe physiologiquement dans un agent au moment où il agit, mais il n'y a aucune raison de penser que cette histoire serait plus « réelle », plus « vraie », plus explicative, que celle qui s'attache à décrire les motifs et les intentions de l'agent, ni que cette dernière devrait être *soutenue* par une explication physiologique afin d'être explicative. Si ce qui nous intéresse est de savoir si Henry VIII a signé un contrat de mariage, une pétition ou l'Acte de Suprématie qui l'a mis à la tête de l'église d'Angleterre, une enquête physiologique sera inutile, puisqu'elle est précisément incapable de nous en donner les raisons.

Par conséquent, « il n'y a pas une seule sorte d'explication [1] ». Il y a plusieurs sortes d'histoires et plusieurs sortes d'histoires causales (par exemple l'histoire physiologique et le récit historique). Celles-ci « ne constituent pas des comptes rendus rivaux [2] » ; elles ne peuvent simplement pas être assimilées. Car leur assimilation reviendrait à confondre la narration d'un film avec la composition et la succession des électrons sur l'écran. Or, nous recourons à des raisons de différentes sortes (des motifs, des intentions, des croyances, des facteurs extérieurs, etc.) et à des causes explicatives de différentes sortes, dont certaines expriment des lois – physiques, par exemple – et d'autres expriment juste une succession d'événements consécutifs.

LE VOLONTAIRE ET L'INTENTIONNEL

La question « Pourquoi ? » aura servi à mettre au jour la singularité de l'explication par les raisons, qui caractérise la logique de l'explication de l'action par rapport à d'autres modes d'explication par la preuve ou par les causes. Avant de clore ce chapitre, qui aura, je l'espère, montré en quoi

1. E. Anscombe, « The Causation of Action », art. cit., p. 101.
2. *Ibid.*

l'analyse grammaticale « en termes de langage » se distingue profondément de l'approche philosophique qui consisterait à établir des conditions nécessaires et suffisantes de l'agir intentionnel, il me faut revenir sur la distinction entre l'intentionnel et le volontaire. En effet, l'analyse de la question « Pourquoi ? » n'aboutit pas à la distinction d'ensembles bien définis (par exemple, entre l'intentionnel et l'involontaire). Elle n'offre pas non plus de critères absolus permettant de ranger un événement dans l'ensemble des actions ou de l'en exclure – ce que, rappelons-le, cherche à faire Davidson.

Le résultat de l'analyse de la question « Pourquoi ? » est d'offrir une cartographie des concepts de l'action, en particulier, l'involontaire, l'intentionnel, le volontaire et le non intentionnel. Il ne s'agit pas d'une cartographie aux frontières nettement tracées, mais au contraire d'une cartographie aux frontières poreuses et floues : entre les causes mentales et les raisons, l'intentionnel et le volontaire, le volontaire et l'involontaire, etc. Son intérêt n'est pas de nous fournir une méthode à appliquer pour reconnaître à coup sûr une action intentionnelle – cette méthode, avec ses possibles défaillances, nous la possédons et l'employons quotidiennement dans nos interactions avec les autres et en rendant compte de ce qu'ils font et de ce que nous faisons. L'intérêt de l'analyse de la question « Pourquoi ? » est plutôt de mettre au jour la structure logique de ces distinctions. En particulier, cette structure logique est telle qu'une action intentionnelle ne s'explique pas par des causes mais par des raisons d'agir. Lorsqu'elle porte sur l'action, la question « Pourquoi ? » prend un sens particulier. Il importe peu que les frontières soient floues ou poreuses entre ces divers concepts de l'action – c'est la preuve qu'ils entretiennent entre eux des relations logiques qui ne sont pas toujours faciles à démêler. Ce qui importe, c'est qu'il existe des cas *typiques* d'action intentionnelle, volontaire, involontaire, etc., qui nous permettent d'y voir plus clair dans ce réseau conceptuel complexe. Cette clarification n'est qu'un point de départ pour quiconque se propose de juger l'action, et en particulier de faire de la philosophie morale.

Pour conclure ce chapitre, je reviendrai donc brièvement sur les distinctions entre l'intentionnel, le volontaire, l'involontaire et le non-intentionnel, et sur les rapports logiques entre ces concepts.

La distinction qui a été établie le plus clairement dans ce chapitre est celle entre l'involontaire et l'intentionnel : soit l'involontaire se produit en nous sans que nous le sachions (par exemple, lorsque nous digérons), soit un mouvement involontaire est le résultat d'une cause hypothétique, observable ou mentale. Au contraire, l'action intentionnelle ne se produit jamais à notre insu et nous la reconnaissons comme intentionnelle dans la mesure où elle met l'agent en position de la justifier par des raisons d'agir [1] et ou cette justification ne repose pas sur une observation de ce qu'il fait ou des causes de ce qu'il fait. Tout ceci est très schématique et à prendre avec prudence. Mais il importe que ces cas existent, car ils servent au philosophe de cas paradigmatiques pour dévoiler la logique de l'action.

Restent alors les cas moins tranchés, dont certains ont été évoqués plus haut : lorsque nous obéissons à un ordre,

1. Je reviens au prochain chapitre sur le statut de l'explication par les raisons et son rapport à la première personne.

est-ce toujours pleinement intentionnel[1] ? N'est-ce pas parfois presque machinal ? D'autre part, nous faisons beaucoup de choses simplement sans raison ou sans vraiment savoir pourquoi (chantonner, taper du pied, se gratter, etc.) : alors la question « Pourquoi ? » s'applique mais la réponse est qu'il n'y a pas de réponse[2]. Nous qualifierions ces derniers cas de « volontaires » plutôt qu'« intentionnels »[3]. Le volontaire est une catégorie aristotélicienne par excellence[4] et Aristote n'opère pas la distinction anscombienne entre le volontaire et l'intentionnel. C'est d'ailleurs ce qui, selon Anscombe, manque à son éthique[5] et c'est ce qui justifie l'attention particulière qu'elle accorde au concept d'intention dans sa philosophie de l'action et sa philosophie morale.

La catégorie du volontaire est plus englobante que celle de l'intentionnel. Elle comprend bien sûr les actions intentionnelles, qui sont par défaut volontaires, mais elle comprend également des choses que nous faisons sans raison et des choses que nous faisons machinalement, sans y penser, mais dont nous pourrions ou devrions rendre compte si on nous le demandait. Faire ses lacets ou exécuter un mouvement de danse (pour un danseur professionnel), sont des exemples de ce type. Elle comprend également des choses que nous ne faisons pas mais dont nous nous réjouissons :

1. Cette question relève du problème des degrés de l'agir : un agent strictement causal est moins actif qu'un agent conscient agissant sous la contrainte, lequel, à son tour, est moins actif qu'un agent pleinement volontaire, etc. *Cf.* V. Descombes, *Le complément de sujet, op. cit.*, p. 90-97.

2. *L'Intention*, § 17-18, p. 65-69.

3. *L'Intention*, § 17, p. 67 ; § 49, p. 152.

4. *Cf.* Aristote, *Ethique à Nicomaque* III.

5. Voir E. Anscombe, « Thought and Action in Aristotle », in *From Parmenide to Wittgenstein, op. cit.*, p. 69.

> Par exemple, quelqu'un sur la rive pousse ma barque dans la rivière ; je suis alors emportée et je m'en réjouis. (*L'Intention*, § 49, p. 152)

Ce n'est ni pleinement intentionnel, ni involontaire.

Il existe un autre cas du volontaire, qui s'avérera particulièrement important pour la philosophie morale, celui du volontaire non-intentionnel[1] :

> Une chose est volontaire mais pas intentionnelle si elle est un résultat concomitant d'une action intentionnelle, dont l'agent avait connaissance, de sorte qu'il aurait pu l'empêcher en renonçant à agir. (*L'Intention*, § 49, p. 89)

Imaginons que l'employé de maison chargé d'actionner la citerne alimentant cette maison en eau, apprenne un jour, avant de se rendre au travail, que l'eau de la citerne a été empoisonnée. Il se rend alors à son travail et, comme tous les jours, pompe l'eau de la citerne. Quelques heures plus tard, les habitants de la maison meurent empoisonnés. L'employé a-t-il empoisonné les habitants ? Certainement, s'il s'agit d'identifier l'action qui a conduit à la mort de ces derniers. Les a-t-il empoisonnés intentionnellement[2] ? Ce n'est pas certain. Son intention était peut-être seulement de « gagner son salaire ». Si nous lui demandions pourquoi il l'a fait, il pourrait parfaitement répondre : « Je m'en fichais, je voulais juste gagner mon salaire, et j'ai juste fait mon travail habituel. » Il ne fait pas de doute que, quelles qu'aient été ses intentions, l'agent est responsable

1. Voir V. Aucouturier, *Elizabeth Anscombe, l'esprit en pratique*, Paris, CNRS Editions, 2012, p. 92-95, 150-153, p. 166-169. Pour bien faire, il faudrait distinguer le volontaire non-intentionnel du simple volontaire, qui correspond à une action consciente qui n'a pas forcément de raisons (qui n'est pas forcément intentionnelle), comme chantonner, marcher, etc.

2. Cette question fait l'objet du § 25 de *L'Intention*.

non seulement causalement, mais aussi moralement de l'empoisonnement. Mais que dire de l'individu qui prend chaque jour sa voiture en sachant qu'il risque de provoquer un accident et qui provoque effectivement un accident ou du médecin qui prend le risque d'opérer en sachant qu'il n'existe qu'un pourcentage infime de chance que l'opération réussisse, et qui finalement échoue ?

> On peut dire que de telles actions sont involontaires, si on les regrette beaucoup mais qu'on se sent pourtant « contraint » de persévérer dans l'action intentionnelle. (...) Les actions intentionnelles [peuvent] aussi être décrites comme involontaires d'un autre point de vue, quand on regrette « d'avoir » à les accomplir. En général, on dirait plutôt que l'on a agi à « contrecœur »[1].

Ainsi, la porosité du volontaire et de l'intentionnel s'avérera cruciale pour la philosophie morale et juridique, car nous ne jugeons jamais des actions génériques, mais des actions particulières prises dans des circonstances particulières. Ce sont ces circonstances qui déterminent si ce qui a été fait est intentionnel, volontaire mais non intentionnel, ou simplement involontaire. Nous n'avons pas affaire à des catégories rigides que nous pourrions plaquer aveuglément sur le réel.

Cette porosité des catégories de l'action témoigne aussi de leurs relations complexes, elles ne sont pas compréhensibles les unes sans les autres, elles entretiennent entre-elles des relations logiques[2], elles ne sont pas pensables les unes sans les autres. En particulier, le concept d'intention est central, car il comprend non seulement le savoir pratique de l'agent (dont il sera question au prochain chapitre),

1. *L'Intention*, § 49, p. 152-153.
2. V. Descombes, *Le complément de sujet*, *op. cit.*

mais également la structure temporelle de l'action, c'est-à-dire le fait que l'action n'est que rarement un événement ponctuel, mais s'inscrit dans le temps, relativement à une visée. Ainsi, comme on l'a vu au chapitre précédent, avoir une intention, c'est *déjà* se projeter dans l'action future. Cette dépendance conceptuelle des catégories de l'action est marquée par l'application de la question « Pourquoi ? »[1] :

> Ce n'est pas que certaines choses, à savoir les mouvements des humains, sont, pour des raisons que nous ignorons, sujettes à la question « Pourquoi ? ». De même, ce n'est pas simplement que certaines apparences de craie sur le tableau sont sujettes à la question « Qu'est-ce que cela dit ? ». C'est au sujet d'un mot ou d'une phrase que nous demandons « qu'est-ce que cela dit ? ». Et la description de quelque chose comme un mot ou une phrase ne pourrait pas exister si les mots ou les phrases n'avaient pas déjà une signification. Ainsi, la description de quelque chose comme une action humaine ne pourrait pas préexister à la question « Pourquoi ? », comme si énoncer un certain type de description nous poussait *alors* obscurément à poser cette question. (*L'Intention*, § 46, trad. mod.)

Le concept d'action humaine, indissociable de la question « Pourquoi ? » en son sens spécifique, comprend dans sa logique même la possibilité de cette question, qui vise le degré de responsabilité de l'agent humain[2].

Reprenant à son compte une distinction scolastique, Anscombe distingue de l'action humaine (*actus humanus*), l'acte d'un être humain (*actus hominis*). Cette distinction

1. Voir *L'Intention*, § 20.

2. En ce qui concerne les agents non-humains, notamment les animaux, voir V. Aucouturier, *Elizabeth Anscombe, l'esprit en pratique*, *op. cit.*, p. 153-155 et « Where is my mind ? », J. Floyd, James E. Katz, *Philosophy of emerging media*, Oxford University Press, p. 243-257.

engage divers degrés de responsabilité ou d'agentivité. L'acte d'un être humain comprend tout ce que fait un humain de manière très générale, y compris, trébucher, sursauter, se gratter la tête, etc. L'action humaine, qui fait partie des actes d'un être humain, engage en revanche d'emblée la responsabilité de l'agent, en tant qu'agent rationnel. Autrement dit, c'est *parce qu'*on a affaire à un agent humain que ce qu'il fait, en tant qu'il en est l'agent (et pas simplement en tant qu'action générique ou que type d'action) est susceptible de faire l'objet d'un jugement de valeur. Ainsi, respirer est normalement l'acte d'un être humain. C'est aussi d'ailleurs l'acte d'un certain nombre d'êtres vivants. Mais respirer bruyamment au cinéma devient une action humaine d'un individu, auquel on pourra reprocher d'être venu somnoler au cinéma et d'agacer ses voisins. Ou encore, si, pour un examen médical, on vous demande de retenir votre respiration et que vous ne le faites pas, alors l'acte d'un être humain (respirer) devient une action humaine. L'action humaine est celle qui est non seulement susceptible d'apparaître comme volontaire ou intentionnelle, mais qui est en outre le fait d'un agent rationnel susceptible d'endosser un certain type de responsabilité[1].

1. Voir E. Anscombe, « Murder and the Morality of Euthanasia », in *Human Life, Action and Ethics*, *op. cit.*, p. 261-262 et V. Aucouturier, *Elizabeth Anscombe*, *op. cit.*, p. 153-155.

CHAPITRE III

SAVOIR CE QUE JE FAIS

L'enjeu de la philosophie de l'action est donc désormais de rendre compte de la relation spécifique de l'agent (humain, en particulier) à ses propres actions. Or, la conscience d'agir, note Anscombe, est une forme de « connaissance sans observation ». Cette connaissance caractérise entre autres l'action intentionnelle : « c'est la connaissance qu'a l'agent de ce qu'il fait qui fournit la description sous laquelle ce qui arrive est l'exécution d'une intention »[1]. Il convient dans ce chapitre d'élucider deux choses. Je voudrais d'abord préciser la façon dont cette connaissance sans observation caractérise le savoir pratique et le type d'autorité qui revient à l'agent en la matière. Ensuite, je voudrais revenir un instant sur la thèse des « directions d'ajustement » (*directions of fit*), attribuée à Anscombe mais qu'on ne trouve curieusement jamais sous sa plume[2]. Cette thèse des directions d'ajustement est censée offrir un certain compte rendu de la conscience d'agir. Mais je voudrais montrer ici que, dans sa formulation standard, elle n'est pas satisfaisante. En effet, la formulation communément admise de cette thèse est la suivante :

1. *L'Intention*, § 48 p. 149.

2. Voir R. Moran, M. Stone, « Anscombe sur l'expression des intentions », art. cit., p. 64.

croyance et désir (ou intention) ont des directions d'ajustement par rapport à l'état des choses (ou du monde) qui sont opposées. Ma croyance doit s'ajuster à l'état des choses, tandis que c'est l'état des choses qui doit s'ajuster à mon désir. Cette formulation suggère que c'est bien de la relation entre un état d'esprit et un état du monde qu'il s'agit de rendre compte.

Or, j'ai déjà insisté sur les difficultés que posait une compréhension purement psychologique de l'intention. On pourrait cependant penser que l'appel à la notion de connaissance sans observation par l'agent de ses propres actions réintroduit une sorte de critère psychologique permettant de déterminer précisément le type d'action auquel on a affaire à partir de ce que l'agent dit de son action ou de ce qu'il vise en esprit dans l'action. L'enjeu de ce chapitre est de voir que ce n'est pas le cas.

CONNAISSANCE ET COMPÉTENCE

À la fin de « Trois manières de renverser de l'encre », Austin fait la remarque suivante :

> La plus subtile de nos notions est celle d'intention. Tandis que j'avance dans la vie, faisant, on le suppose, une chose après l'autre, j'ai en général toujours une idée (…) de que j'ai en vue, de ce dans quoi je suis engagé, de ce que je m'apprête à faire, ou en général de « ce que je suis en train de faire ». Je ne sais pas ce que je suis en train de faire pour l'avoir vu ou à la suite d'une quelconque façon de conduire des observations : ce n'est que dans des cas rares et perturbants que je *découvre* ce que j'ai fait ou que j'*en viens à réaliser* ce que je fais ou ce que j'ai fait de cette façon[1].

1. J.L. Austin, « Trois manières de renverser de l'encre », dans *Écrits philosophiques*, *op. cit.*, p. 242 – trad. mod.

Austin décrit ici ce qu'Anscombe appelle la connaissance sans observation de ce qu'on est en train de faire. Contrairement à un observateur extérieur, l'agent n'a pas besoin d'observer ses propres actions pour savoir ce qu'il fait ou ce qu'il a en vue (ce qu'il a l'intention de faire). Il possède une certaine connaissance sans observation de ses propres actions.

Récemment, bon nombre de lecteurs [1] d'Anscombe ont reposé la question de savoir *ce qui* est véritablement connu dans l'action : quel est l'objet de ce « savoir pratique » ? Est-ce simplement une intention, un projet ou l'action elle-même ? Et, dans ce dernier cas, qu'est-ce à dire ? En effet, si savoir ce qu'on fait mérite d'être qualifié de connaissance, nous devons pouvoir dire en quoi consisterait au contraire l'absence de connaissance pratique ou la méconnaissance. Autrement dit, nous devons pouvoir rendre compte des conditions d'échecs de ce savoir, nous devons pouvoir déterminer s'il est juste ou erroné, car un savoir n'est légitime que s'il est susceptible de confirmation ou de correction. Mais souvenons-nous que, suivant le critère d'Anscombe, pour être sans observation, la connaissance sans observation ne doit pas reposer sur l'identification d'une sensation « séparable » [2] sur laquelle s'appuierai l'affirmation d'un savoir.

Quoiqu'éclairante, cette notion de connaissance sans observation introduit une difficulté. En effet, tout se passe comme si le caractère intentionnel de l'action dépendait, en quelque sorte, d'une connaissance sur laquelle l'agent

1. M. Thomson « Anscombe's *Intention* and practical knowledge », *Essays on Anscombe's* Intention, p. 198-210, J. McDowell, « Anscombe on bodily self-knowledge », B. Gnassounou « La connaissance pratique » (inédit présenté à l'Université Bordeaux Montaigne en mars 2014).

2. Voir *supra*, p. 103 *sq*.

aurait une autorité particulière, c'est-à-dire une connaissance à laquelle il aurait un accès privilégié. Ceci semble réintroduire une idée problématique, à savoir que l'agent lui-même (et peut-être l'agent seul) déterminerait le caractère intentionnel ou non de son action. Or, cette idée entrerait directement en contradiction avec ce qui légitimait les choix méthodologiques exposés au premier chapitre, notamment l'idée que les intentions des gens renvoient la plupart du temps à ce qu'ils font effectivement. Je me propose donc d'examiner, dans un premier temps en quoi cette connaissance sans observation, bien qu'elle confère à l'agent une autorité particulière pour dire ce qu'il fait et quelles sont ses intentions, n'est pas infaillible. C'est d'ailleurs sa faillibilité qui en fait une connaissance à proprement parler.

La notion de connaissance sans observation contient en effet deux propositions distinctes, qui n'ont pas toujours été correctement distinguées [1], ce qui a pu conduire à de mauvaises interprétations. La première proposition est qu'il s'agit bel et bien d'une forme de *connaissance*, qui ne se limite pas au simple fait d'être en position ou d'« être capable de dire » [2] ; la seconde est que cette connaissance est *sans observation*. Au premier abord, à supposer que savoir une chose implique la possibilité de vérifier ou de tester sa connaissance (ce qui requiert des modes de

1. Voir, par exemple, l'article de Godfrey Vesey, « Knowledge Without Observation », *The Philosophical Review*, vol. 72, n° 2, Avr. 1963, p. 198-212, où l'auteur centre son propos sur la question de l'absence d'observation et ne voit pas l'importance de la notion de connaissance qui introduit, entre autres, la possibilité de contredire une déclaration d'intention. Ceci le conduit à commettre l'erreur contre laquelle, on va le voir, Anscombe prévient son lecteur, à savoir celle de penser que, s'il y a deux types de connaissance, il doit y avoir deux objets de connaissance.

2. *L'Intention*, § 8, p. 51.

vérification objectifs, sur lesquels s'accorder), il semble y avoir une contradiction dans les termes.

Mais, comme c'est le cas lorsque nous connaissons la position de nos membres [1], la proposition suggère en fait que ce qui peut ici être connu sans observation peut *aussi* l'être, par exemple, en observant ce qui se passe.

Au moment où elle introduit la « connaissance sans observation », Anscombe justifie, outre l'idée d'une absence d'observation, l'usage du concept de « connaissance » [2], qui ne va pas nécessairement de soi. Wittgenstein, par exemple, remet en cause l'idée que nous aurions un accès proprement *épistémique* à ce que nous avons à l'esprit (pensées, émotions, etc.) [3]. Parler d'« accès » dans ce cas est même pour le moins étrange. Nous *avons* des pensées, des sentiments, etc., mais il serait faux de dire que nous en prenons connaissance comme nous prenons connaissance de notre environnement ou d'une information. Ainsi, en dehors de contextes spéciaux, on ne dit généralement pas qu'on *sait* qu'on a mal, car ce n'est pas une chose qui pourrait être remise en cause sur un mode épistémique (à l'issue d'une enquête, par exemple). On exprime simplement la douleur qu'on est seul en position d'exprimer. Si, comme le souligne Descombes, la connaissance non-observationnelle de ce qu'on fait a bien la forme d'une « conscience de soi [4] » et de ses propres intentions, qu'est-ce qui nous autorise à la qualifier de connaissance ?

1. Cf. *supra*, p. 103.

2. V. Descombes, « Comment savoir ce que je fais ? », *Philosophie* 76, 2002/4, Paris, Minuit, p. 19-20.

3. Voir J.-J. Rosat, « L'indétermination des concepts psychologiques », dans Ch. Chauviré, S. Laugier, J.-J. Rosat, *Wittgenstein : Les mots de l'esprit*, Paris, Vrin, 2001, p. 32.

4. V. Descombes, « Comment savoir ce que je fais ? », art. cit., p. 15.

Pour comprendre en quoi nous avons affaire à une connaissance authentique, reprenons l'analogie proposée par Anscombe avec la connaissance de la position de nos propres membres :

> Je dis [...] que nous le *savons* et non pas simplement que nous *pouvons* le *dire*, parce qu'il est possible d'avoir raison ou tort : il n'y a d'intérêt à parler de connaissance que là ou un contraste existe entre « Il *sait* » et « il *pense* (seulement) qu'il sait ». Ainsi, bien qu'il y ait une certaine similitude entre indiquer la position de ses membres et indiquer l'endroit ou cela fait mal, je dirais volontiers que, si d'habitude on connaît la position de ses membres sans observation, en revanche, la capacité de dire où on ressent de la douleur n'est pas une connaissance. (...) Si quelqu'un dit que sa jambe est pliée alors qu'elle est étendue, c'est assurément surprenant, mais ce n'est pas particulièrement obscur. Il se trompe mais ce qu'il dit n'est pas inintelligible. Je peux donc appeler cette sorte de capacité à dire « connaissance » et pas *simplement* « capacité à dire ». (*L'Intention*, § 8, p. 50-51)

Anscombe distingue *connaître* et *être capable de dire* – ou, comme le dit Descombes, « connaissance » et « compétence »[1] – en distinguant le cas (connaître la position de ses membres) où ce qu'on affirme peut être contredit (on peut montrer que c'est faux ou erroné) par l'observation (de la position de ses membres), d'un autre cas (être capable de dire où on a mal) où ce qu'on affirme ne peut être contesté par l'observation directe de notre douleur (par une tierce personne) – idée en elle-même incompréhensible puisque nul autre que vous ne pourrait ressentir votre douleur pour en déterminer l'emplacement

1. V. Descombes, « Comment savoir ce que je fais ? », art. cit., p. 19.

(ceci fait partie de ce que veut dire ressentir une douleur). Ainsi, si vous dites que votre jambe est pliée alors qu'elle est droite, un observateur pourra faire remarquer qu'en réalité votre jambe est droite et contredire votre assertion. En revanche, si vous dites que vous avez mal au dos, personne ne pourra contester votre affirmation en prétendant avoir ressentit ou observé votre douleur ailleurs [1]. Suivant cette distinction, dit Descombes :

> Un sujet possède une *compétence* [il peut dire] si c'est à lui qu'il revient de déterminer quelque chose, mais il possède une *connaissance* seulement dans le cas où le fondement de sa compétence réside dans la possession d'une information qui se trouve être correcte [2].

Si je sais ce que je fais d'une manière spécifique (notamment sans observation), il n'est cependant pas nécessaire d'être moi pour savoir ce que je fais. Je peux même parfois me tromper quant à ce que je fais et un observateur de mes actions pourra contredire mon éventuelle déclaration. Alors que je ne peux pas me tromper au sujet de la douleur que je ressens, je pourrais me tromper au sujet de ce que je suis effectivement en train de faire. Ce qui justifie le recours au concept de connaissance dans le

1. Ce qui ne veut pas dire qu'il n'existerait aucun cas de figure où l'on pourrait contester que quelqu'un a mal à tel endroit. D'abord parce qu'il est parfois possible, par le biais d'indices secondaires, de douter de la sincérité de quelqu'un qui déclare avoir mal à tel endroit ; d'autre part, parce qu'il serait difficile de comprendre quelqu'un qui déclarerait avoir mal au pied tout en soignant sa main et ne présentant aucun autre signe de douleur au pied (*L'intention*, § 8, p. 51) (il nous faudrait peut-être alors imaginer que cette personne confond les mots « main » et « pied »).

2. V. Descombes, « Comment savoir ce que je fais ? », art. cit., p. 19

cas de la connaissance de ses propres actions tient donc au caractère corrigible d'une telle connaissance.

LA SOLUTION DUALISTE

Nous comprenons désormais en quoi les agents sont réputés *savoir* ce qu'ils font et en quel sens cette connaissance est corrigible : s'ils prétendent faire autre chose que ce qu'ils sont effectivement en train de faire. Mais la possibilité de ce décalage entre ce que l'agent croit savoir être en train de faire et ce qu'il fait effectivement, en particulier sa dimension proprement *pratique*, a souvent été mal comprise, notamment par Searle, qui a contribué à populariser la thèse des directions d'ajustement, sur laquelle je reviendrai dans un instant. Cette incompréhension est liée à une difficulté soulevée au début du § 29 de *L'Intention* :

> Qu'est-ce qu'ouvrir la fenêtre si ce n'est faire tels et tels mouvements ayant tel et tel résultat ? Et, dans ce cas, qu'est-ce que *savoir* qu'on ouvre la fenêtre si ce n'est savoir que cela a lieu ? Mais alors, s'il y a ici deux *façons* de connaître, l'une que j'appelle connaissance de mon action intentionnelle, et l'autre connaissance par observation de ce qui a lieu, ne doit-il pas y avoir deux *objets* de connaissance ? Comment peut-on parler de deux connaissances d'*exactement* la même chose ? Ce n'est pas comme lorsqu'il y a deux descriptions de la même chose qui toutes deux sont connues, par exemple quant on sait qu'un objet est rouge et qu'il est coloré. Non, ici la description, ouvrir la fenêtre, est identique, qu'elle soit connue par observation ou qu'elle soit connue du fait qu'elle est mon action intentionnelle.

Autrement dit, ne devrions-nous pas dire que connaître son action intentionnelle n'est pas exactement la même chose que savoir ce qui a lieu ? Notre connaissance ne se limite-t-elle pas à ce que nous *pensons* être en train de faire, tant que nous n'avons pas observé que nous le faisons vraiment ? Cette compréhension du savoir pratique, Descombes la qualifie de « solution dualiste[1] », et Searle en est une des sources.

La solution que ce dernier propose consiste à distinguer la *conscience* que l'agent a de son action et *ce qu'il fait* effectivement. Elle conçoit l'expérience que l'agent a de son action comme un élément déterminant pour définir l'action à laquelle on a affaire et décider s'il s'agit bien d'une véritable action et laquelle.

Certains représentant de AT ont ainsi soutenu que la caractéristique « intentionnelle » était une sorte de composant essentiel de l'action et qu'une action serait, de ce fait, intentionnelle par définition[2]. Searle affirme, par exemple, qu'« il n'y a en général pas d'action sans intention correspondante »[3].

Une des visions possibles, promue par AT, de la différence entre agir et être simplement sujet au mouvement, consiste ainsi à penser qu'une chose se produit chez l'agent lorsqu'il agit, et que cette même chose ne se produit pas lorsqu'un objet (ou un quelconque être vivant) est seulement sujet à un mouvement. Pour distinguer les actions au sein de la classe plus vaste des mouvements qui se produisent

1. V. Descombes, « Comment savoir ce que je fais ? », art. cit., p. 21-26.

2. Pour Davidson le critère est définitionnel : « un homme est l'agent d'un acte si ce qu'il fait peut être décrit sous un aspect qui rende cet acte intentionnel » (« L'agir », p. 71), c'est-à-dire qu'un événement est une action s'il est intentionnel sous une description. Mais il s'agit cependant bien d'un mode d'individuation ontologique, lié à la présence d'un certain état mental conscient ou non (voir chap. IV, p. 229 *sq.*).

3. John R. Searle, *L'Intentionalité*, *op. cit.*, p. 105.

dans le monde, certains philosophes se sont donc attachés à caractériser cette chose qui se produirait chez l'agent et qui marquerait la différence. Ce sera parfois une volonté, une intention, un événement physiologique, etc. Comme l'a suggéré Chisholm[1], ce cadre de réflexion peut être représenté – c'est d'ailleurs sur cette interrogation que s'appuie le propos de Searle – par la question rhétorique de Wittgenstein :

> Que reste-t-il donc quand je soustrais le fait que mon bras se lève du fait que je lève mon bras[2] ?

C'est-à-dire, qu'est-ce qui, du point de vue du sujet ou de l'agent, fait la différence (s'il y en a une) entre le fait que mon bras se lève de manière purement réflexe ou mécanique (par exemple, par la simple stimulation d'une certaine zone du cerveau d'un sujet) et le même mouvement impliquant une certaine agentivité (qu'on appellerait normalement une action, car elle ne fait pas que m'arriver, mais j'en suis l'agent) ? Insistons au passage sur le fait que la formulation même du problème est ici à la *première* personne, du point de vue de l'agent ; ceci invite presque immédiatement une réponse de type introspective – invoquant une différence dans ce que ressent l'agent. La question est donc biaisée[3].

1. R. Chisholm, Recension de *Intention*, *The Philosophical Review*, cit., voir *supra* p. 19.

2. *RP*, § 621.

3. Cf. *supra*, p. 25. L'un des objectifs de Wittgenstein en la posant est d'ailleurs très vraisemblablement d'exposer, pour le dénoncer, le biais d'une telle formulation du problème de la différence entre une action et un simple événement. Pour une analyse de ce passage dans le cadre de la philosophie de l'action, voir V. Descombes, « L'action », D. Kambouchner (dir.), *Notions de philosophie II*, Paris, Gallimard, 1995, p. 109 *sq*.

La solution au problème ainsi posé consiste effectivement à dire que quelque chose d'interne (qui se produit dans l'esprit, la pensée, etc. de l'agent en question), de mental ou de physiologique, ou les deux, fait la différence entre une action (impliquant un agent) et un simple mouvement (physique ou mécanique)[1].

L'EXPÉRIENCE DE L'ACTION

Searle affirme que l'« Intentionalité[2] », c'est-à-dire la capacité de l'esprit de se rapporter à une extériorité, permet de distinguer l'action dans l'ensemble des choses qui, par ailleurs, se passent.

> L'Intentionalité est la propriété en vertu de laquelle toutes sortes d'états et d'événements mentaux renvoient à ou concernent ou portent sur des objets et des états de choses du monde[3].

Cette Intentionalité est entre autres un ingrédient fondamental de l'action, elle fait partie selon Searle de ce sans quoi l'action ne serait pas action. Ce qui distingue le simple mouvement de l'action – le fait, par exemple, que mon bras se lève du fait que je lève mon bras – serait ainsi une expérience interne, subjective, une « expérience de

1. L.H. Davis, « Action », *A Companion to the Philosophy of Mind*, S. Guttenplan (éd.), Oxford, Blackwell, 1994, p. 112-117.

2. Le terme anglais est « *Intentionality* », que les traducteurs français ont choisi de traduire par « Intentionalité » avec un seul « n ». Cette notion searlienne d'Intentionalité a un champ d'application bien plus vaste que celui de l'Intentionalité pratique dont parlent Anscombe et Descombes. C'est ce qu'explique Jocelyn Benoist dans *Les limites de l'intentionalité*, Paris, Vrin, 2005, p. 140-142.

3. John R. Searle, *L'Intentionalité*, *op. cit.*, p. 15.

l'action », qui aurait notamment la propriété d'être « Intentionelle », c'est-à-dire d'être orientée vers le monde[1].

> La réponse [au problème de Wittgenstein] que je suggère est double : premièrement, il y a une différence évidente de contenu phénoménal entre le cas où l'on bouge la main et le cas où on la voit bouger indépendamment de ses intentions, les deux cas étant *ressentis* comme tout à fait différents par le patient ; deuxièmement, cette différence de contenu phénoménal s'accompagne d'une différence logique, en ce sens que l'expérience de bouger la main comporte certaines conditions de satisfaction. (…) Or c'est cette expérience avec ses propriétés phénoménales et logiques que j'appelle expérience de l'action[2].

Cette « expérience de l'action » est un « événement mental conscient[3] » qui se produit lorsqu'on agit – ne se produit pas lorsque nos mouvements ne sont pas des actions – et qui cause (en un sens spécial) le mouvement. Ce « composant expérientiel de l'action intentionnelle[4] » est Intentionel en ce qu'il est orienté vers un état de choses (par exemple, le fait que mon bras est levé) à réaliser. Ce contenu intentionnel de l'« expérience d'agir » prend deux directions : une « direction d'ajustement » qui va du monde vers l'esprit, et une « direction de causalité » qui va de l'esprit vers le monde (« l'expérience cause le mouvement[5] »). Autrement dit, le phénomène conscient qu'est l'expérience de l'action doit être la cause (l'origine,

1. John R. Searle, *L'Intentionalité, op. cit.*, p. 89 *sq*.
2. *Ibid.*, p. 114-115 – je souligne.
3. John R. Searle, « Intentionality », *A Companion to the Philosophy of Mind*, p. 384.
4. *Ibid.*
5. John R. Searle, *L'Intentionalité, op. cit.*, p. 115.

le déclencheur) du mouvement de l'agent dans l'action : sa direction de causalité va de l'esprit vers le monde. En outre, il y a un certain état de choses (par exemple, que mon bras est levé) visé dans l'expérience de l'action : la direction d'ajustement de cette expérience consciente va, à l'inverse, du monde vers l'esprit. Cet état de choses visé constitue la « condition de satisfaction » de mon expérience : il est ce qui devra être réalisé pour que le contenu Intentionel de mon expérience de l'action soit satisfait.

Ainsi, pour reprendre les mots de Searle, « une action intentionnelle est simplement la réalisation des conditions de satisfaction d'une intention [1] ». Ce qui signifie qu'une action est intentionnelle si elle est effectuée *en tant que* réalisation d'une intention *I* et si elle réalise *effectivement* cette intention *I*. Si ces deux conditions ne sont pas satisfaites, l'action n'est pas intentionnelle (elle ne « satisfait » pas une intention).

Il faut ajouter à cela que « le composant expérientiel de l'action intentionnelle est *causalement sui-référentiel* [2] » : autrement dit, le mouvement et le résultat de l'action (sa réalisation, par exemple le fait de lever son bras), ne doivent pas seulement *correspondre* au contenu Intentionel de l'expérience de l'action (à l'état de choses visé, par exemple l'intention de lever son bras), c'est-à-dire aux conditions de satisfaction de cette intention. Mais l'expérience de l'action doit aussi être *responsable causalement* de cette action (il faudra, par exemple, que ce soit *moi*, agent conscient, qui lève le bras parce que j'en ai l'intention et que cela n'arrive pas par l'intervention opportune de quelqu'un ou de quelque chose, comme un extraordinaire

1. John R. Searle, *L'Intentionalité*, *op. cit.*, p. 103.
2. John R. Searle, « Intentionality », p. 384 – je souligne.

coup de vent). Searle évacue ainsi le fameux problème des chaînes causales déviantes, qui concerne les cas où un agent a l'intention de faire une chose, où il met tout en place pour réaliser cette chose et où celle-ci se réalise bien, mais pas comme résultat direct de la mise en œuvre de son intention (de son action). Supposons, par exemple, que Martin a l'intention de jeter une boule de papier dans la corbeille. Il la jette, mais dans une mauvaise direction. Or, à cet instant précis, Saga ouvre la porte qui heurte la boule de papier, qui atterrit dans la corbeille. Suivant le schéma searlien l'état de choses visé (la condition de satisfaction de l'intention) était que la boule de papier atterrisse dans la corbeille. Cet état de choses a bien été réalisé. Cependant, ce n'est pas la seule action de Martin qui a été la cause de sa réalisation, l'expérience de l'action n'est pas ici causalement responsable de la réalisation de l'état de choses en question. Il en va de même lorsque c'est par chance que vous jouez un bon coup au jeu ou que vous marquez un but, même si c'était bien là votre intention de départ.

Searle ajoute qu'une intention peut être « préalable à l'action » (elle en est alors la cause) ou « dans l'action ». Elle sera préalable à l'action si l'agent a formé ou exprimé son intention *avant* d'agir[1]. Mais toute action intentionnelle n'est pas, comme chez Davidson[2], le résultat ou l'effet d'une raison d'agir (consciente ou inconsciente). Il n'est pas nécessaire d'avoir, *avant* d'agir, une intention qui viendrait causer l'action. La plupart du temps, nous agissons intentionnellement sans aucune intention préalable, comme en témoigne l'exemple suivant :

1. On retrouve ici à la fois la notion d'expression d'intention pour le futur d'Anscombe et plus généralement la notion d'intention pure, c'est-à-dire d'une intention qui n'est pas encore réalisé dans l'action.

2. D. Davidson, « L'agir », art. cit., p. 67-92.

> Supposons que je sois assis sur une chaise, en train de réfléchir à un problème philosophique, et que je me lève subitement et me mette à arpenter la pièce. Que je me lève, que j'arpente la pièce, sont de toute évidence des actions intentionnelles mais, pour les accomplir, je n'ai pas à former l'intention préalable de les faire avant de les effectuer[1].

De même, pour Anscombe, un individu qui traverse la rue peut bien agir intentionnellement sans avoir formé d'intention préalable[2]. Mais, contrairement à ce que Searle voudrait affirmer, à savoir que c'est l'Intentionalité de l'action (le fait qu'elle soit le travail d'une visée de l'esprit) qui la rend intentionnelle, souvenons-nous que « ce serait une erreur de dire : puisque nous avons là un exemple typique d'action intentionnelle, considérons l'action elle-même, et essayons de trouver dans l'action, ou dans l'homme lui-même au moment où il agit, la caractéristique qui rend l'action intentionnelle. »[3]. Ce désaccord justifie une remise en question de l'attribution à Anscombe de la fameuse thèse des « directions d'ajustement ».

En effet, à suivre la perspective searlienne, pour que l'action de se lever et d'arpenter la pièce constitue une ou plusieurs actions intentionnelles, il faut que l'agent ait une certaine expérience de ce qu'il fait. C'est *le* critère fondamental de l'Intentionalité de l'action et il est purement déterminé en première personne. Ainsi, lorsque nous reconnaissons, en troisième personne, une action intentionnelle, nous reconnaissons ou supposons, par une sorte d'inférence analogique, que l'agent a une expérience

1. John R. Searle, *L'Intentionalité*, *op. cit.*, p. 108.
2. *L'intention*, § 19, p. 71.
3. *Ibid.*, p. 71-72.

consciente de son action : « la base de mon assurance totale du fait que les autres sont conscients est que je peux voir que leur structure causale est comme la mienne[1]. » Par « structure causale », Searle entend une certaine constitution physiologique (le fait, principalement, qu'ils sont des humains, avec un cerveau et des fonctions physiologiques similaires). En d'autres termes, la ressemblance entre ma constitution physiologique et celle des autres serait un élément crucial de l'attribution de conscience (et, par conséquent, d'autres attitudes et états mentaux) à autrui.

En vertu de ce raisonnement par analogie, nous n'aurions donc pas besoin de sonder constamment les intentions des gens pour garantir qu'ils agissent intentionnellement, ni d'accéder d'une quelconque façon à leurs expériences conscientes. La similitude de nos structures physiologiques garantirait que nous, êtres humains normalement constitués, sommes tous en relation avec le monde de la même façon et avons tous la même sorte d'expérience ; autrement dit, cette similitude garantirait un fondement matériel à l'Intentionalité :

> Mon assurance que les autres sont conscients n'est pas basée sur leur comportement. Si c'était une question de comportement, je devrais en inférer que ma radio est consciente car elle fait preuve de comportements verbaux plus variés et plus cohérents que n'importe quel humain que j'ai jamais rencontré. La base de mon assurance que les autres sont conscients est que je peux voir que leur structure causale est comme la mienne. (…) Le principe qui garantit ma confiance aveugle dans l'existence d'autres esprits n'est pas : comportements-semblables-donc-états-mentaux-semblables. Le principe est plutôt :

1. John R. Searle, « Searle John R. », S. Gutteplan (éd.), *A Companion to the Philosophy of Mind*, Oxford, Blackwell, 1996, p. 545.

structure-causale-similaire-donc-relations-de-cause-à-effet-similaires[1].

Searle critique ainsi l'idée que nous puissions attribuer des intentions, des pensées, etc. sur la seule base de comportements, y compris verbaux[2]. En effet, un simple comportement ne suffit pas à l'attribution d'états mentaux. Ainsi, nous ne pouvons pas dire d'une machine, comme la radio, ayant des comportements verbaux identiques à ceux d'un humain, qu'elle pense. Il faudrait en outre pour cela qu'elle soit également suffisamment physiologiquement semblable à un être humain pensant et en particulier qu'elle possède un cerveau[3]. Suivant ce point de vue, je reconnais que les autres agissent parce qu'ils sont physiologiquement semblables à moi (ils ont une structure causale semblable à la mienne). C'est ainsi que je peux dire que, lorsqu'ils agissent, ils ont aussi une certaine expérience de l'action qui, comme dans mon propre cas, caractérise leur action. Comme moi, ils savent ce qu'ils font; je le sais par *analogie* parce que je vois qu'ils « fonctionnent intérieurement », pour ainsi dire, de la même façon. Nous ne pourrions cependant *vérifier* qu'autrui est bien conscient *qu'*au moyen d'une enquête physiologique[4].

Bien sûr, si l'Intentionalité est un élément essentiel de l'action, elle ne se réduit pas à une conscience constante

1. John R. Searle, « Searle John R. », art. cit., p. 545.

2. Il vise entre autres la perspective de l'Intelligence Artificielle forte, notamment défendue par Daniel C. Dennett (*La stratégie de l'interprète*, trad. P. Engel, Paris, Gallimard, 1990).

3. En outre, nous savons que les voix provenant de la radio ne sont pas du discours spontané de l'appareil, mais sont produites par des humains.

4. Mais c'est sans compter que cet argument par analogie, comme l'a montré Jacques Bouveresse, a déjà été réfuté par Wittgenstein. Voir J. Bouveresse, *Le mythe de l'intériorité*, Paris, Minuit, p. 502-503 et p. 562-563.

et explicite d'une visée dans l'action. Chaque mouvement de mes doigts sur ce clavier d'ordinateur est intentionnel, même si je ne suis pas constamment en train de planifier et de calculer mes mouvements lorsque je tape à l'ordinateur. On pourrait découper mon action en un nombre considérable d'étapes (je soulève mon annulaire, puis je presse la lettre « a », je soulève mon majeur et presse la lettre « c », j'écris le mot « action », etc.). Ces étapes peuvent être conçues comme autant d'actions intentionnelles. En effet, l'intention est présente *dans* l'action au sens où, lorsque j'agis, je sais, pour ainsi dire, ce que je fais et ce que j'ai en vue, même si je n'en ai pas constamment conscience[1]. C'est ainsi que Searle conçoit la présence nécessaire d'une intention dans l'action. Cette présence n'implique pas forcément la réussite ou la réalisation de mon intention. L'Intentionalité serait essentielle à l'action. Elle serait ce qui la distingue d'un simple mouvement. Sans l'idée d'une visée ou d'une connaissance de ce que je fais, on ne saurait distinguer l'action du simple mouvement.

Il y a quelque chose de juste dans cette idée qu'il appartiendrait, d'une façon ou d'une autre, à la notion d'action que celui ou celle qui agit sait dans une certaine mesure ce qu'il fait. Cependant, l'approche searlienne de l'Intentionalité et de cette connaissance de ce que je fais participe d'une vision problématique de la notion d'agent, dénoncée entre autres par Descombes[2] : ce serait *uniquement* sur la base d'une expérience interne purement subjective et donc en première personne qu'on identifierait l'action.

1. Anscombe dit quelque chose de très semblable lorsqu'elle remarque qu'on peut distinguer des étapes dans la réalisation d'une action, dont chacune peut être dite intentionnelle. Mais elle n'en tire pas la même analyse. Voir le quatrième chapitre à ce sujet.

2. V. Descombes, *La denrée mentale*, *op. cit.*, chap. 3 ; *Le complément de sujet*, Paris, Gallimard, 2004, chap. 2.

Bien sûr, nous sommes également censés reconnaître chez autrui une structure causale similaire, mais il n'en reste pas moins que, au cas par cas, l'agent aurait le dernier mot pour décider de l'intentionnalité de son action. La réponse décisive serait en première personne. Or, même en admettant l'existence d'une certaine expérience de l'action en première personne, l'idée que cette expérience, par définition inaccessible à autrui, définirait l'action – que c'est par le critère de sa présence qu'on déterminerait si oui ou non on a affaire à une action – est problématique.

En effet, nous avons admis que l'« action intentionnelle » a à voir avec une conscience d'agir spécifique caractérisée par un mode de connaissance spécial de l'agent vis-à-vis de ce qu'il fait. Mais il ne s'ensuit pas qu'à chaque fois que nous parlons des actions des gens et de leurs éventuelles intentions, il nous faille garantir d'une quelconque façon la présence d'une certaine expérience de l'action.

Wittgenstein pose à ce propos la question de savoir si c'est bien la reconnaissance en nous d'une certaine sensation (*Empfindung*) qui détermine si oui ou non on a agi[1]. Si c'est bien le cas, et si, comme le suggère Searle, c'est seulement par analogie que nous disons que les autres agissent, il faut se demander : « Comment *comparons-nous* ces expériences ? Qu'*établissons-nous* comme critère d'identité de leur apparition ? »[2]. En d'autres termes, si ce qui est censé fonctionner comme l'élément par lequel je reconnais que j'agis est quelque chose que moi *seul* peut sentir, comment puis-je jamais savoir que j'ai bien la bonne

1. *RP*, § 625 : « "Comment sais-tu que tu as levé le bras ?" – "Je le sens." Ce que tu reconnais est donc la sensation ? Es-tu sûr de la reconnaître correctement ? – Tu es sûr d'avoir levé le bras ; n'est-ce pas là le critère de la reconnaissance, sa mesure ? »

2. *RP*, § 322.

sensation, c'est-à-dire celle que Searle (et, par hypothèse, les autres) appelle(nt) « expérience de l'action »? Considérons brièvement à ce titre la fameuse image du scarabée dans la boîte de Wittgenstein :

> Supposons que chacun possède une boîte contenant ce que nous appellerons un « scarabée ». Personne ne pourrait jamais regarder dans la boîte des autres ; et chacun dirait qu'il ne sait ce qu'est un scarabée que parce qu'il a regardé le *sien*. – En ce cas, il se pourrait bien que nous ayons chacun, dans notre boîte, une chose différente. On pourrait même imaginer que la chose en question changerait sans cesse. – Mais qu'en serait-il si le mot « scarabée » avait néanmoins un usage chez ces gens-là ? – Cet usage ne consisterait pas à désigner une chose. La chose dans la boîte ne fait absolument pas partie du jeu de langage, pas même comme un *quelque chose* : car la boîte pourrait aussi bien être vide. – Non, cette chose dans la boîte peut être entièrement supprimée ; quelle qu'elle soit, elle s'annule. (*RP*, § 293)

L'expérience de l'action de Searle, c'est le scarabée dans la boîte, c'est *la* chose qui est censée faire la différence et qui pourtant ne peut pas jouer le rôle qu'elle est censée jouer dans la qualification de l'action. C'est « une roue qui tourne à vide [1] » dans la mesure où le fait qu'elle existe ou pas ne change rien à la façon dont nous parlons, car elle ne s'appuie sur aucun élément sur lequel nous accorder [2]. Nous ne pouvons en effet nous accorder sur la base de la seule expérience subjective, sur la nature phénoménale de

1. *RP*, § 271 : « Une roue que l'on peut faire tourner sans qu'elle entraîne le mouvement d'aucune autre pièce ne fait pas partie de la machine. »

2. Cf. *L'Intention*, § 25.

cette expérience. Celle-ci est incapable de fournir à elle seule un lieu où s'accorder.

L'analogie wittgensteinienne montre que, si le mot « scarabée » tenait *exclusivement* son sens de ce qu'il fait référence à cette chose purement interne à laquelle seul l'individu peut accéder en lui, alors le mot « scarabée » n'aurait simplement pas de sens, car ce sens pourrait changer tout le temps, d'une personne à l'autre ou d'un moment à l'autre chez une même personne. Personne ne pourrait *s'accorder* dessus puisque son sens ne reposerait sur rien de partageable, de commun, permettant de déterminer si et quand on est bien en présence du scarabée. On aura reconnu ici l'un des tenants de l'argument dit « du langage privé ».

Le problème est exactement le même avec l'expérience de l'action. Cette expérience est censée être un composant essentiel de l'action qui détermine de manière décisive si, oui ou non, un certain mouvement est une action. Cependant, cette expérience est censée être une expérience consciente purement subjective à laquelle seul celui qui en est le sujet a accès. Il est donc par définition impossible de déterminer si ce qu'un autre appelle « expérience de l'action » est bien ce dont je parle lorsque je désigne mon expérience de l'action, ni même de dire si ce que je désigne comme mon expérience de l'action est à chaque fois la même chose (ou quelque chose de différent), puisqu'il n'y a pas de comparaison possible.

Le problème est donc que si cette expérience est censée, du seul point de vue de celui qui en fait l'expérience, déterminer ce qu'est une action, alors, nous n'avons en fait aucun moyen de nous accorder sur ce qu'est une action. Mais s'il faut que nous nous entendions au préalable sur ce qu'est une action pour être en mesure de dire si, oui ou non, nous avons fait l'expérience de l'action, c'est que cette expérience de l'action n'est pas l'élément *déterminant* qu'il prétend être dans la qualification d'une occurrence comme action et pourrait tout aussi bien être absent.

Reste que nous ne voulons pas non plus dire qu'il ne peut pas y avoir quelque chose comme une expérience de l'action, seulement qu'une pure expérience subjective ne saurait à elle seule faire la différence. Autrement dit, soit notre reconnaissance d'une action repose sur des éléments objectifs sur lesquels s'accorder – auquel cas l'expérience de l'action est une roue qui tourne à vide – soit le concept d'action perd son sens, puisqu'un mot ne peut acquérir un sens du seul point de vue de ma propre expérience. L'expérience de l'action ne peut pas à la fois être une expérience purement subjective, non-partageable et fonctionner comme *le* critère objectif d'identification de l'action. C'est pourtant bien ce double rôle que voudrait lui faire jouer Searle.

SAVOIR CE QUE JE FAIS ET SAVOIR QUE J'Y PARVIENS

L'approche searlienne de l'expérience de l'action introduit ce que Descombes appelle une « solution dualiste » à la question de savoir *ce que* je connais lorsque je sais ce que je fais. Cette solution dualiste consiste à dire que ce que je connais alors n'est pas vraiment, contrairement à ce que voudrait Anscombe, *ce qui se passe* (mon action effective), mais *mon action telle que je la conçois*[1].

Là où Anscombe conçoit le rapport entre intention et action comme une relation d'ordre conceptuel, Searle y voit une relation naturelle ou phénoménale. Selon lui

1. V. Descombes, « Comment savoir ce que je fais ? », art. cit., p. 21.

l'intention correspond à un contenu phénoménal de l'action : l'intention dans l'action est un composant de cette dernière au sens propre (au sens où l'oxygène est un composant de l'eau), l'autre composant étant un mouvement physique ou un acte mental [1]. Anscombe voit plutôt dans les rapports entre intention et action un lien purement logique ou grammatical. Autrement dit, cette relation constitue selon elle un trait important de notre langage ; ces notions doivent être comprises l'une par rapport à l'autre et ne peuvent être envisagées séparément si nous voulons en avoir une vision synoptique.

En effet, la plupart du temps, lorsque nous décrivons les actions de quelqu'un, nous décrivons (ou nous lui attribuons implicitement) une ou certaines intentions. C'est le sens de la remarque précitée : « si vous voulez dire quelque chose d'à peu près exact sur les intentions de quelqu'un, une bonne manière d'y arriver sera d'indiquer ce qu'il a effectivement fait ou ce qu'il est en train de faire » [2]. Searle reconnait l'importance de ce trait de notre langage, mais tandis que pour Anscombe cette remarque coupe court à l'ambition de naturaliser l'intention, pour lui, elle est en fait le reflet d'un lien plus profond, naturel ou phénoménal, entre action et intention. Pour Searle, notre langage reflète ici une réalité phénoménale, et même physiologique, puisque l'Intentionalité serait une production directe de notre physiologie (de notre cerveau).

1. Par « acte mental », Searle comprend un type d'action qui n'engagerait pas de mouvement physique de la part de l'agent, comme « rester tranquille », « arrêter de faire tant de bruit », « m'abstenir d'insulter Dupont », « former une image mentale », etc. – John R. Searle, *L'Intentionalité*, *op. cit.*, p. 129-130.

2. *L'Intention*, § 4, p. 42.

Ce désaccord fait écho à la distinction entre Anscombe et Anscombe Transformée, entre l'entreprise naturalisante searlienne, qui envisage l'action et l'intention comme des phénomènes naturels sur lesquels se penchent les philosophes et les scientifiques, et l'entreprise grammaticale anscombienne qui vise à penser l'intrication de la catégorisation conceptuelle et de l'analyse des phénomènes, dans la mesure où cette catégorisation détermine les moyens employés pour aborder des types de phénomènes. De ce point de vue, l'intention et l'action ne peuvent être considérées comme des catégories unifiées et identifiables de manière pré-linguistique, qu'on pourrait placer sous un microscope pour en découvrir la nature. Anscombe est sur ce point en parfait accord avec Austin lorsqu'il affirme :

> Il y a en effet, à l'arrière plan, l'idée vague et rassurante que, après tout, en dernière analyse, accomplir une action doit revenir à faire des mouvements physiques avec des parties du corps ; mais c'est à peu près aussi vrai que d'affirmer que, en dernière analyse, dire quelque chose reviendrait à faire des mouvements avec la langue. (…) Pareillement (…) nous tombons dans le mythe du verbe. Nous ne traitons plus l'expression « faire une action » comme désignant un verbe avec un sujet (…) mais comme une description auto-explicative et fondamentale, une description qui dévoilerait avec justesse les traits essentiels de tout ce à quoi, par simple inspection, elle se rapporte [1].

Cette remarque d'Austin met exactement le doigt sur ce qui pèche dans l'approche searlienne et dans la philosophie de l'action *mainstream*. C'est-à-dire cette idée, critiquée au premier chapitre, qu'on pourrait bâtir une

1. J.L. Austin, « Plaidoyer pour les excuses », art. cit., p. 139-140 – trad. mod.

ontologie primitive, pré-linguistique de l'action, ou que l'action pourrait être prise comme un objet déjà-là que les humains découvrent et étiquettent. Et c'est en partant de l'idée qu'une action serait un objet pré-unifié qu'on aboutit à l'idée qu'il faudrait en dégager les composants ultimes pour en découvrir la véritable nature. C'est précisément contre cette approche qu'Anscombe se positionne en abordant la question de l'action *en termes de langage*.

Mais, dès lors, on est véritablement en droit de se demander de quelle façon la notion de connaissance sans observation peut intervenir sans que l'entreprise d'Anscombe ne redevienne une description phénoménale de l'action intentionnelle. Il n'est pas étonnant que ses lecteurs, dont Searle, l'aient comprise ainsi. Il convient donc de revenir au point de divergence entre Anscombe et AT. Pour le comprendre, voyons ce que dit Searle :

> [L]a connaissance de ce qu'on est en train de faire, prise en ce sens – dans le sens où elle ne garantit pas que l'on sache qu'on est en train de réussir et où elle ne dépend pas de quelque observation faite sur soi même –, résulte de façon caractéristique du fait qu'une expérience consciente de l'action inclut la conscience des conditions de satisfaction de l'expérience [1].

Bien que Searle ne fasse pas ici explicitement référence à Anscombe, il parle bien du même type de phénomène qu'Austin et Anscombe lorsqu'il décrit ainsi la connaissance non-observationnelle de ce qu'on est en train de faire. Une fois encore, nous pouvons nous entendre sur une formulation non problématique de cette remarque : je n'ai normalement pas besoin de m'observer en train d'agir pour savoir ce que je suis en train de faire. En revanche, pour savoir ce

1. John R. Searle, *L'Intentionalité*, *op. cit.*, p. 115-116.

que fait autrui (et aussi quelles sont ses intentions), je dois l'observer en action ou lui demander ce qu'il fait si cela n'est pas évident.

Mais Searle opère le geste dualiste qui le conduit à distinguer « savoir ce qu'on fait » et « savoir qu'on réussit à le faire », en indiquant que le premier ne garantit pas le second. En d'autres termes, savoir ce qu'on fait sans observation serait une connaissance de ce qu'il faudrait qu'on soit en train de faire pour réussir à faire ce qu'on a l'intention de faire – les *conditions de satisfaction* de l'expérience de l'action – et non pas une simple connaissance de ce qu'on fait *réellement*. Ainsi, « savoir ce qu'on fait » ne s'entendrait pas littéralement. Ce ne serait pas à proprement parler une connaissance de *ce qui se passe*, de ce qu'on est en train de faire, mais seulement de *ce qu'il faudrait qu'il advienne* pour que l'expérience de l'action qu'a l'agent (son intention, ses plans, ses désirs, ses projets, etc.) soit satisfaite, ou encore, pour qu'il soit bien en train de faire ce qu'il sait être en train de faire.

La distinction de Searle entre la connaissance des conditions de satisfaction de l'expérience de l'action (« savoir ce qu'on fait sans observation ») et la connaissance forcément observationnelle de ce qui se passe introduit en fait un dualisme entre l'esprit et le monde sur lequel ne repose pas le savoir pratique d'Anscombe. Au contraire, c'est précisément dans l'abandon de ce dualisme entre l'esprit et le monde que se trouve la force de son concept de connaissance sans observation qui caractérise le savoir pratique. C'est cette différence fondamentale entre l'approche searlienne et l'approche anscombienne que je vais aborder à présent à travers deux idées centrales : premièrement, l'idée que la connaissance sans observation n'est pas tributaire du dualisme de l'esprit et du monde et que, par conséquent, il ne s'agit pas d'une connaissance de pures intentions ou de quoi que ce soit de l'ordre de la pure Intentionalité (comme chez Searle, celle des conditions de satisfaction d'une intention), détachée de l'action elle-même ; deuxièmement, l'idée corrélative selon laquelle la notion searlienne de « direction d'ajustement » ne s'applique pas – contrairement à ce qu'un certain nombre de lectures laissent penser[1] – au modèle anscombien de la connaissance pratique.

L'ERREUR THÉORIQUE ET L'ERREUR PRATIQUE

Savoir ce qu'on fait laisse ouverte la possibilité de se tromper sur ce qu'on fait, la possibilité que ce savoir soit erroné. Cette possibilité de l'erreur justifie qu'on puisse parler de connaissance et pas seulement d'un « pouvoir dire que ». Or, cette distinction entre connaissance et compétence est effacée chez Searle, car ce qu'on connaît sans observation, c'est ce qu'on est en train d'*essayer* de faire, ce sont les « conditions de satisfaction d'une présentation d'un certain type ». Autrement dit, c'est quelque chose qu'on a en tête, qui se distingue de ce qui a effectivement lieu (et qui va déterminer si on réussit ou pas à faire ce qu'on a en tête). Ainsi, selon le modèle searlien, je sais ce que je fais indépendamment du fait que je réussis ou non à le faire, et je peux me tromper quant à

1. Voir par exemple, John R. Searle, « Taxinomie des actes illocutoires », trad. J. Proust, dans *Sens et expression*, Paris, Minuit, 1982, p. 39-70 ; M. Platts *Ways of Meanings* ; P. Engel « Niveaux du mental : subdoxa, doxa, metadoxa et surdoxa », dans J. Proust, E. Pacherie (éd.), *Philosophie Cognitive*, Paris, Ophrys, p. 71-84, D. Velleman « The Guise of the Good », *Noûs*, vol. 26, n°1, 1992, p. 3-26 ; I.L. Humberstone « Direction of Fit », *Mind*, New Series, vol. 101, n° 401, 1992, p. 59-83.

la question de savoir si je réussis à le faire. Supposons, par exemple, que, *à ma connaissance*, je pompe l'eau pour remplir la citerne qui alimente une maison en eau, mais qu'*en réalité*, le tuyau d'eau qui va de la pompe à la citerne soit percé. Alors je sais que je suis en train de pomper pour remplir la citerne, mais j'ignore si je réussis à le faire (en l'occurrence, ce n'est pas le cas). Nous pourrions donc distinguer la connaissance de son action, telle que l'agent la conçoit, de la connaissance de ce qu'il fait effectivement (de son action effective).

Pour comprendre cette nuance et ce qui distingue cette approche de celle d'Anscombe, revenons à une importante distinction posée par cette dernière et souvent mal comprise :

> Considérons maintenant le cas d'un agent qui dit ce qu'il est en train de faire au moment présent. Supposons que ce qu'il dit ne soit pas vrai. Cela peut arriver pour la raison que sa déclaration ne pouvait être vraie qu'à certaines conditions, et que, sans qu'il le sache, une des conditions n'est pas remplie ; comme lorsque à l'insu de notre homme qui pompe, il y a un trou dans le tuyau. Mais, comme je l'ai dit (…) on peut dire que sa déclaration tombe à l'eau (…), ce n'est pas une contradiction directe. Mais n'est-il pas possible d'envisager un autre cas où, *tout simplement*, un homme ne fait pas ce qu'il dit ? Comme lorsque je me dis à moi-même « Maintenant, j'appuie sur le bouton A », tout en appuyant sur le bouton B – c'est une chose qui peut certainement arriver. J'appellerai cela la falsification *directe* de ce que je dis. Et ici, pour reprendre l'expression de Théopraste, l'erreur n'est pas une erreur de jugement, mais de performance. C'est-à-dire qu'on *ne* dit *pas* « Ce que vous avez *dit* était une erreur, parce que vous étiez supposé décrire ce que vous faisiez, et ne l'avez pas décrit », mais : « Ce que vous avez *fait* était une erreur, parce que ce n'était pas

en accord avec de que vous avez dit ». (*L'Intention*, § 32, p. 107-108, trad. mod.)

Dans ce passage, Anscombe reprend une distinction centrale pour comprendre la nature de la connaissance pratique et la façon dont celle-ci peut être remise en cause : il s'agit de la différence entre *erreur de jugement* et *erreur de performance*. L'erreur de jugement concerne un *état de choses*, un fait historique, etc. ; je peux, par exemple, me tromper quant au fait qu'il pleut. L'erreur de performance quant à elle concerne l'*action* : je dis que je fais A, mais je me trompe d'action et fais B à la place.

Or, le type de décalage auquel pense Searle lorsqu'il distingue « savoir ce qu'on fait » de « savoir qu'on réussit » est davantage de l'ordre de l'erreur de *jugement* que de l'erreur *pratique* ou de performance. Ce n'est pas une « contradiction directe ». En effet, les exemples suivants illustrent des erreurs de jugement : quand je déclare que je remplis la citerne, alors que l'eau s'échappe par un trou dans le tuyau qui l'alimente[1] ; quand je ferme les yeux et écris quelque chose, je peux dire que j'écris sans regarder, mais s'il n'y a plus d'encre dans mon stylo, je ne suis pas en train d'écrire quoi que ce soit[2] ; quand je déclare que je fais dix copies carbones de ma signature, alors qu'en fait je n'appuie pas assez sur mon stylo[3]. Ici, je déclare faire une chose mais j'échoue à la réaliser parce que quelque chose m'en empêche ; ce qui entraîne bien un décalage entre ce que je dis et prétends savoir être en train de faire, d'une part, et ce que je fais ou ce qui se passe réellement, d'autre part.

1. *L'Intention*, § 23, p. 85.
2. *Ibid.*, p. 103.
3. D. Davidson, « Avoir une intention », art. cit., p. 131.

Cependant, il ne s'agit pas encore d'une erreur de performance au sens propre : en effet, je ne me trompe pas d'action; je suis bien en train d'effectuer l'action que je dis être en train d'effectuer, mais celle-ci est empêchée : un imprévu, un obstacle, un fait que j'ignore, m'empêche de mener mon action à son terme. Ainsi, en raison d'une *erreur de jugement* relative aux circonstances, ce que je décris comme mon action n'a pas lieu. Ici, la source de l'erreur n'est pas dans mon action mais dans les circonstances de l'action que j'aurais mal *jugées* ou que j'ignorais et qui m'empêchent de réaliser pleinement mon action. Dès lors, il me faudra admettre rétrospectivement que, par exemple, à cause du trou dans le tuyau, je n'ai pas vraiment rempli la citerne, même si en un certain sens j'étais bien en train de remplir la citerne : *à ma connaissance* je faisais ce qu'il fallait, mais quelque chose m'en empêchait. Si je veux réussir, il me faudra réviser mon jugement pratique et modifier mon action en conséquence; par exemple, boucher le trou du tuyau, changer de stylo, etc. avant de me remettre à la tâche. Voici comment Descombes caractérise cette « erreur de jugement » ou « erreur théorique » :

> Il arrive que le nom écrit ne soit pas bien orthographié ou que le mur ne soit pas peint correctement parce que l'agent ne savait pas ce qu'il devait faire : dans ce cas, Anscombe parle d'une « erreur théorique », car le défaut est dans le jugement ou la conception de ce qui est à faire[1].

En revanche, l'erreur de performance ou pratique ne porte pas sur un jugement erroné quant aux circonstances ou aux modalités de l'action, ou sur le fait qu'un obstacle m'empêche de mener mon action à bien. On parle d'erreur

1. V. Descombes, « Comment savoir ce que je fais ? », art. cit., p. 20.

de performance lorsque l'agent dit ou pense faire une chose et *se trompe d'action* :

> En revanche, nous considérons (...) le cas d'un agent qui sait ce qu'il doit faire et qui croit justement le faire, mais qui, par maladresse, mauvaise coordination de ses gestes ou négligence, se trompe dans l'exécution. En qualifiant l'erreur de pratique, on veut dire que c'est la performance qu'il faut corriger pour l'accorder à l'énoncé de ce qui est à faire, et non l'énoncé pour le mettre en conformité avec les choses telles qu'elles sont [*L'intention*, § 32][1].

Par exemple, je prends de la margarine au lieu de prendre du beurre[2] ; j'appuie sur le bouton B en déclarant appuyer sur le bouton A[3] ; je suis au volant et dis : « Maintenant je tourne à gauche » tout en tournant à droite ; dans tous ces cas, je *fais* quelque chose qui falsifie, va à l'encontre de ce que je dis être en train de faire (ou avoir l'intention de faire). Or, c'est précisément cette erreur de performance ou erreur pratique qui a souvent été mal comprise et dont Searle n'offre aucun traitement particulier.

La connaissance de ce que je fais est pourtant une connaissance au sens *littéral* de ce que je fais. Comme pour tout type de connaissance, je peux ainsi me tromper sur ce que je fais parce que j'ai mal jugé les circonstances, par exemple, je n'ai pas vu que le tuyau était percé ; c'est une erreur de jugement. Si je commets une telle erreur de jugement, ce qui est en cause n'est pas directement ma connaissance pratique de ce que je fais, mais mon appréhension de la situation ou ma connaissance des

1. V. Descombes, « Comment savoir ce que je fais ? », art. cit., p. 20.
2. *L'Intention*, § 32, p. 107.
3. *Ibid.*, p. 108.

circonstances. Rétrospectivement, on dira alors que j'ai *échoué* à faire ce que j'étais en train de faire.

Mais je peux aussi me tromper d'action, dire que je fais une chose (tourner à droite) et en faire une autre (tourner à gauche). Dans ce cas, je n'ai pas mal jugé les faits, j'ai commis une erreur de performance. Seule l'erreur de performance falsifie *directement* ma déclaration que je suis en train de faire telle ou telle chose. Autrement dit, si j'ai mal jugé des faits, cela peut falsifier ma déclaration que je suis en train de faire A, mais la falsification est *indirecte*, puisque j'ai fait, à ma connaissance, ce qu'il fallait (et il se trouve que j'ignorais certains faits, ou qu'un obstacle s'est présenté). Par contre, si je me trompe d'action, la falsification est *directe*, je ne fais tout simplement pas ce que je déclare être en train de faire. Ce que je connais alors n'est donc pas (ou pas seulement) – contrairement à ce qu'en dit Searle – un état d'esprit (mon action telle que je la conçois en intention), mais une action. Ce savoir ne porte pas sur le contenu d'un état d'esprit censé coïncider avec un état de choses, mais bien sur un état de choses.

L'Objet de la connaissance pratique

Ainsi, quand nous savons ce que nous faisons sans observation, l'objet de notre connaissance n'est pas différent de celui qui est connu par l'observation de ce que nous faisons. *L'objet* de la connaissance, avec ou sans observation, est bien *ce qui est fait*, l'action. Il n'est ni une intention pure, ni les mouvements de mon corps, ni les conditions de satisfaction de mon expérience de l'action. Anscombe refuse ainsi la « solution dualiste » de Searle.

« Je *fais* ce qui *se passe* » ; autrement dit, *ce qui se passe* n'est pas différent de *ce que je fais*, sauf erreur de ma part ou présence d'un fait inattendu. Cela ne vaut, bien entendu, que si l'on admet qu'une action est toujours considérée *sous une description*, c'est-à-dire qu'on ne peut individualiser l'action ni l'envisager en dehors de la description sous laquelle elle est une action[1]. En d'autres termes, je ne fais ce qui ce passe que dans la mesure où ce qui se passe est exprimé par une description de ce que je fais et pas simplement par une description quelconque de ce qui se passe par ailleurs. Par exemple, si j'ouvre la fenêtre, ce qui se passe est que j'ouvre la fenêtre :

> Je *fais* ce qui *se passe*. Si la description de ce qui se passe est cela même dont je dirais que je le fais, il n'y a aucune distinction entre mon action et la chose qui arrive. (*L'Intention*, § 29, p. 102, trad. mod.)

La coïncidence entre ce que je fais et ce qui se passe n'est en rien fortuite[2] ; ce n'est pas comme si, par un heureux hasard, l'état des choses coïncidait avec ce que j'ai l'intention de faire. C'est pourtant bien ceci que suggère le dualisme de l'esprit et du monde selon lequel mon esprit viserait un état de choses qui serait ou non réalisé. Puisque ce dualisme implique que la coïncidence entre l'intention et l'action demeure contingente.

Il y a bien sûr tout un ensemble de choses qui, par ailleurs, se passent et qui ne coïncident pas avec ce que je fais, d'où l'importance de la *description* sous laquelle ce que je fais et ce qui se passe sont envisagés. Car, rappelons-le,

1. *Cf.* chap. IV, p. 248.

2. Voir L. Wittgenstein, *Tractatus Logico Philosophicus*, London, Routledge & Kegan Paul, 1922 .373, 6.374, trad. fr. G.-G. Granger, Paris, Gallimard, 1993 : « Le monde est indépendant de ma volonté » « Même si tous nos vœux se réalisaient, ce serait pourtant seulement, pour ainsi dire, une grâce du Destin, car il n'y a aucune dépendance logique entre le vouloir et le monde »– cité in *L'Intention*, § 29, p. 102.

la description sous laquelle je sais ce que je fais est ici une description sous laquelle mon action est *intentionnelle*. Ce que je sais être en train de faire – par exemple que je suis assise à cette table en train d'écrire – n'est donc pas *n'importe quelle* chose que je pourrais être en train de faire à ce moment-là : par exemple, il est aussi possible que, ce faisant, j'affecte les propriétés acoustiques de la pièce. J'envisage en effet toujours ce que je fais *sous une certaine description* et la description qui nous intéresse est une description sous laquelle mon action est intentionnelle [1]. Ainsi, la connaissance sans observation de ce que je fais est littéralement une connaissance de ce qui se passe (dans la mesure où ce qui se passe est nécessairement envisagé sous une certaine description) et c'est une connaissance de ce qui se passe sous une description sous laquelle ce qui se passe est une action intentionnelle.

Or, la plupart du temps, au moins une des descriptions sous lesquelles je sais ce que je fais sera la même que celle sous laquelle autrui l'envisage : si, par exemple, tandis que je suis assise à cette table en train d'écrire, une personne entrait dans la pièce et déclarait spontanément que mon action consiste à affecter les propriétés acoustiques de la pièce, « alors la communication entre nous serait sérieusement compromise » [2]. Autrement dit, c'est sur l'ensemble des circonstances, la reconnaissance de formes de vie aux habitudes particulières, que repose la détermination de ce que je fais. La plupart du temps, la question de savoir ce que je fais n'est pas plus problématique pour autrui que pour moi-même.

1. Que nous pouvons contraster, nous l'avons vu au chapitre précédent, avec la connaissance que nous avons de nos mouvements réflexes ou encore d'une cause mentale.

2. *L'Intention*, § 4, p. 43.

Certes, il se peut parfaitement que, tandis que je suis assise à mon bureau en train d'écrire, j'affecte les propriétés acoustiques de la pièce et dérange ainsi ma sœur, ou que j'use le clavier de mon ordinateur; peut-être suis-je même en train de faire cuire un poulet pour le déjeuner? Il y a tout un ensemble de choses qu'on pourrait dire que je suis en train de faire tandis que je suis assise là à mon bureau, mais les descriptions que je donnerais spontanément si on me demandait ce que je suis en train de faire sont celles sous lesquelles mon action est intentionnelle, et ce sont aussi des descriptions de ce qui se passe, c'est-à-dire des descriptions qu'autrui donnerait de mon action (pourvu qu'il ait suffisamment d'informations sur les circonstances). Ce rôle de la troisième personne permet de commencer à esquisser les raisons pour lesquelles ce n'est pas la seule parole de l'agent – ce que je dis que je fais – qui compte pour déterminer ce qu'elle ou il fait, mais plutôt l'action prise dans des circonstances.

Bien sûr, refuser la solution dualiste ne doit pas revenir à nier qu'un décalage entre ce que je crois être en train de faire et ce que je fais réellement puisse exister. Mais Searle fonde sur la possibilité de ce décalage l'idée que l'objet de ma connaissance n'est pas vraiment ce qui se passe, mais plutôt une certaine *image* ou *représentation* de ce qui se passe, un état de choses visé, les conditions de satisfaction de mon intention.

En effet, pour ce dernier, s'il est possible que mon action échoue, c'est parce qu'il y a un fossé entre ma connaissance (sans observation) de ce que je suis en train de faire (ce que j'ai l'intention d'être en train de faire) et ce que je fais effectivement. Autrement dit, dans la mesure ou ma connaissance de ce que je fais ne *garantit* pas que je réussisse, il faudrait distinguer un certain état conscient de l'esprit – la « conscience des conditions de satisfaction de cette expérience [de l'action] », c'est-à-dire ce qu'il faudrait qu'il advienne pour que mon intention (mon action projetée) soit satisfaite –, d'un certain état de choses – mon action, ce qui se passe de fait dans le monde (qui détermine si oui ou non j'ai réussi mon action). Cette distinction est au cœur de la notion de direction d'ajustement que Searle, contrairement à Anscombe, applique à l'action.

Les directions d'ajustement

Les expressions d'intention ont cette particularité de ne pas seulement concerner un certain état d'esprit présent, mais de porter également sur un événement futur, et plus spécifiquement sur une action future [1]. De ce point de vue, la vérité d'une expression d'intention peut être évaluée au regard de sa réalisation : elle peut être contredite non seulement si elle est insincère (contraire à ce qu'on pense vraiment) mais aussi si elle est une prédiction erronée. Saga peut sincèrement, à un moment donné, avoir l'intention d'aller au Japon, mais elle peut avoir tort en disant qu'elle ira effectivement. Or, nous venons de voir qu'il y a dans ce cas plusieurs façons de se tromper :

> Si je ne fais pas ce que j'ai dit, ce que j'ai dit n'était pas vrai (bien que ma sincérité puisse ne pas être en cause). [...] Cette fausseté ne met pas forcément en cause ce que j'ai dit. Dans certains cas, on met pour ainsi dire en cause les faits parce qu'ils ne coïncident pas avec les mots, plutôt que le contraire. C'est parfois le cas quand je change d'avis ; mais c'est également le cas lorsque par exemple j'écris quelque chose d'autre que ce que je pense

1. Ceci est notamment noté par Wittgenstein; voir *RP*, § 630 *sq*. *Cf.* chap. I, p. 76 *sq*.

> écrire : comme le dit Théopraste (*Magna Moralia*, 1189 b 22) l'erreur est dans l'action et non pas dans le jugement. (*L'Intention*, § 2, p. 38)

Ainsi, mon expression d'intention peut s'avérer fausse (i) si je change d'avis ou si quelque chose m'empêche de mener mon action à bien ou (ii) si, par erreur, j'effectue la mauvaise action. Dans les deux cas, les faits ne coïncident pas avec les mots, ce que je dis ou ai dit ne correspond pas à ce qui a lieu. Si je ne fais pas ce que j'ai dit parce que je change d'avis, il n'y a pas à proprement parler d'erreur pratique. Je ne me suis pas trompée au sujet de ce que j'allais faire, j'ai simplement renoncé à le faire. Ceci met en évidence une des dimensions de l'expression d'intention qui la distingue du « pronostic » classique, à savoir le fait que sa réalisation *dépend de moi*, est en mon pouvoir, engage ma responsabilité[1]. Si je suis empêchée de réaliser mon action (si le tuyau est percé ou que mon stylo ne marche pas), c'est une autre dimension de la fragilité de l'action qui apparaît : le fait qu'elle dépend de la contingence des circonstances. Il y a un certain nombre de choses que je dois savoir au sujet des circonstances pour savoir que mon action réussit.

Mais dans ces cas-ci, il n'y a pas encore de « contradiction directe » de mon jugement pratique. En un certain sens, je suis bien en train de faire ce que je veux faire : pomper la citerne, écrire « Je suis une sotte » au tableau, etc. J'effectue les bons gestes, la bonne action, je fais ce qu'il faut. Cependant, en un autre sens, je ne *parviens* pas à réaliser mon action, bien que l'action elle-même ne soit pas directement en cause, mais seulement les circonstances et mon jugement quant aux circonstances. Il existe

1. *L'Intention*, § 2, p. 37.

effectivement une sorte de situation paradoxale, à laquelle Searle se rapporte, où je fais et ne fais pas ce que j'ai l'intention de faire ; où je le fais au sens où j'effectue les bons gestes, mais où je ne le fais pas au sens où les circonstances m'empêchent de réussir. Dans ce cas, mon savoir pratique est effectivement remis en cause par ma méconnaissance des circonstances dans lesquelles j'agis.

Mais, comme je l'ai souligné, le cas central pour comprendre la spécificité de l'erreur pratique est celui où c'est mon *action* qui est directement en désaccord avec ce que j'ai l'intention de faire. Or, comme l'ont montré Moran et Stone, cette distinction entre l'erreur de jugement et l'erreur de performance a conduit à une sorte de présupposition générale, parmi un certain nombre de philosophes du langage et de l'action, selon laquelle Anscombe serait à l'origine de la thèse, popularisée notamment par Searle, que les états mentaux auraient deux « directions d'ajustement ».

Engel, entre autres, parle de « la célèbre distinction Anscombe-Searle entre les états mentaux qui ont une direction d'ajustement esprit-monde ou monde-esprit[1]. » Velleman[2] reprend également à son compte l'expression

1. P. Engel, « Niveaux du mental : subdoxa, doxa, metadoxa et surdoxa », art. cit., p. 77.

2. J.D. Velleman, « The Guise of the Good », art. cit., p. 8 (voir également note 14, p. 22) : « Le terme de "direction d'ajustement" se réfère aux deux façons différentes dont les attitudes peuvent relier des propositions au monde. Dans les attitudes cognitives, une proposition est saisie comme modelée sur le monde, tandis que dans les attitudes conatives, une proposition est saisie comme un modèle que doit suivre le monde. L'objet propositionnel du désir n'est pas regardé comme un fait – c'est-à-dire pas comme un *factum*, qu'on aurait fait advenir – mais comme un *faciendum*, à faire advenir, il n'est pas conçu comme vrai mais comme ce qui doit être rendu vrai. »

en faisant notamment référence à Anscombe (mais aussi à Searle[1] et à Mark Platts[2]). Cependant, ajoutent Moran et Stone « l'approche fonctionnaliste contemporaine du désir en termes de "directions d'ajustement" entre l'état d'une personne et le monde n'apparaît pas chez Anscombe, bien qu'il lui soit largement attribué[3]. » En fait, d'après eux, nous trouvons l'origine de cette interprétation chez Platts en 1979[4] :

> Miss Anscombe, dans son œuvre sur l'intention, a établi une vague distinction entre deux sortes d'états mentaux, la croyance factuelle étant l'exemple principal de l'une d'elle et le désir un exemple principal de l'autre (*L'Intention*, § 2). On fait la distinction en termes de directions d'ajustement des états mentaux avec le monde. Les croyances visent le vrai et leur vérité consiste en leur ajustement au monde ; (...) les croyances doivent être modifiées pour s'ajuster au monde et non le contraire. Les désirs visent à être réalisés, et leur réalisation consiste dans l'ajustement du monde à eux-mêmes. (...) [L]e monde doit, pour ainsi dire, être modifié pour s'ajuster à nos désirs et non l'inverse[5].

Ainsi, nous retrouvons le chemin qui conduit la philosophie de l'action d'Anscombe à Anscombe Transformée, puisque d'après le modèle des directions d'ajustement, jugement et intention deviennent des états mentaux : le jugement devient croyance et l'intention

1. John R. Searle, *L'Intentionalité*, *op. cit.*, p. 22 *sq*.
2. M. Platts, *Ways of Meaning*, *op. cit.*, p. 256-257.
3. R. Moran, M. Stone, « Anscombe sur l'expression des intentions », art. cit., p. 64.
4. C'est aussi à Platts que Lloyd Humberstone fait référence dans son article « Direction of Fit » où il remarque également que la distinction n'est pas à proprement parler celle d'Anscombe.
5. M. Platts, *Ways of Meaning*, *op. cit.*, p. 256-257.

devient désir. Dès lors, ces états mentaux entretiennent une certaine relation avec le monde : soit ils coïncident ou s'ajustent (*fit*), soit ils ne coïncident pas. Ainsi, dans l'erreur de jugement, ce serait ma croyance qui n'est pas ajustée au monde – l'état de choses cru ne coïncide pas avec l'état de choses réel – et dans l'erreur de performance ce serait le monde qui ne coïnciderait pas avec mon désir – l'état de choses visé ne coïncide pas avec l'état de choses réalisé.

En réalité, avant même que Platts ne le fasse, c'est Searle qui avait établi cette distinction dans le cadre, d'abord, de sa théorie des actes de langage[1] en faisant appel au fameux exemple du paragraphe 32 de l'*Intention*, selon lui, « la meilleure illustration de cette distinction[2] » :

> Supposons qu'un homme aille au supermarché ; sur la liste des commissions préparée par sa femme, sont écrits les mots : « haricots, beurre, lard et pain ». Supposons que tandis qu'il pousse son chariot dans les rayons en quête de ces articles, il soit filé par un détective qui note tout ce qu'il prend. À la sortie du magasin, l'acheteur et le détective auront tous deux une liste identique. Mais la fonction des deux listes sera tout à fait différente. Dans le cas de la liste de l'acheteur, le but de la liste est, pour ainsi dire, de rendre le monde conforme aux mots ; l'homme est censé faire en sorte que ses actions correspondent à la liste. Dans le cas du détective, le propos de la liste est de rendre les mots conformes au monde ; l'homme est censé faire en sorte que la liste corresponde aux actions de l'acheteur. On peut prolonger cette démonstration en observant le rôle de l'« erreur »

1. On trouve aussi l'expression « direction of fit » en un sens différent dans l'article d'Austin de 1952, « Comment parler », *Écrits philosophiques*, p. 113-135.

2. John R. Searle, « Taxinomie des actes illocutoires », dans *Sens et expression*, *op. cit.*, p. 41.

> dans les deux cas. Si le détective, de retour chez lui, se rend compte brusquement que l'homme a acheté des côtes de porc et non pas du lard, il peut simplement gommer le mot « lard » et écrire « côtes de porc » à la place. Mais si l'acheteur, de retour chez lui, s'attire les reproches de sa femme parce qu'il a acheté des côtes de porc au lieu du lard, il ne peut pas réparer son erreur en gommant « lard » de la liste et en écrivant « côtes de porc »[1].

Searle reprend ici presque à l'identique l'exemple de l'*Intention*, à cette différence près que l'erreur, dans l'exemple original, porte sur le beurre. Toutefois, pour Anscombe, l'erreur de l'acheteur est une erreur de performance et l'erreur du détective une erreur de jugement, tandis que pour Searle, c'est dans un cas le monde qui doit s'accorder au contenu propositionnel (la direction d'ajustement va du monde aux mots) et dans l'autre, c'est l'inverse (la direction d'ajustement va des mots au monde.) Il ne fait pas de distinction *dans le cas de l'action* entre l'erreur de jugement (qui porte sur les circonstances de l'action ou la conception de ce qui est à faire) et l'erreur de performance (où l'agent sait exactement ce qu'il doit faire et se trompe simplement d'*action*).

Rien ne conduit cependant à penser que Searle attribue la thèse des directions d'ajustement à Anscombe (ce qui sera fait par la suite), même s'il reprend à son compte l'exemple de celle-ci pour illustrer son propos. En revanche, Searle ira plus loin dans l'élaboration de cette thèse puisqu'en 1983, dans l'*Intentionalité*, la thèse ne porte plus seulement sur un rapport des mots au monde, mais

1. John R. Searle, « Taxinomie des actes illocutoires », art. cit., p. 41-42.

est censée modéliser les rapports entre des états mentaux et le monde et devient une remarque d'ordre psychologique. Autrement dit, c'est là qu'elle figure sous la forme décrite plus haut par Platts. Elle éclaire la solution dualiste de Searle :

> Du point de vue de l'Intentionalité, les différences entre l'expérience visuelle et l'expérience de l'action portent sur la direction d'ajustement et la direction de causalité : l'expérience visuelle est à l'égard de la table dans une direction d'ajustement qui va de l'esprit au monde. S'il n'y a pas de table, on dit que je me suis trompé, ou que j'ai eu une hallucination, ou autre chose de semblable. (...) Mais dans le cas de l'expérience de l'action, la composante Intentionelle a une direction d'ajustement qui va du monde à l'esprit. Si j'ai cette expérience mais si l'événement ne se produit pas, on dit, par exemple que j'ai *échoué* à lever le bras, ou que j'ai *essayé* de lever le bras mais n'ai pas réussi à le faire[1].

Ici, la notion de direction d'ajustement est clairement analysée en termes de coïncidence entre un état mental et un état de choses ou du monde. Bien sûr, nous pouvons résister à une telle analyse en insistant sur les objections du premier chapitre à l'encontre de l'analyse de l'intention en termes d'état mental. Mais il faut surtout remarquer que l'approche searlienne – et avec elle l'ensemble des approches en termes de direction d'ajustement – ne recouvre pas la distinction d'Anscombe entre l'erreur de jugement et l'erreur de performance.

En effet, le défaut d'ajustement du monde à l'esprit (d'un état de choses à un état de choses visé ou à une

1. John R. Searle, *L'Intentionalité*, *op. cit.*, p. 112.

intention) comprend au moins deux cas distincts : celui où l'agent se trompe d'action (l'erreur de performance au sens strict) et celui où l'action échoue – du fait que l'agent ignore qu'une ou plusieurs condition(s) de sa réussite ne sont pas remplies, ou parce qu'un obstacle l'en empêche). Or, seul le premier cas correspond authentiquement à une erreur de performance. Car dans le second cas, l'échec de l'agent ne vient pas du fait qu'il se trompe d'action, mais du fait qu'il n'a pas jugé correctement les faits. L'erreur est alors du même ordre que celle où le détective écrit que l'homme qui fait ses courses a acheté du lard alors qu'il a pris des côtes de porc. Dans ce second cas, ce qui conduit à l'échec de l'action provient d'une méconnaissance des circonstances de l'action ou de ce qu'il faut faire. Ainsi, *ce qu'il dit* à propos de ce qu'il fait est faux en raison du fait qu'il a mal jugé les circonstances ou calculé ce qu'il y a à faire ; et il pourra dire rétrospectivement qu'il a essayé de faire une certaine action (par exemple remplir la citerne), mais qu'il a échoué.

C'est l'absence de distinction explicite entre ces deux cas qui oblige Searle à introduire de manière *ad hoc* l'idée d'une causalité sui-référentielle [1]. En effet, l'idée d'ajustement tend à suggérer que la coïncidence entre un état d'esprit (un état de choses visé) et un état de choses serait contingente. La causalité sui-référentielle intervient pour palier la contingence (et le problème de la causalité déviante) : il faut non seulement que ces états coïncident dans l'action intentionnelle, mais également que cette coïncidence ne soit pas fortuite mais produite par les mouvements intentionnels de l'agent.

1. Cf. *supra*, p. 163.

L'ERREUR PRATIQUE EXCLUT LA CONTINGENCE

Or, c'est précisément à *l'encontre* de cette contingence, introduite par la notion de direction d'ajustement, qu'Anscombe élabore sa philosophie de l'action et la notion de savoir pratique. Non seulement la notion de direction d'ajustement ne correspond pas à la distinction proposée par Anscombe, mais elle introduit par ailleurs un dualisme de l'esprit et du monde qui va à l'encontre de l'idée même de connaissance pratique qu'illustre l'exemple de la liste de course.

Comme l'ont montré Moran et Stone[1], la formulation de l'analyse anscombienne du savoir pratique en termes de directions d'ajustement fait perdre l'aspect non psychologique (discuté au premier chapitre) de l'expression d'intention à laquelle l'action vient ou non se conformer, en traitant cette dernière comme un désir ou une visée purement mentale plutôt que comme un type spécial de prédiction intentionnelle (dont la réalisation dépend de moi). En outre, cette lecture, en passant de l'idée d'une *action* devant être corrigée à celle d'un état du monde devant se conformer à un désir, perd en route la spécificité de la dimension *pratique* de l'erreur pratique. Celle, précisément, qu'Anscombe cherche à mettre en évidence en insistant sur le fait qu'il *dépend au moins en partie de moi* que mon action se réalise. Enfin, soulignent Moran et Stone, la thèse des directions d'ajustement nous fait simplement perdre la notion d'erreur :

> La nature des composants de la relation (l'état d'une personne plutôt que ce qu'il dit, la relation de cet état à

1. R. Moran, M. Stone, « Anscombe sur l'expression des intentions »,, art. cit., p. 63-64.

> un état du monde plutôt qu'aux actions d'une personne) fait disparaître de l'analyse les idées d'erreur et de correction[1].

C'est précisément parce que la réalisation de mon intention ou de mon action dépend de moi que je peux me tromper, commettre une erreur pratique. C'est parce qu'il ne s'agit précisément pas d'une relation contingente entre deux états devant coïncider. Le savoir pratique n'est pas l'image inversée d'un savoir observationnel, factuel ou théorique.

Anscombe utilise en effet des exemples simples pour illustrer des cas paradigmatiques d'erreur pratique – je tourne à droite au lieu de tourner à gauche – afin de caractériser ce phénomène complexe qu'est le savoir pratique. Le concept de savoir pratique, dont elle rend ensuite compte au moyen du syllogisme aristotélicien[2], vise à saisir la spécificité de la dimension proprement pratique de cette connaissance, le fait qu'elle n'est pas simplement le reflet inversé d'une connaissance théorique. Au contraire, le savoir pratique engage l'agent d'une manière spécifique. De même que l'expression d'intention n'est pas la simple expression d'un état mental présent, mais bien la prédiction d'une action future – c'est-à-dire d'un état de choses futur dont la réalisation dépend de celui qui l'exprime –, de même l'expression d'un savoir pratique au sujet d'une action présente n'est pas la simple description d'une intention de faire mais bien de l'action qui a lieu. L'expression d'intention, « je vais faire du thé » et la description d'une action présente, « je fais du thé », sont

1. R. Moran, M. Stone, « Anscombe sur l'expression des intentions », art. cit., p. 64.

2. *L'Intention*, § 33-44.

l'une comme l'autre l'expression d'un savoir pratique. En outre, « j'étais en train de faire du thé lorsque le téléphone a sonné » est aussi l'expression d'un savoir pratique, même à supposer que le thé en question n'ait finalement jamais été fait.

La temporalité de l'action

Le défaut des analyses de l'action qui s'appuient sur les directions d'ajustement réside en partie dans le fait qu'elles s'appuient souvent exclusivement sur des exemples trop scolaires sans s'interroger sur la possibilité d'appliquer le schéma dualiste aux actions complexes :

> La tendance à penser l'action comme une séquence univoque, commençant par l'intention pure et se développant de l'action en cours vers celle accomplie (c'est-à-dire comme quelque chose qui commencerait dans l'esprit et s'achèverait dans le monde) repose sur une illusion qui provient peut-être de ce que les philosophes se concentrent sur des actions gratuites ou n'ayant qu'un semblant d'objectif (lever un doigt), étrangement abstraites de la *vita activa*[1].

En effet, les cas simples, comme lever le bras, peuvent aisément suggérer un découpage simple, de l'esprit au mouvement du corps, à l'effectuation de l'action. Mais dès lors qu'on considère des actions complexes le schéma « état-d'esprit-plus-état-de-choses » cesse tout à fait de fonctionner. Moran et Stone empruntent notamment à Anscombe l'exemple de quelqu'un qui voudrait construire

1. R. Moran, M. Stone, « Anscombe sur l'expression des intentions », art. cit., p. 49.

une maison[1]. L'action de construire une maison ne peut simplement pas être envisagée par le modèle de la direction d'ajustement parce que c'est une action complexe, sur la durée, qui peut échouer de multiples façons, rencontrer de multiples obstacles et réussir de multiples façons. Ce n'est pas comme si on était en présence d'une intention – celle de construire une maison – et qu'il existait un état de choses correspondant qui viendrait coïncider avec cette intention. Bien entendu, le schéma searlien pourra tenter d'échapper à l'objection en subdivisant l'action concernée en de multiples étapes qui constitueront autant d'actions intentionnelles. Mais, dès lors, nous serons en droit de nous demander en quoi le modèle des directions d'ajustement n'est pas totalement réducteur, dans la mesure où il n'est capable de rendre compte que de mouvements très simples et pas de la complexité de l'action humaine qui fait son intérêt philosophique (à supposer que nous admettions un certain nombre de ses présupposés que j'ai par ailleurs tenté de rejeter).

Anscombe au contraire, n'utilise jamais d'exemples si simples (proches du simple mouvement physique) et, lorsqu'elle emploie des exemples simples, c'est pour en extraire des concepts, comme celui d'erreur pratique, qui se complexifient ensuite dans l'analyse des actions concrètes. Autrement dit, si centrale soit-elle, la notion d'erreur pratique n'est qu'un aspect spécifique du savoir pratique. Elle permet de révéler en négatif la spécificité de la relation d'un agent conscient à ses propres actions.

Avant de revenir sur l'importance de la description dans la connaissance qu'un agent a de ses propres actions, arrêtons-nous un instant sur le caractère proprement pratique

1. *L'Intention*, § 45, p. 141-142.

de cette connaissance, qui se caractérise notamment par le fait qu'elle porte sur une action et qu'elle est sensible à un type particulier d'erreur.

SAVOIR CE QUE JE FAIS EST UNE CONNAISSANCE PRATIQUE

La plupart du temps, nous disent à l'unisson Anscombe, Austin et Searle, quand j'agis, je sais ce que je fais. Et ce savoir a pour particularité de placer l'agent dans une position spécifique pour répondre à la question « Qu'êtes-vous en train de faire ? ». Mais il existe une différence fondamentale entre l'interprétation searlienne de ce savoir et celle d'Anscombe : pour Searle, la connaissance que j'ai porte sur un état « Intentionel » de mon esprit ; ce que je connais n'est pas mon action elle-même, mais mon action telle que je la vise, d'où la possibilité d'un décalage entre ce que je sais que je fais et ce que je fais effectivement. Pour Anscombe, ce savoir porte bien sur mon action et *pas seulement* sur un état Intentionel de mon esprit ; autrement dit, elle porte sur un état du monde envisagé sous une certaine description. Il ne s'agit bien sûr pas d'affirmer qu'un décalage est impossible entre cette connaissance de mon action et ce que je fais effectivement, cependant, il n'y a pas non plus de sens à généraliser cette *possibilité* du décalage pour en faire le *modèle* de la connaissance pratique. Cette possibilité d'un décalage est en fait inhérente à tout type de connaissance, c'est la possibilité que nous avons de nous tromper au sujet de ce que nous savons ou plutôt de ce que nous croyons savoir.

En revanche, si ce que je savais lorsque je dis savoir ce que je fais ne portait que sur un certain état Intentionel (auquel le monde devrait s'ajuster), alors, je ne pourrais simplement pas dire, de plein droit, que je sais ce que je fais, mais uniquement, à la limite, que je sais ce que j'ai l'intention de faire en faisant ce que je fais.

Partant de cette idée, on a parfois critiqué la notion de connaissance sans observation de ses propres actions en indiquant qu'à proprement parler je ne sais ce que je fais que si j'*observe* ce que je fais[1]. Mais s'il en était ainsi, nous n'aurions pas vraiment de raisons d'interroger les agents sur ce qu'ils font et de leur attribuer des intentions d'agir, car nous pourrions simplement, en les observant agir, décider à leur place de ce qu'ils font. Comme le dit Teichmann :

> Si les gens disaient trop souvent des choses étranges sur ce qu'ils s'apprêtent à faire (…), alors la pratique consistant à rendre compte de ce qu'on fait s'effondrerait. Et l'« étrangeté » est ici largement déterminée par ce que les observateurs peuvent comprendre. Le compte rendu donné par la personne elle-même et celui que fournissent les autres se contrôlent, pour ainsi dire, mutuellement[2].

La difficulté consiste à articuler l'idée que l'agent sait ce qu'il fait d'une manière spécifique (sans observation) avec l'idée que l'objet de sa connaissance n'est pas un simple état d'esprit ou un état interne, mais bien son action. Or, ce qui légitime qu'on qualifie ce savoir de « pratique », c'est justement qu'il porte sur des actions et qu'il est par ailleurs tributaire d'un savoir (comment) faire (*knowing*

1. Voir, par exemple H. Pickard, « Knowledge of Action Without Observation », *Proceedings of the Aristotelian Society*, 2004, vol. 104, n° 3, p. 203-228.

2. R. Teichmann, *The Philosophy of Elizabeth Anscombe*, *op. cit.*, p. 11-12.

how) à distinguer d'une connaissance contemplative ou théorique (*knowing that*)[1].

Le modèle paradigmatique de la connaissance pratique pour Anscombe est en effet le syllogisme pratique aristotélicien. Il importe notamment que la conclusion du syllogisme pratique soit une *action*. L'aspect de cette caractérisation qui m'intéresse tient à ce que savoir ce que je fais implique la maîtrise d'un certain savoir faire, d'une familiarité avec l'environnement et les circonstances dans lesquelles j'agis : par exemple, je ne sais qu'en mettant de l'eau dans la bouilloire je fais du thé que dans la mesure où je sais (ou j'ai appris) que c'est une des manières de procéder pour faire du thé. Le syllogisme pratique, qui rend compte de ce qu'il faut faire en fonction des objectifs d'un agent, permet de modéliser cette connaissance en analysant les diverses étapes – qui font partie de ma connaissance pratique – correspondant aux moyens mis en œuvre pour l'accomplissement de mon action et/ou la réalisation de mon intention.

La connaissance sans observation de mes propres actions est donc une connaissance pratique au sens propre, dans la mesure où, non seulement elle porte sur une *action* – sans quoi elle ne pourrait être sujette à l'erreur de performance et à la contradiction –, mais aussi dans la mesure où elle mobilise un certain savoir-faire, c'est-à-dire une certaine connaissance des moyens qu'il me faudra mettre en œuvre pour réaliser l'action visée. Elle mobilise donc le savoir qu'au moment où je mets ces moyens en œuvre, je suis déjà engagée dans l'action que j'entends

1. *Cf.* G. Ryle, « Knowing How and Knowing That », Collected Papers, vol. 2, New York, Barnes and Nobles, 1971, p. 212-225.

réaliser. Comme le suggère Kevin Falvey[1], je ne peux avoir une connaissance sans observation de ce que je fais que dans la mesure où je sais que l'action dans laquelle je suis engagée *est bien* l'action dont j'ai connaissance. Ou, pour le dire autrement, savoir ce que je fais (sans observation) exige un certain savoir-faire : ce « savoir-faire » se caractérise par le fait que ce que je fais correspond à une certaine description sous laquelle j'envisage mon action. Mais ce savoir faire n'est pas purement technique. Nous n'agissons pas comme nous suivons les règles d'un manuel de montage ou une recette de cuisine (ce qui est en soi un savoir-faire). Ce savoir-faire renvoie à l'exigence de la maîtrise, à un certain degré, des circonstances dans lesquelles nous agissons, par exemple, des relations causales qui gouvernent le monde matériel, des règles qui régissent nos institutions, des habitudes culturelles, etc.

Je sais, par exemple, qu'en signant tel papier, je m'engage dans un contrat de location, qu'en prononçant tels mots, dans telles circonstances, je déclare la séance levée, etc. Ce savoir pratique, caractérisé par l'idée d'une connaissance sans observation de ses propres actions, est une connaissance par l'agent de son action *sous une certaine description* : je ne me contente pas d'apposer des traces d'encre sur une feuille de papier, je signe un contrat. Cette importance de la description sous laquelle l'agent conçoit son action dans la caractérisation de la connaissance sans observation renvoie à ce que Moran a appelé l'intensionalité de la connaissance pratique.

1. K. Falvey, « Knowledge in Intention », *Philosophical Studies*, n° 99, Alphen-sur-Rhin, Kluwer Academic Publishers, 2000, p. 33-37.

L'INTENSIONALITÉ DE LA CONNAISSANCE PRATIQUE

Dans son article « Anscombe on Practical Knowledge [1] », Moran propose de rendre compte de la notion anscombienne de connaissance sans observation en insistant sur l'idée que cette connaissance ne porte ni sur les intentions pures, ni sur les seuls mouvements d'un corps, celui de l'agent. Suivant Anscombe, il soutient que cette connaissance serait une connaissance authentique de « ce qui se passe ».

Néanmoins, cette connaissance n'est pas simplement une connaissance de n'importe quelle « chose que mes mouvements pourraient *affecter* ou faire advenir [2] », mais une connaissance de ce qui se passe pris *sous une certaine description*. C'est cette description sous laquelle l'agent connait son action qui détermine son intensionalité [3], c'est-à-dire ce en quoi ce que je fais pourra compter comme ce que je prétends savoir que je fais : la description que je donnerai de mon action correspond bien à ce que je fais. Ce qui conduit l'auteur à affirmer que « la conception qu'*une* personne a de l'action (…) joue un rôle dans la constitution *de* l'action qu'elle est [4] ». Autrement dit, pour dire ce que font les gens, nous ne nous contentons pas de décrire leurs faits et gestes, nous prenons en compte leur *point de vue* sur ce qu'il font.

Toutefois, il ne s'agit pas de réhabiliter une forme d'autorité exclusive des agents sur leurs actions, car nous

1. R. Moran, « Anscombe on Practical Knowledge », J. Hyman et H. Steward, *Royal Institute of Philosophy supplement*, 55, 2004, p. 43-68.

2. *Ibid.*, p. 54.

3. Anscombe elle-même refuse le terme logique et estime que le concept philosophique d'intentionnalité (dont la racine est l'intention, *intentio*) rend compte des propriétés logiques grammaticales pertinentes. Voir « The intentionality of sensation », *op. cit.*

4. R. Moran, « Anscombe on Practical Knowledge », art. cit., p. 67.

décrivons aussi bien les actions d'êtres incapables d'exprimer verbalement leurs intentions en fonction de leurs objectifs pratiques. Nous le faisons avec les animaux et les jeunes enfants, par exemple. Nous leur prêtons des intentions lorsque nous décrivons leurs actions fait remarquer Anscombe :

> J'ai défini, il est vrai, l'action intentionnelle en termes de langage (notre question « Pourquoi ? »). Introduire des concepts dépendants de celui d'intention en les rapportant à leur application aux animaux (qui n'ont pas de langage) peut donc sembler curieux. Pourtant, nous attribuons certainement des intentions aux animaux. (…) De même que nous disons naturellement « Le chat pense qu'une souris s'approche », nous demandons « Pourquoi le chat s'accroupit-il et rampe-t-il ainsi ? » et nous répondons tout aussi naturellement « Il traque l'oiseau ; regardez ses yeux sont fixés sur lui ». Nous nous exprimons ainsi, bien que le chat ne puisse *prononcer aucune pensée ni exprimer aucune connaissance de ses propres actions ou aucune de ses intentions*. (*L'Intention*, § 47, p. 148)

Ces attributions ne sont pas purement métaphoriques ou anthropomorphiques : c'est simplement ainsi que fonctionne l'attribution intentionnelle[1]. Décrire ce que font des êtres conscients, c'est prendre en compte leur point de vue sur l'action, leurs intérêts, leurs objectifs, etc. En cela, le savoir pratique anscombien est un héritage de la philosophie aristotélicienne de l'action[2]. Anscombe ne

1. Voir sur cette question R. Moran, M. Stone, « Anscombe sur l'expression des intentions », dans *Agir et penser*, *op. cit.* ; V. Aucouturier, « Avoir et exprimer des intentions », dans Ch. Chauviré, S. Plaud, *Lectures de Wittgenstein*, Paris, Ellipse, 2012, p. 313-330.

2. Voir, par exemple, Aristote, *Le mouvement des animaux*, trad. P.-M. Morel, Paris, Flammarion, 2013.

pense pas que ces intentions soient inaccessibles ou ne soient ultimement accessibles qu'en première personne. Encore une fois, la description de l'action intentionnelle est dépendante de la reconnaissance d'un point de vue de l'agent sur son action. Cette reconnaissance peut être métaphorique ou anthropomorphique, mais du point de vue logique, de la grammaire, elle est inhérente au concept d'action et en particulier d'action humaine.

La notion d'intensionalité vient ainsi caractériser le fait que la connaissance pratique que l'agent a de ce qu'il fait ne porte pas simplement sur une description indifférente de ce qui a lieu (qu'on pourrait donner par observation), mais sur la (ou les) description(s) sous laquelle (ou sous lesquelles) l'agent conçoit ce qu'il est en train de faire. Cette connaissance se rapporte, on l'a vu, à une performance, une action et pas un simple état de choses, et elle n'est conçue comme la description d'une action *intentionnelle* que dans la mesure où ce qui se passe est envisagé sous une description sous laquelle l'agent sait ce qu'il fait sans observation. Il convient alors d'insister à nouveau sur l'importance de la caractérisation de l'action intentionnelle *en termes de langage*. En effet, la description sous laquelle une action est considérée s'avère cruciale pour déterminer si elle est intentionnelle ou si elle ne l'est pas. Cette description de l'action doit être une description qui autorise l'application de la question-pourquoi-demandeuse-de-raisons et sous laquelle l'agent sait ce qu'il fait sans observation. C'est ainsi que Moran et Stone affirment :

> Les visées ont une structure linguistique en ce sens que les objets dont nous nous saisissons dans le monde (et les mouvements que nous effectuons en les saisissant) peuvent être décrits de multiples façons et seule une

> fraction de ces descriptions aura une pertinence concernant ce qui fait que le résultat a été visé[1].

Ainsi, ce qui compte dans la caractérisation d'une certaine action est la *description* sous laquelle on l'envisage. La ou les description(s) sous la ou lesquelle(s) l'agent conçoit son action, le type d'action qu'il la considère être, a, comme le suggère Austin, un « effet de parenthèses »[2] qui correspond à ce que Moran appelle l'intension de la connaissance pratique. L'agent connaît son action sous une ou plusieurs descriptions, mais il peut très bien ignorer un certain nombre de descriptions pourtant vraies de son action[3]. Pour illustrer cet « effet de parenthèse », Austin emploie une métaphore tout à fait éclairante :

> Bien que nous disposions de cette notion de mon idée de ce que je suis en train de faire – et il est certain que nous avons en général une idée de ce genre, comme la lampe du mineur qui éclaire toujours ce qui est juste devant nous tandis que nous progressons –, nous ne devons pas supposer qu'il existe des règles précises sur l'étendue et le degré d'éclairage qui en provient. La seule règle générale est que l'éclairage est toujours *limité*, et ce de différentes manières. Il ne s'étendra pas indéfiniment loin devant. Bien sûr, tout ce qui suivra, ou sera fait par la suite, n'est pas ce que j'ai l'intention de faire, mais peut-être en sont-ce des résultats, des conséquences ou des effets. De plus, il n'éclaire pas *tout* ce qui nous

1. R. Moran, M. Stone, « Anscombe sur l'expression des intentions », art. cit., p. 67.

2. J.L. Austin, « Trois manières de renverser de l'encre », art. cit., p. 244.

3. Ainsi, John peut savoir qu'il scie une planche sans connaître son action sous la description « scier la planche de Smith ». (E. Anscombe, *L'Intention*, p. 47).

> entoure. Quoi que je sois en train de faire, cela est en train d'être fait et d'être fait sur fond d'un arrière plan de *circonstances*[1].

L'image de la lampe du mineur, qui symbolise ce que Moran a appelé l'intensionalité de la connaissance pratique et ce qu'Anscombe caractérise comme les descriptions sous lesquels un agent sait ce qu'il fait, l'intentionalité de l'action, témoigne de l'importance du langage (c'est-à-dire de la description) dans la caractérisation de l'action intentionnelle, en particulier dans le tracé des *contours* de ce qui fait partie de l'action et de ce qui n'en fait pas partie. Ainsi, l'éclairage de type linguistique, qui permet de caractériser le point de vue de l'agent sur son action, joue un rôle fondamental dans la détermination du type d'action auquel on a affaire. Il est par conséquent essentiel pour la philosophie morale[2].

1. J.L. Austin, « Trois manières de renverser de l'encre », art. cit., p. 243-244 – trad. mod.

2. Voir. V. Aucouturier, *Elizabeth Anscombe*, *op. cit.*, chap. 3.

CHAPITRE IV

L'INDIVIDUATION DE L'ACTION REVISITÉE

J'ai, à diverses occasions, évoqué le fait qu'une action est toujours envisagée *sous une description* et, notamment, qu'une action peut être considérée comme intentionnelle sous une description – une description sous laquelle l'agent envisage son action et qui est caractéristique d'une certaine forme de savoir pratique. Ainsi, il y aurait une relation fondamentale entre l'action et sa description, puisque le fait qu'une occurrence soit considérée comme une action dépend de la description sous laquelle on l'envisage. Nous avons vu notamment, au deuxième chapitre, que la possibilité de décrire une certaine occurrence comme une action dépendait largement de certaines règles logiques de notre langage qui décident quand nous pouvons légitimement le faire (dans quelles circonstances, quel contexte, etc.).

À ce titre, « une pierre ne peut pas se tenir en embuscade attendant de vous faire trébucher », « une vache ne peut pas payer de dettes »[1]. Cette observation de la dépendance entre l'action et les modes de description de l'action renvoie

1. E. Anscombe, « Practical Truth », in *Human Life, Action and Ethics*, *op. cit.*, p. 149.

à la fameuse idée qu'une *même* action peut être considérée sous diverses descriptions ou encore recevoir diverses descriptions[1] : il y a, dit Anscombe, « une multiplicité de niveaux de description de l'action[2] ». Mais cette caractéristique n'est pas propre à l'action : des objets ou des événements peuvent aussi recevoir de multiples descriptions. Dans le cas de l'action, la description importe dans la mesure où, parmi ces multiples descriptions, certaines peuvent être intentionnelles et entretenir, de ce fait, entre elles un rapport logique particulier. Nous avons élucidé, à travers l'examen de la question « Pourquoi ? », comment mettre au jour les traits logiques qui identifient les descriptions sous lesquelles une action est intentionnelle.

La conclusion à laquelle aboutira l'enquête d'Anscombe est que « le terme "intentionnel" renvoie à une *forme* de description d'événements »[3]. Cette proposition fait référence à une des thèses les plus connues d'Anscombe et peut être aussi la plus mal comprise par les commentateurs[4]; il s'agit de la thèse de la pluralité des descriptions de l'action : une action peut recevoir plusieurs descriptions et être intentionnelle sous une description et pas sous une autre.

Imaginons, une fois de plus, que John soit en train de scier une planche pour construire une cabane à oiseaux mais que John ignore que la planche qu'il est en train de

1. *L'Intention*, § 26, p. 94.

2. E. Anscombe, « Practical Truth », in *Human Life, Action and Ethics*, *op. cit.*, p. 149.

3. *L'Intention*, § 47, p. 145.

4. Notamment, comme on va le voir, Davidson (voir « Actions, raisons et causes »; « La forme logique des phrases d'action », dans *Actions et événements*, *op. cit.*, p. 149-198 ; « L'agir ») et Alvin Goldman (voir *A Theory of Human Action*, Englewood Cliffs, NJ, Prentice-Hall Inc., 1970 ; « The Individuation of Action », *The Journal of Philosophy*, vol. 68, n° 21, 1971, p. 761-774).

scier appartient en réalité à Smith, son voisin. Sous la description « John scie une planche », l'action est intentionnelle ; sous la description « John scie la planche de Smith », l'action n'est pas intentionnelle. John ne peut être en train de scier *intentionnellement* la planche de Smith s'il ignore que la planche qu'il scie est celle de Smith ; en revanche, il scie bien cette planche intentionnellement[1]. Anscombe parle d'une « forme de description d'événement » précisément pour indiquer qu'« intentionnel » ne désigne pas un trait naturel ou définitionnel de l'action mais une caractéristique logique de nos verbes d'action. Si l'adverbe « intentionnel » renvoie à une forme de description de l'action, il est une forme de description parmi d'autres, puisque toutes les descriptions d'une action ne sont pas nécessairement des descriptions sous lesquelles elle est intentionnelle.

Commençons par quelques remarques préliminaires. Tout d'abord, si généralement en décrivant ce que fait quelqu'un, nous décrivons au moins une de ses intentions, ce n'est pas systématiquement le cas : non conscient de l'ignorance de John, quelqu'un pourrait, par erreur, lui attribuer l'intention de scier la planche de Smith. En outre, nous pouvons à juste titre attribuer des actions sans savoir si elles sont intentionnelles. Toute action n'est pas intentionnelle puisque si « John scie la planche de Smith » décrit bien ce que fait John, *sous cette description* l'action n'est pas intentionnelle. Nous faisons en effet un nombre considérable de choses sans le vouloir, par inadvertance, ignorance, etc. : par exemple, marcher sur les pieds de notre voisin dans la file d'attente du cinéma, vexer quelqu'un, etc. (choses que nous pouvons, bien entendu,

1. *L'Intention*, § 6, p. 47.

également faire exprès ou intentionnellement). Contrairement à ce que beaucoup de philosophes de l'action semblent penser (Searle ou Davidson, par exemple), le caractère intentionnel ne délimite pas, à proprement parler, le domaine de l'action [1].

Je propose pour finir d'élucider cette thèse anscombienne de la multiplicité des niveaux de description de l'action en la confrontant notamment à certaines lectures erronées qui en ont été faites.

LA MULTIPLICITÉ DES NIVEAUX DE DESCRIPTION DE L'ACTION

Pour illustrer le fait qu'une même action, ou, à proprement parler, un même événement, peut être envisagée sous un nombre considérable de descriptions variées, Anscombe invente un exemple, bien connu des commentateurs, où un homme pompe de l'eau empoisonnée dans la citerne qui alimente une maison dont les habitants sont des nazis :

> [*A*] Le bras de l'homme fait des mouvements de haut en bas. [*B*] Certains muscles, aux noms latins connus des seuls docteurs, se contractent et se relâchent. [*C*] Certaines substances sont produites dans des fibres nerveuses (substance dont la production au cours d'un mouvement retient l'attention des physiologistes). [*D*] Le bras envoie une ombre sur un rocher si bien qu'à un certain endroit, lorsqu'il arrive à une certaine position, il produit un effet curieux, comme si un visage sortait du rocher. [*E*] De plus, la pompe fait une série de cliquetis au rythme remarquable. (*L'Intention*, § 23, p. 81-82)

1. Cf. *supra*, chap. I, p. 30.

À partir de cette liste de descriptions de « ce qui se passe », deux questions peuvent être soulevées : (i) Que faudrait-il répondre à une question comme « Que fait cet homme ? » ou « Quelle est *la* description de son action ? »[1] (s'il existe quelque chose comme *la* description de son action) ou encore, « Y-a-t-il une *bonne* description de l'action en question ? » ; (ii) « L'homme qui bouge (intentionnellement) son bras, actionne la pompe, remplit la citerne, empoisonne les habitants, accomplit-il *quatre* actions ou bien une seule ? »[2].

À la première question – de *quelle action* s'agit-il ? – Anscombe affirme qu'on pourrait donner « n'importe quelle description effectivement vraie de ce qui se passe, avec cet homme pour sujet »[3]. On pourrait donc, à loisir, allonger la liste des descriptions en disant que cet homme « gagne son salaire, subvient aux besoins d'une famille, use les semelles de ses chaussures, remue de l'air » (*ibid.*), ou encore, qu'il bouge son bras, actionne la pompe, remplit la citerne, empoisonne les habitants, etc. L'intérêt de la description dépendra en réalité des objectifs qu'on a en la faisant et de ce qui se passe ou ce qui s'est passé. Notons d'emblée que ces descriptions vraies possibles d'une action donnée, dans un certain contexte, ne sont pas nécessairement des descriptions sous lesquelles l'action considérée est intentionnelle : par exemple, on peut envisager que, bien qu'il use les semelles de ses chaussures, notre homme ne les use pas intentionnellement. Mais la réponse à cette première question exclut néanmoins les descriptions de ce qui se passe dont l'agent considéré ne serait pas le sujet

1. *L'Intention*, § 23, p. 82.
2. *Ibid.*, § 26, p. 93.
3. *Ibid.*, § 23, p. 82.

(grammatical). À la deuxième question, Anscombe répond que cet homme effectue une *seule* action sous quatre descriptions différentes (*ibid.*).

Mais avant d'en venir au cœur de notre discussion, arrêtons-nous un instant sur les quelques questions soulevées par ce constat de la pluralité des descriptions de ce qui se passe ou d'une action donnée.

1) Tout d'abord, nous avons les moyens de distinguer les descriptions qui rendent compte de ce qui se passe comme action et celles qui rendent compte de ce qui se passe comme événement sans agent. Les descriptions appartenant à cette deuxième catégorie peuvent bien être vraies de ce qui se passe, mais contrairement à des descriptions d'action, l'agent n'est pas envisagé comme sujet de ce qui se passe (d'une action) ou encore il n'y a simplement pas d'agent. On distinguera ici les cas d'action des autres cas, dans la mesure où certains phénomènes ne sont généralement pas considérés comme relevant de l'agir et n'entrent pas dans la catégorie de ce que fait l'agent. Pour ces cas-là, la question de savoir si ce sont des actions ne se pose même pas : c'est le cas, par exemple, de la description [*C*] « certaines substances sont produites dans des fibres nerveuses », qui, dit Anscombe, intéresse le physiologiste. Nous ne disons pas que cet homme « produit des substances dans des fibres nerveuses », à moins de supposer que son mouvement aurait ceci pour but.

La distinction entre action et événement sans agent dépend aussi généralement des circonstances, qui permettent de déterminer si l'agent présumé est bien à l'origine de l'action qu'on lui attribue : nous pouvons, par exemple, chercher à déterminer si ce sont bien les mouvements de notre homme qui projettent l'ombre d'un visage sur le rocher. Déterminer si une occurrence fait partie du domaine de l'action est une question hautement contextuelle : ce n'est pas essentiellement la nature de l'occurrence qui détermine si elle est une action ou non. Ainsi, nous pourrions envisager que l'homme qui pompe a notamment pour but de produire certaines substances dans ses fibres nerveuses, car il participe à des tests médicaux qui requièrent ce type d'exercices. En revanche, pour un certain nombre d'occurrences parfaitement indépendantes d'une quelconque intervention de l'agent – c'est le cas de l'exemple de la pierre au milieu du chemin ou d'une branche qui tomberait de l'arbre cassant les tasses et les verres – il peut être plus complexe d'inventer des contextes non fictifs ou métaphoriques, dans lesquels elles pourraient être décrites comme des actions.

D'une manière générale, à suivre Anscombe [1], on peut parler d'action lorsqu'il est possible (lorsque cela fait sens) de demander à propos d'une action, *pourquoi* elle est faite, en un sens qui requiert des raisons d'agir. Dès lors que nous envisageons que l'agent ou un tiers est à même de rendre des comptes sur ce qui est fait, d'en donner des raisons, la simple *possibilité* logique de poser cette question nous place dans le cadre d'une description d'action.

2) Par ailleurs, il se peut évidemment que l'agent nie être en train de faire ce qu'on lui impute. Comme dans le cas de John ignorant qu'il scie la planche *de Smith*, l'homme qui pompe à la citerne pour alimenter la maison en eau peut ignorer qu'il projette une ombre sur le rocher ou que l'eau qu'il pompe à la citerne est empoisonnée. Ceci ne signifie pas que nous ne pourrions pas dire qu'il fait ces deux choses – qu'il projette une ombre sur le rocher *et* qu'il empoisonne les habitants. Ceci signifie simplement

1. Voir *supra*, chap. II, p. 93.

que, dans ce cas là, il ne fait pas ces deux choses intentionnellement ou volontairement. Autrement dit, en fonction de la réponse ou des réponses que l'agent pourrait donner à la question « Pourquoi faites-vous ceci ? », on pourra déterminer si l'action, considérée sous telle ou telle description, est intentionnelle : elle le sera s'il est possible de donner une ou plusieurs raisons pour lesquelles l'agent fait ce qu'il fait ou s'il exprime simplement son désir ou son intention de le faire, ou si ces raisons apparaissent dans l'action elle-même, prise dans son contexte.

En bref, comme on l'a vu au deuxième chapitre, la *possibilité* de poser la question « Pourquoi ? » à propos d'une certaine occurrence (d'une certaine action) montre qu'on a affaire à une *action* ; et la réponse qui pourrait être donnée (par l'agent lui-même ou quelqu'un de suffisamment informé) – indique si son action est ou non *intentionnelle*.

L'idée centrale est que « ce qui se passe » renvoie à plusieurs descriptions aussi variées qu'« il actionne la pompe » ou « certaines substances sont produites dans ces fibres nerveuses ». Plus précisément, en *fonction* de la description envisagée, ce qui se passe pourra être ou non conçu comme une action. Autrement dit, à première vue, *l'identification de l'action passe par sa description*.

3) Enfin, une description vraie d'une action donnée n'est pas nécessairement une description sous laquelle cette action est intentionnelle : « nous n'avons (...) pas recours à la présence de l'intention pour justifier la description "Il est en train de *Y*-er" » [1]. Autrement dit, nous pouvons dire que quelqu'un fait une chose – par exemple qu'il projette une ombre effrayante sur un rocher lorsqu'il pompe à la citerne – sans présumer quoi que ce soit au

1. *L'Intention*, § 23, p. 85.

sujet de ses intentions. Nous comprendrons à l'issue de ce chapitre toute l'importance de cette remarque. Venons-en d'abord aux lectures erronées qui ont été faites de cette thèse de la pluralité des descriptions de l'action.

LE PROBLÈME DE L'INDIVIDUATION DE L'ACTION

S'emparant de l'observation de la multiplicité des niveaux de description de l'action humaine et de l'idée qu'une *même* action peut recevoir plusieurs descriptions, un certain nombre de lecteurs d'Anscombe se sont interrogés sur la façon d'identifier, d'isoler ou d'individualiser cette fameuse « même action » censée recevoir toutes ces descriptions [1].

Il convient en réalité de distinguer deux formulations de cette question. Suivant la première, retenue par Davidson, la question de l'individuation de l'action consiste à se demander comment il est possible qu'une *même* action reçoivent plusieurs descriptions *intentionnelles ou non*. Appelons-la l'individuation de l'action *au sens large* ; elle renvoie au constat de la pluralité des descriptions de l'action énoncé dès le § 6 de *L'Intention* : une action peut être intentionnelle sous une description et pas sous une autre. La seconde formulation de la question de l'individuation

1. Parmi les interventions sur le sujet on trouve celles de J. Annas, « Davidson and Anscombe on "the same action" », *Mind*, New Series, vol. 85, n°338, 1976, p. 251-257 ; D. Mackie, « The Individuation of Actions », *The Philosophical Quarterly*, vol. 47, n° 186, 1997, p. 38-54 ; A. Goldman, *A Theory of Human Action*, *op. cit.* ; M. Cohen, « The Same Action », in *Proceedings of the Aristotelian Society*, 1969-1970 ; J. Hornsby, *Actions*, London : Routledge & Kegan Paul, 1980 et plus récemment « Actions in their circumstances », *Essays on Anscombe's* Intention, *op. cit.*, p. 105-127 ; J.J. Thomson, « Individuating Actions », *Journal of Philosophy*, 68/21, 1971, p. 774-781.

de l'action, celle qui occupe plus particulièrement Anscombe au § 23, est celle de savoir dans quelle mesure un ensemble *ordonné* de descriptions *intentionnelles* d'une même action décrit bien *une même* action et pas plusieurs. Appelons-la l'individuation de l'action au *sens étroit*, qui concerne la structure d'une action intentionnelle[1].

À la suite de Davidson, les lecteurs d'Anscombe se sont plutôt intéressés à l'individuation de l'action au sens large, ou plutôt, ils n'ont pas fait la différence, comme en témoignent les exemples de Davidson cités ci-dessous[2], entre l'individuation de l'action au sens large et l'individuation de l'action au sens étroit.

Ainsi, à la suite de Davidson, le problème de l'individuation de l'action est devenu un problème de métaphysique des événements, en ce sens que son enjeu était d'isoler l'événement action auquel rattacher toutes ces descriptions. Or, comme nous allons le voir, pour Anscombe, l'enjeu n'est pas d'isoler l'événement action, mais de comprendre jusqu'où s'étend ce que l'agent à en vue, l'éclairage de la lampe de mineur d'Austin[3], de dessiner les contours de l'action intentionnelle, afin notamment de mesurer les degrés de responsabilité de l'agent.

Comme nous le verrons brièvement, la solution à ce problème de l'individuation de l'action au sens étroit est à chercher dans l'analyse du syllogisme pratique, qui met au jour l'ordonnancement des moyens et des fins qui structure l'action et le savoir pratique d'un agent. Mais puisque les lecteurs davidsoniens d'Anscombe ne se sont

1. Voir *L'Intention*, § 23-26, p. 81-95.

2. D. Davidson, « Actions, raisons et causes », dans *Actions et événements*, *op. cit.*, p. 17. Voir *infra*, p. 225, 228, 229.

3. *Cf.* chap. III, p. 205.

pas limités à l'individuation de l'action intentionnelle, mais ont fondé leurs remarques sur l'individuation de l'action au sens large – qui comprend « n'importe quelle description effectivement vraie de ce qui se passe, avec cet homme pour sujet »[1] – c'est cette dernière que je propose de mettre d'abord en discussion pour contester qu'il existe une thèse Anscombe-Davidson sur l'individuation de l'action.

Ainsi, dans ce qui suit, suivant les auteurs et les exemples cités, la question pourra sembler porter sur l'individuation de l'action au sens large ou au sens étroit, mais ce qui m'intéresse est la façon dont le problème au sens *large* (celui d'une *même* action, intentionnelle ou non, recevant plusieurs descriptions) a été reformulé par les auteurs, indépendamment du fait qu'il porte ou non sur une action intentionnelle.

En effet, contre la lettre du texte d'Anscombe, la question a pris une dimension ontologique et est devenue le problème de *l'individuation de l'action*, par exemple dans un article de Alvin Goldman de 1971 intitulé « The Individuation of Action » :

> Le problème de l'individuation de l'action a été introduit dans les discussions philosophiques contemporaines par G.E.M. Anscombe, qui a posé la question suivante : « Devons-nous dire que l'homme qui bouge (intentionnellement) son bras, actionne la pompe, remplit la citerne, empoisonne les habitants, accomplit *quatre* actions ou bien une seule ? » Ceci est un exemple d'un problème plus vaste consistant à se demander quand, généralement, l'acte *A* est le même que l'acte *A'*. Miss Anscombe n'offre aucune solution à ce problème général, aucun critère général d'identité[2].

1. *L'Intention*, § 23, p. 82.
2. A.I. Goldman, « The Individuation of Action », art. cit., p. 761.

Ici, l'individuation de l'action au sens étroit devient subrepticement l'individuation de l'action au sens large. Nous avons vu qu'à la question de savoir s'il y a une ou quatre actions dans l'exemple envisagé, Anscombe répond précisément qu'on a affaire à une seule action sous quatre descriptions. Or, Goldman a probablement raison de dire qu'elle « n'offre (...) aucun critère général d'identité »; il a cependant tort de dire qu'elle « n'offre aucune solution à ce problème ». Voyons d'abord comment se décline le problème de l'individuation de l'action au sens large.

Qu'est-ce qui permet d'identifier l'ensemble des descriptions considérées comme les descriptions d'une même action ? Si l'identification de l'action passe par sa description, comme je l'ai suggéré plus haut, ne devons-nous pas dire que chaque description désigne, en un sens, une action différente, et donc qu'il y aurait autant d'actions envisagées que de descriptions [1] ? Force est d'admettre qu'activer une pompe n'est pas, à proprement parler, la *même* action qu'empoisonner les habitants d'une maison ou que bouger son bras. Par ailleurs, tuer n'est pas forcément assassiner (cela peut-être accidentel), prendre de l'argent n'est pas forcément voler (on peut simplement emprunter de l'argent ou se faire payer une dette), etc. En outre, en fonction des *objectifs* que va servir la description, notamment si, par exemple, il s'agit de juger une action au tribunal et pas seulement de décrire les mouvements de l'agent, les descriptions envisagées ne seront pas interchangeables. Car, du point de vue moral et légal, actionner une pompe n'est pas la même chose qu'empoisonner des gens.

Une conséquence apparente de la thèse de la pluralité des descriptions de l'action consisterait à dire qu'une action

1. *L'Intention*, § 23, p. 86.

serait une certaine *chose* qui se passe dans le monde, qui peut recevoir plusieurs descriptions. De plus, il pourrait sembler que, selon cette conception, ces différentes descriptions présentent ce qui se passe (l'action) de divers points de vue, de sorte que, sous une certaine description de ce qui se passe, l'agent pourrait en être tenu responsable, mais pourrait ne pas l'être si on considèrait l'action sous une autre description. Or, il peut sembler paradoxal de dire qu'une *même* action pourrait, au gré de changements de descriptions, être jugée de façon radicalement différente; car s'il s'agit bien *stricto sensu* de la *même* action, on ne voit alors pas en quoi une telle divergence de jugement serait possible. Tout cela invite à penser, soit qu'il y aurait *une* bonne description de l'action suivant laquelle elle serait jugée, soit que chaque description renverrait à une action différente, ce qui va directement à l'encontre de l'idée de la pluralité des descriptions d'une même action.

Le paradoxe peut être levé en notant qu'il est possible d'avoir de manière non contradictoire l'idée d'une *même* action sous diverses descriptions et l'idée d'une action considérée ou jugée *en tant qu'*elle est décrite de telle ou telle façon. Mais il n'en demeure pas moins que, si une même action peut être jugée différemment en fonction de la description sous laquelle elle est envisagée, nous sommes en droit de nous demander en quel sens nous aurions affaire à la *même* action : qu'est-ce qui fait de dire « Marché conclu » la même action que « accepter une offre », ou de « prendre de l'argent » la même action que « voler dans la caisse » ? Si l'on en croit ces remarques, la description apparaît si essentielle à l'action qu'elle semble en constituer le principe d'individuation, c'est-à-dire qu'à chaque description correspondrait une action. Et si ce n'est pas le cas, comment rendre compte de l'identité de l'action parmi la variété de ses descriptions ? Sommes nous alors forcés de considérer qu'une description est plus fondamentale que les autres ? Ne sommes nous pas contraints, dès lors, de prendre part au débat ontologique sur l'individuation de l'action ?

La conception anscombienne de la pluralité des descriptions de l'action résiste à l'obligation de faire ce choix.

En un certain sens, chaque description d'action identifie ou individualise une certaine action. Il est parfois même nécessaire que chaque description d'action individualise une nouvelle action, car si ce n'était pas le cas, on serait en droit de confondre le meurtre et l'auto-défense, le fait de prendre de l'argent et le fait de voler de l'argent. En fonction du contexte, une même description peut en effet désigner des actions tout à fait différentes. C'est ce que remarque Austin :

> Je peux « casser une tasse » volontairement, *si* je le fais, disons, pour m'appauvrir ; et je peux casser une autre involontairement *si*, disons, c'est d'un mouvement involontaire. Manifestement, les deux actes décrits par l'expression « casser une tasse » sont très différents [1].

Ainsi, dans la mesure où « prendre de l'argent » n'est pas nécessairement « voler dans la caisse », où « casser une tasse » n'est pas nécessairement un geste involontaire, et où une action ne sera pas considérée de la même façon suivant la description sous laquelle (et le contexte dans lequel) on l'envisage, il peut être crucial d'un point de vue éthique ou juridique d'identifier la ou les descriptions adéquates, celles qui identifient le mieux l'action jugée.

1. J.L. Austin, « Plaidoyer pour les excuses », art. cit., p. 154.

Mais la remarque d'Austin montre également que les *circonstances* ont un rôle au moins aussi important à jouer que la description dans la détermination du type d'action auquel on a affaire.

En réalité, c'est notamment sur cette importance des *circonstances* de l'action qu'Anscombe met l'accent : ce sont en effet ces circonstances qui permettent de déterminer si « activer la pompe », c'est en fait « empoisonner les habitants » ou si « casser la tasse », c'est faire un geste involontaire plutôt qu'un acte d'appauvrissement volontaire. Ainsi, s'il est crucial de pouvoir distinguer les quatre descriptions invoquées dans la question d'Anscombe – « bouger son bras », « actionner la pompe », « remplir la citerne », « empoisonner les habitants » – en fonction des objectifs qu'on a en décrivant l'action, il est tout aussi important de pouvoir dire que, *dans les circonstances présentes*, actionner la pompe et remplir la citerne, *c'est* empoisonner les habitants – car *en* actionnant la pompe notre homme empoisonne les habitants [1]. C'est d'ailleurs la raison pour laquelle l'homme qui actionne la pompe peut être tenu responsable de la mort des habitants de la maison. Si nous ne pouvions, dans des circonstances données, identifier la chaîne causale qui va de l'actionnement de la pompe à l'empoisonnement des habitants, si nous devions nécessairement considérer ces descriptions comme indépendantes les unes des autres, alors nous ne pourrions peut-être pas dire que l'homme a empoisonné les habitants, car il n'aurait au fond qu'actionné la pompe [2].

1. On peut voir ici (dans la mesure où l'acte d'empoisonner serait intentionnel) une intention *dans* l'action.

2. L'introduction de la question du jugement de l'action fait ressurgir la question de l'intention et de ce que l'agent savait au moment où il a agi (Savait-il que l'eau était empoisonnée ?).

Ainsi, lorsqu'Anscombe dit que, dans ces circonstances, « bouger son bras », *c'est* « actionner la pompe », *c'est* « remplir la citerne », *c'est* « empoisonner les habitants » et que nous avons donc affaire à une *même* action sous différentes descriptions, elle met l'accent sur le fait qu'une description ne peut être prise isolément des circonstances qu'elle décrit. En effet, en insistant sur le fait qu'une même action peut être décrite de diverses façons, nous ne nous intéressons pas aux descriptions de l'action en tant que telles, mais aux descriptions de l'action *dans des circonstances données*. Et c'est là tout l'intérêt de sa remarque. Si, prises isolément, du point de vue de leur sens ou de ce dont elles parlent, les descriptions « actionner la pompe » et « empoisonner les habitants » ne désignent pas la même action, il s'avère que, dans les circonstances envisagées, elles désignent bien la même action (car il ne peut pas en aller autrement, étant donné les circonstances). Ce sont donc les circonstances de la description qui délimitent et spécifient ce dont elle parle et qui déterminent ainsi quelle est l'action (avec quelle extension) :

> Il faut plus de circonstances pour que *A* [l'homme bouge son bras] soit *B* [il actionne la pompe] qu'il n'en faut pour que *A* soit *A*. (…) Pour faire court, la seule action distincte de sa part ici en question est celle-ci, *A*. Car bouger son bras de haut en bas, les doigts serrés sur la poignée de la pompe, dans ces circonstances, *c'est* remplir la citerne ; et, dans ces circonstances, *c'est* empoisonner la maisonnée. Il y a ainsi quatre descriptions pour une seule action ; chacune dépend de circonstances plus larges. (*L'Intention*, § 26, p. 93-94)

En réalité, cela n'a pas de sens de chercher à envisager une description *indépendamment* des circonstances qu'elle décrit. Il est vrai que prises individuellement, d'un point de vue purement sémantique[1], les descriptions « activer la pompe » et « empoisonner les habitants » n'ont strictement rien à voir, elles ne désignent pas la même action voire le même type d'action. Cependant, dès lors qu'interviennent les circonstances – et c'est le cas dans l'exemple envisagé –, ces descriptions peuvent décrire la même action. Les circonstances entrent en scène lorsque l'agent ne peut ignorer certaines conséquences immédiates de son action dans le contexte de cette action : il ne revient pas au même, par exemple, de couper une corde pour libérer un prisonnier et de couper la corde d'un grimpeur. Pourtant, à un certain niveau de description – « couper une corde » – les deux actions sont les mêmes. Cependant, les circonstances déterminent le fait que dans un cas nous avons affaire à une libération et dans l'autre à un meurtre.

UNE « THÈSE ANSCOMBE-DAVIDSON » SUR L'INDIVIDUATION DE L'ACTION ?

Si nous acceptons la thèse de la pluralité des descriptions de l'action au sens large, selon laquelle une même action peut recevoir plusieurs descriptions, quelle est exactement *l'*action qui est décrite ? En d'autres termes, si ce que je fais – mon action – peut être décrit de façons diverses et variées, quelle est *l'*action, mon action ? Telle est la formulation du problème discuté sous le nom de « problème de l'individuation de l'action ».

Or, cette affirmation qu'une même action peut recevoir plusieurs descriptions a parfois été baptisée à tort la « thèse

1. Il faut ici entendre « sémantique » au sens de ce qui porte sur le sens d'un mot ou d'une expression pris indépendamment de leur contexte d'usage.

Anscombe-Davidson » sur l'individuation de l'action[1]. Voici comment cette thèse est, par exemple, présentée par Brian O'Shaughnessy :

> La théorie Anscombe-Davidson (…) identifie l'acte instrumental (*A'*) de faire-*A* avec l'acte-événement (*A*) dans son entier. Appuyons-nous ici sur une comparaison simple. Tandis qu'être une lumière rouge n'est pas être un signal, car ces deux propriétés sont différentes, ce qui a la propriété d'être une lumière rouge peut aussi avoir la propriété d'être un signal, et clairement, cette dernière propriété dépend et est en partie la propriété qu'elle est en vertu de la première. Par analogie, alors qu'être une levée de bras n'est pas être un signalement, ce qui est une levée de bras peut aussi être un signalement, et cette dernière propriété dépend et est en partie la propriété qu'elle est en vertu de la première[2].

Selon cette lecture, la thèse de la pluralité des descriptions de l'action d'Anscombe serait identique à la thèse de l'individuation de l'action de Davidson : elle porterait sur une *identification* entre elles des différentes descriptions sur la base de l'identification d'un « acte-événement », c'est-à-dire de l'identification d'une certaine occurrence recevant ces descriptions variées. Je me propose de remettre en cause l'idée selon laquelle la lecture de l'individuation de l'action au sens large offerte par Davidson serait assimilable à la conception qu'en donne Anscombe en

1. A.I. Goldman, *A Theory of Human Action*, *op. cit.* ; « The Individuation of Action », art. cit., p. 761. Voir E. Anscombe, *L'Intention*, § 23-26 ; « Under a description », et D. Davidson, « L'individuation des événements » ; « L'agir », pour les principaux textes de références où ces deux derniers traitent de la question.

2. B. O'Shaughnessy, *The Will*, vol. 2, Cambridge, Cambridge University Press, 1980, p. 397.

montrant notamment que le débat ontologique soulevé à ce sujet n'est pas pertinent dans la perspective de cette dernière.

Davidson et la forme logique des phrases d'action

L'idée d'une « thèse Anscombe-Davidson » sur l'individuation de l'action vient de ce qu'un certain nombre de philosophes s'accordent pour dire que, suivant ces deux auteurs, une même action peut en effet recevoir plusieurs descriptions. Mais examinons de plus près les exemples de Davidson.

> Je tourne l'interrupteur, j'allume la lumière et j'illumine la pièce. À mon insu, j'alerte aussi un rôdeur de ma présence à la maison. Ici, je n'ai pas eu à faire quatre choses, mais une seule, dont on a donné quatre descriptions [1].
>
> J'écris mon nom. J'écris mon nom sur un morceau de papier. J'écris mon nom sur un morceau de papier avec l'intention de signer un chèque. Je signe un chèque. Je paye ma dette de jeu. Il est difficile d'imaginer comment nous pouvons avoir une théorie de l'action cohérente tant que nous ne sommes pas autorisés à dire que chacune de ces phrases est rendue vraie par la même action [2].

Ces passages auraient certainement pu apparaître sous la plume d'Anscombe. Davidson lui-même se réclame de celle-ci :

> J'ai d'ailleurs défendu la thèse selon laquelle une seule et même action peut être dite intentionnelle (décrite d'une certaine façon) et non intentionnelle (décrite d'une autre

1. D. Davidson, « Actions, raisons et causes », art. cit., p. 17.

2. D. Davidson, « La forme logique des phrases d'action », dans *Actions et événements*, *op. cit.*, p. 155-156.

> façon). C'est une position qui n'a pas le mérite d'être nouvelle : Anscombe l'avait exposée en long et en large[1].

Il dit ailleurs, à propos de la pluralité des descriptions de l'action :

> Ce foisonnement de descriptions liées entre elles correspond à un unique *descriptum* – c'est la conclusion vers laquelle convergent nos remarques[2].

Et il ajoute en note :

> Cette conclusion n'est pas nouvelle. G.E.M. Anscombe l'avait clairement énoncée dans *Intention*, p. 37-47[3].

Cependant, Davidson fait un pas supplémentaire dans l'argumentation, qui a également été attribué à tort à Anscombe, notamment par Goldman. Ce pas supplémentaire consiste à penser que, pour comprendre la notion d'une *même* action qui rendrait vraie chacune des descriptions, il faut trouver un critère strictement *ontologique* permettant d'identifier les unes aux autres les descriptions sous lesquelles cette même action est décrite. Autrement dit, pour avoir une théorie de l'action cohérente, il faudrait un *critère* permettant d'identifier (ontologiquement) *l'*événement ou *l'*action qui rend toutes ces descriptions vraies. La version davidsonienne de la thèse de la pluralité des descriptions de l'action prend ainsi la forme d'une « thèse d'identité »[4] :

> Mais quelle est la relation entre le fait que j'aie pointé le fusil et pressé la gâchette, et le fait que j'aie tiré sur

1. D. Davidson, « Critique, commentaires et défenses » de « La forme logique des phrases d'action », art. cit., p. 198.

2. D. Davidson, « L'agir », art. cit., p. 88.

3. *Ibid.*, note 1.

4. A.I. Goldman, *A Theory of Human Action*, *op. cit.*, p. 1-10.

> la victime ? La réponse naturelle et, je crois, correcte est que la relation est celle d'identité[1].

Pour Davidson donc, dire que *A*, *B*, *C*, et *D* sont quatre descriptions d'une *même* action revient à dire que ontologiquement $A = B = C = D$[2] : c'est-à-dire que *A*, *B*, *C* et *D* doivent se référer au *même événement*. Il s'agit de l'événement (ou de l'action) censé rendre les descriptions *A*, *B*, *C* et *D* simultanément vraies. Assimilant la position du problème par Davidson à celle d'Anscombe, Goldman interprète à tort la version anscombienne de la thèse de la pluralité des descriptions de l'action comme une thèse d'*identité*, puisqu'il lit le « c'est » du passage cité plus haut selon lequel « bouger son bras de haut en bas, les doigts serrés sur la poignée de la pompe, dans ces circonstances, *c'est* remplir la citerne ; et, dans ces circonstances, *c'est* empoisonner la maisonnée »[3] comme l'expression d'une identité[4]. Malheureusement, Anscombe conteste explicitement cette lecture dès le début de son article de 1979, « Under a description » :

> On présuppose parfois qu'on ne peut dire qu'une seule et même action (ou tout autre événement) peut avoir plusieurs descriptions qu'à la lumière d'une théorie de

1. D. Davidson, « La forme logique des phrases d'action », dans *Actions et événements*, *op. cit.*, p. 154.

2. *Ibid.*

3. *L'Intention*, § 26, p. 94.

4. Si c'était bien une thèse d'identité, Goldman aurait raison de lui reprocher de ne pas respecter la loi de Leibniz sur l'identité des indiscernables – selon laquelle des objets identiques doivent avoir toutes leurs propriétés en commun – puisque, dans le cas des descriptions de l'action, un rôle central est joué par les circonstances et le fossé temporel qui peut exister entre le début d'une action et son achèvement. Mais Anscombe affirme explicitement que sa thèse n'a rien à voir avec la loi de Leibniz (« Under a description », p. 208).

> l'identité des événements. Mais ceci ne me semble pas plus vrai que d'affirmer qu'on ne peut dire d'un seul et unique homme qu'il peut recevoir plusieurs descriptions définies qu'à la lumière d'une théorie de l'identité humaine[1].

Et elle ajoute un peu plus loin :

> Bien que je sois d'accord avec Davidson pour dire qu'il y a de nombreuses descriptions d'une action, nos chemins se séparent en ce qui concerne sa « théorie de l'identité des événements »[2].

En effet, pour Davidson, s'il y a bien *une* action sous plusieurs descriptions, il doit y avoir une unité dans le monde qui reçoit toutes ces descriptions. Pour désigner cette unité, Davidson préfère parfois au terme d'« événement », celui, plus fort et plus explicite, d'« entité » : ainsi, commentant une remarque d'Austin sur la possibilité de « décrire ou faire référence à “ce que j'ai fait” de diverses façons[3] », Davidson remarque que « notre raisonnement courant au sujet des actions se laisse analyser très naturellement si nous supposons que ce genre d'entités existent[4] ». Voici comment il exprime cette idée :

> Il se passe des choses bien étranges ! Dupond l'a fait lentement, délibérément, dans la salle de bain, avec un couteau à minuit. Qu'a-t-il fait ? Il a beurré une tartine. Le langage de l'action nous est trop familier pour que

1. E. Anscombe, « Under a description », in *Metaphysics and the philosophy of mind*, *op. cit.*, p. 210.

2. *Ibid*, p. 218.

3. J.L. Austin, « Plaidoyer pour les excuses », art. cit., p. 165 – trad. mod.

4. D. Davidson, « La forme logique des phrases d'action », art. cit., p. 154.

> nous relevions de prime abord une anomalie : « le "l'" de "Jones l'a fait lentement, délibérément, ..." semble faire référence à une certaine entité, qu'on présume être une action, qui se trouve ainsi caractérisée d'un certain nombre de manières »[1].

Davidson estime, et c'est le point de départ de sa « grammaire logique des phrases d'action », qu'on doit pouvoir trouver une façon de formaliser ce « l'» sans le réduire à un terme singulier, c'est-à-dire seulement capable de désigner une entité unique, singulière : le « l'» ne saurait être rendu ou caractérisé par un terme singulier, comme par exemple « pomper », sinon il ne pourrait rendre compte du fait que, en l'occurrence, dans certaines circonstances, « pomper » *c'est* « empoisonner ». Son compte rendu logique des phrases d'action se fonde sur l'idée qu'il *doit* y avoir une entité, un événement, un « *x* », l'action, qu'on pourrait isoler et identifier comme ce qui reçoit toutes les descriptions vraies de celui ou celle-ci. Dans la mesure où l'identité est à rechercher au niveau de la référence – au niveau ontologique de ce à quoi (de l'événement auquel ou de l'entité à laquelle) toutes les descriptions font référence –, on ne peut, d'un point de vue logique, individualiser cette même action en considérant que chaque verbe d'action serait un terme singulier. En effet, si c'était le cas, chaque verbe d'action devrait pouvoir fonctionner comme ce qui distingue ou isole une action individuelle ou singulière, un peu à la manière des noms propres (qui ont une référence individuelle unique). Ce qu'il faut, selon Davidson, ce n'est pas un terme singulier mais une variable

1. *Ibid.*, p. 149.

– ou plutôt ce qu'il appelle une « place d'événement[1] » – capable de rendre compte de la possibilité qu'une action reçoive différentes descriptions[2]. Voici la solution qu'il propose pour résoudre le problème de la forme logique des phrases d'action :

> L'idée de base de mon analyse est que les verbes d'action – les verbes qui disent « ce que quelqu'un fait » – doivent être considérés comme contenant une place, qui peut être occupée par des termes singuliers ou par des variables, qu'ils ne semblent pas contenir. Par exemple, nous avons tendance à supposer habituellement que « Shem a frappé Shaun » consiste en deux noms et un prédicat à deux places. Or, je suggère que nous devons traiter « a frappé » comme un prédicat à *trois* places, et que l'on doit donner à cette phrase la forme suivante : « $(\exists x)$ (A Frappé (Shem, Shaun, x)) »[3].

D'après cette conception de la forme logique des phrases d'action, les verbes d'action feraient référence à un « événement-objet[4] » capable de recevoir toutes les descriptions vraies de l'action considérée – de cet événement-objet. Il ne serait pas pertinent pour la présente discussion d'entrer d'avantage dans les détails de l'analyse davidsonienne des phrases d'action[5], car c'est la formulation

1. Voir D. Davidson, « L'individuation des événements », dans *Actions et événements*, *op. cit.*, p. 224 : « Nous donnons à chaque verbe d'action une place d'événement ; on peut dire de ces verbes qu'ils prennent un *événement-objet*. »

2. Voir à ce propos, D. Davidson, « La forme logique des phrases d'action », art. cit., p. 166-167 et « L'individuation des événements », p. 224.

3. D. Davidson, « La forme logique des phrases d'action », art. cit., p. 166.

4. *Ibid.*, p. 224.

5. On peut aussi en voir les vertus dans l'analyse qu'en propose Vincent Descombes dans *Le complément de sujet*, *op. cit.*, p. 81 *sq.*

même de cette problématique qui me semble contestable, en particulier la suggestion que sa solution passerait par l'identification d'une certaine entité ou d'un événement-objet qui recevrait ces descriptions.

Critère d'individuation de l'action et extensionnalité de l'action

Davidson doit donc trouver « un critère d'individuation et d'identification des événements [1] » ne dépendant pas des diverses descriptions sous lesquelles on peut les envisager. Il conçoit alors les actions comme « une sous-classe bien définie d'événements [2] » circonscrite de la manière suivante :

> À présent pouvons-nous dire quels sont les événements qui impliquent l'agir ? (…) Je suis l'agent si je renverse du café avec l'intention de renverser du thé, mais pas si vous secouez ma main. Où est la différence ? La différence semble tenir au fait que dans un cas, mais pas dans l'autre, je fais intentionnellement *quelque chose*. (…) C'est pourquoi je pense que nous avons trouvé une bonne réponse à notre problème : un homme est l'agent d'un acte si ce qu'il fait peut être décrit sous un aspect qui le rend intentionnel. (…) Une personne est l'agent d'un événement si et seulement s'il y a une description de ce qu'il a fait qui rende vraie une phrase qui dit qu'il l'a fait intentionnellement [3].

L'action serait donc un *type d'événement* (une « sous-classe ») susceptible d'être décrit d'une certaine façon, à

1. D. Davidson, « Critique, commentaires et défenses » de « La forme logique des phrases d'action », dans *Actions et événements*, *op. cit.*, p. 174.

2. D. Davidson, « L'agir », art. cit., p. 68.

3. *Ibid.*, p. 70-71.

savoir un événement dont nous pourrions fournir une description sous laquelle il correspond à l'intention de l'agent. Grâce à cette caractérisation de l'action comme sous-classe d'événement, Davidson peut appliquer à l'action son ontologie des événements, développée dans les mêmes années que sa philosophie de l'action (1960-70). Selon lui, un événement est avant tout quelque chose qui se passe dans le monde et qui a une certaine durée, comme par exemple : « la leçon inaugurale de Charles en mars 2008 », « la chute du mur de Berlin le 9 novembre 1989 », « la dernière fête d'anniversaire d'Adèle », etc. Dans le domaine de l'action, il faut tenir compte du fait que « bien que le *critère* de l'agir soit, au sens sémantique, intensionnel [*intentional*], l'*expression* de l'agir est elle-même purement extensionnelle [1] ». En outre, il existe une certaine « opacité sémantique, ou [une] intensionnalité [*intentionality*] sémantique, des attributions d'intention [2] ».

Pour clarifier ce point, reprenons l'exemple de la planche de Smith : Jones peut bien intentionnellement scier une planche (appartenant à Smith), sans pourtant scier intentionnellement la planche de Smith, simplement parce qu'il ignore que la planche qu'il scie appartient à Smith. C'est en ce sens que le critère d'attribution de l'agir à un agent est intensionnel au sens sémantique du terme : il dépend de la possibilité d'une description, parmi les multiples descriptions possibles de ce que fait l'agent, sous laquelle ce qu'il fait est intentionnel. Le critère de l'agir serait donc opaque sémantiquement, selon Davidson, puisqu'il dépend de l'identification d'une description sous laquelle cet agir est intentionnel. En revanche, *l'expression* de l'agir serait,

1. D. Davidson, « L'agir », art. cit., p. 72.
2. *Ibid.*, p. 71.

quant à elle, purement extensionnelle. Autrement dit, l'action est en ce sens un type d'événement, *indépendamment* de la façon dont il est décrit. Si l'agir se définit donc par la possibilité d'une description sous laquelle l'action est intentionnelle, l'existence de l'événement-action et son individuation doivent, quant à elles, être indifférentes aux multiples descriptions qu'elle peut recevoir. Le fait qu'un événement soit une action dépend alors seulement du fait de la relation entre une personne et un certain événement (son action) :

> La relation qui existe entre une personne et un événement, quand l'événement est une action accomplie par la personne, est présente quelle que soit la manière dont on décrit ses termes. Par conséquent nous pouvons sans risque de confusion parler de la classe des événements qui sont des actions, ce que nous ne pouvons pas faire quand il s'agit des actions intentionnelles [1].

Ainsi, même si ce qui permet d'identifier une agentivité c'est la possibilité d'offrir une description intentionnelle de ce que fait l'agent, ce qui est fait *appartient à la classe des actions indépendamment de la description* ou des descriptions qu'on en donne. Selon cette conception, être une action *sous une certaine description* exige donc que cette action soit identifiable en extension, *indépendamment de sa description*. Dans une perspective davidsonienne, si nous pouvons concevoir une *même action* sous diverses descriptions, il faut néanmoins encore trouver ce « critère d'individuation et d'identification des événements [2] » qui nous permettra d'identifier cet événement (cette *même*

1. D. Davidson, « L'agir », art. cit., p. 72.
2. D. Davidson, « Critique, commentaires et défenses » de « La forme logique des phrases d'action », art. cit., p. 174.

action) au niveau ontologique, indépendamment de ses diverses descriptions. Ce que nous devons ensuite chercher au moyen de ce critère, pour identifier cette même action, n'est pas une description, mais *l'*événement lui-même (*l'*action) auquel ces descriptions se réfèrent et qui les rend *identiques* ou toutes vraies (de ce même événement). Pour rendre compte du fait que ces descriptions sont toutes vraies d'une *même* action, nous devrions donc quitter le domaine des descriptions et entrer dans celui, distinct, de l'ontologie.

Contre toute apparence sans doute, cette solution est à mille lieux de la perspective d'Anscombe, avant tout parce que, comme nous l'avons vu[1], « intentionnel sous une description » ne fonctionne pas comme un critère (même intensionnel) d'appartenance à une classe (celle des actions). Il y a des actions involontaires ou seulement volontaire et non-intentionnelles qui n'en sont pas moins des actions : par exemple, marcher sur le pied d'un inconnu dans le métro ou chantonner dans la rue. Or, sans ce critère d'appartenance à une classe, la solution davidsonienne s'effondre. Il ne lui reste plus que l'événement-objet sans critère d'individuation. En outre, d'après ce qui suit, de cet événement-objet, Anscombe n'en veut pas non plus.

Une très forte intuition nous pousse, certes, à comprendre l'expression « une même action sous diverses descriptions » suivant l'image d'une *entité* (pour emprunter le mot de Davidson) individuelle, ou d'un *fait* ou *événement*, auquel un certain nombre de descriptions seraient attachées ou référeraient. Ceci expliquerait pourquoi, alors qu'il soutenait une position proche de celle d'Anscombe au sujet de la

1. Voir *supra*, chap. II, p. 92.

pluralité des descriptions de l'action, Austin[1] s'est vu reprocher de ne pas faire de distinction entre la façon dont on peut découper et décrire l'action et l'action elle-même qu'on découpe et qu'on décrit :

> Austin ne dit rien qui indiquerait l'existence d'une limite imposée par la nature des actions sur la façon dont on pourrait les découper et les décrire ! Alors même qu'Austin accepte, lorsqu'il discute sa méthode, la proposition selon laquelle « les mots ne sont pas des faits ou des choses[2] ». (...) Nous pouvons montrer que cette position, soutenue vraisemblablement par Austin, est intenable en montrant que le découpage des actions en phases, en étapes et en parties sensées n'est possible qu'à la condition qu'il y ait une unité préalable, qui soit réelle et pas seulement verbale, de l'action à diviser[3].

Il apparaît que le cœur de ce débat repose sur la distinction – et sur la relation – entre le « réel » et le « seulement verbal », entre les événements (et les entités) et leurs descriptions, en particulier sur la façon dont nous la comprenons. Pour John Silber comme pour Davidson ou Goldman, l'expression « une même action sous diverses descriptions » ne peut acquérir un sens que si nous proposons un moyen d'identifier et d'individualiser l'action *réelle*, l'unité préalable de l'action, l'événement réel qui est décrit – qui rend vraies ces descriptions et les rend, de ce point de vue, identiques. De même que l'unité de l'événement mental ne peut nous être donnée qu'en termes physicalistes (même si l'événement mental y est irréductible), de même l'unité de l'action ne peut nous être donnée qu'en termes

1. Voir J.L. Austin, « Plaidoyer pour les excuses », art. cit., p. 166.
2. *Ibid.*, p. 143-144.
3. J.R. Silber, « Human Action and the Language of Volition », *Proceedings of the Aristotelian Society*, n° 64, 1963-1964, p. 206.

extensionnels, même si son individuation passe nécessairement par une description.

Mais la « solution » davidsonienne n'a rien d'une solution. Elle crée de toute pièce le problème de l'individuation de l'action, qui a fait couler tant d'encre. Rendre compte de cette façon du dualisme des faits et des mots apparaît, selon la perspective de ces auteurs, comme une nécessité pour ne pas tomber dans une sorte d'idéalisme linguistique selon lequel les mots auraient le pouvoir de créer des réalités. Autrement dit, ils ne peuvent concevoir le problème de l'individuation de l'action autrement qu'en postulant une unité de l'action *préalable* à tout langage et à toute description sans laquelle on ne pourrait comprendre ce qui fait que ces descriptions décrivent la même *chose*. C'est la raison pour laquelle il semblerait que nous devions sortir du domaine de la description pour pénétrer le domaine de l'ontologie et de la réalité de l'action en deçà de ses descriptions. Il serait nécessaire, pour donner un sens à la thèse d'Anscombe, de trouver un moyen d'isoler l'action dans le monde ou dans la nature, d'en révéler l'unité brute, c'est-à-dire les limites naturelles de l'événement qui rend des descriptions vraies.

Selon Davidson, cette unité ne peut pas dépendre d'une simple description, car il faut qu'il y ait *quelque chose* que la description décrit et qui aurait une unité propre, si nous devons pouvoir dire qu'elle peut être décrite de diverses façons tout en restant l'action qu'elle est. Cette problématique de la distinction entre l'événement et sa description est bien résumée par cette remarque de Richard Martin dans un débat avec Davidson :

> On ne doit pas confondre l'événement avec la description-de-l'événement. On peut faire varier la description sans pour autant faire varier l'événement. Un seul et unique

> événement peut avoir différentes descriptions-de-l'événement, tout comme un seul et même individu peut avoir différentes descriptions russelliennes[1].

Quelles sont les alternatives à cette approche de l'individuation de l'action ?

L'IMBRICATION DES DESCRIPTIONS DE L'ACTION : L'EFFET ACCORDÉON

Ordre des descriptions et unité de l'action

À juste titre, Austin et Anscombe remarquent que nous pouvons choisir d'inclure plus ou moins d'éléments contextuels et/ou de conséquences de l'acte dans notre description de l'action. Se plaçant cette fois du point de vue de l'individuation au sens étroit, Anscombe remarque, par exemple, qu'en considérant une suite de descriptions d'une même action sous lesquelles celle-ci est intentionnelle, nous pouvons mettre au jour un certain ordre des descriptions : la première description étant au plus près des simples mouvements de l'agent, tandis que plus nous avançons dans la liste des descriptions, plus elles engagent de circonstances. Rappelons que l'ensemble des descriptions concernées sont des descriptions sous lesquelles l'action est intentionnelle et qu'elles font donc l'objet d'un savoir pratique[2]. Par conséquent, les descriptions appartenant à cet ordre des descriptions sont toutes des descriptions sous

1. R. M. Martin, « On Events and Event-descriptions » in J. Margolis (ed.), *Facts and Existence : Proceedings of the University of Western Ontario Philosophy Colloquium 1966*, Oxford, Basil Blackwell, 1969, p. 71.

2. Voir *supra*, chap. III, p. 151.

lesquelles l'agent sait ce qu'il fait. Prenons, pour illustrer ce point, un autre exemple d'Anscombe :

> [*A*] Je forme à l'encre des lettres sur le papier. [*B*] J'écris quelque chose. [*C*] En fait, je signe quelque chose de mon nom. [*D*] Je signe une pétition destinée au gouverneur de l'état – ou de sa prison – où j'habite. [*E*] Je prends part à une campagne pour que les gens soient torturés lors des interrogatoires. [*F*] Ce faisant je tiens une promesse. [*G*] J'évite les problèmes avec certains conspirateurs qui m'ont fait promettre de le faire [1].

Dans cet exemple, chaque phrase de *A* à *G* est une description de la même action – qui consiste finalement à éviter les ennuis avec les conspirateurs – sous laquelle cette action est intentionnelle. Comme dans l'exemple de la pompe, ces descriptions « forment une série (…) dans laquelle chaque description dépend de la précédente, tout en demeurant indépendante de la suivante » [2]. Autrement dit, chaque nouvelle description nous renseigne davantage sur ce que fait l'agent (en faisant ce qu'il fait) : par exemple, en faisant *A* (en formant à l'encre des lettres sur le papier), il fait *B* (écrit quelque chose), mais il fait aussi *C*, *D*, *E*, …, *G*. Dans ces circonstances, les descriptions postérieures dépendent des précédentes en ce qu'il faut être en train de faire *A* pour être en train de faire *B*, en train de faire *B* (et *A*) pour être en train de faire *C*, etc. Mais, dans le même temps, chaque description peut valoir comme une description de ce que fait l'agent (dans la mesure où elle correspond bien à ce qu'il fait effectivement). D'une certaine façon, la dernière description de la liste, à savoir *G* « J'évite les problèmes avec certains conspirateurs qui m'ont fait

1. E. Anscombe, « Practical Truth », art. cit., p. 149.
2. *L'Intention*, § 26, p. 93.

promettre de le faire », « absorbe » l'ensemble des descriptions précédentes : ce que fait l'agent en mettant de l'encre sur le papier, c'est signer la pétition et c'est finalement éviter les ennuis avec les conspirateurs. Son action de mettre de l'encre sur le papier peut être redécrite comme consistant à éviter les ennuis avec des conspirateurs. En ce sens, il s'agit de la *même* action intentionnelle. Selon Anscombe cet ordre des descriptions de l'action intentionnelle calque celui des prémisses du syllogisme pratique d'Aristote : la dernière description de la liste constituerait la prémisse majeure du syllogisme pratique – la chose voulue ; ici, éviter les ennuis avec les conspirateurs – et la première description en serait la conclusion – c'est-à-dire l'action à effectuer pour parvenir à ses fins ; ici, signer la pétition. Cette forme logique nous donnera la clé du problème de l'individuation de l'action au sens étroit.

Dans un premier temps, notons que cet ordre révèle l'importance du savoir pratique, c'est-à-dire du savoir que lorsque je fais *A*, je fais aussi *B*, …, *G*. D'une part, parce que ceci permet de concevoir que faire *A* et faire *G* c'est, dans les circonstances envisagées, faire la *même* chose. Qui plus est, ceci a une importance, souvenons-nous, dans la détermination de l'action à laquelle on a affaire : car, si l'agent agit en toute connaissance de cause, il ne pourra pas nier qu'il ignorait qu'il faisait *E* (défendre la torture des prisonniers) en faisant *A*. C'est ce que montrent en partie la notion de connaissance pratique et l'idée que l'agent envisage son action sous un certain éclairage [1], sans avoir pourtant une autorité absolue sur la détermination ce qu'il fait. Ceci n'exclut pas les cas où l'agent ignorerait certaines conséquences de son action et où, bien que faire *A*

1. Voir *supra*, chap. III, p. 202.

consiste à faire *G*, celui-ci aurait fait *A* intentionnellement, mais pas *G*. Celle qui signe la pétition pourrait, par exemple, honorer ainsi sa promesse de signer un papier, mais ignorer que le papier en question est une pétition pour telle cause, ou encore elle pourrait ignorer ce qu'est une pétition et quel est l'usage d'une telle chose. Nous dirions néanmoins qu'elle a signé la pétition, mais pas intentionnellement ou qu'elle n'a peut-être pas intentionnellement signé *telle pétition*. Ainsi, l'ordre des descriptions de l'action n'est le reflet d'un syllogisme pratique *que* si l'agent sait ce qu'il fait sous les descriptions de l'action envisagées, c'est-à-dire si l'action, sous les descriptions envisagées, est intentionnelle. En revanche, l'ordre des descriptions de l'action peut s'appliquer même lorsque l'agent ne connait pas son action sous toutes les descriptions envisagées. Elle rend alors compte de relations de cause à conséquence et pas uniquement de moyen à fin.

C'est en ces termes que l'idée de l'ordre des descriptions de l'action et de l'« absorption » des descriptions antérieures dans la description finale d'une action a été considérée par Joel Feinberg [1] et rebaptisée « effet accordéon ». Feinberg qualifie d'« effet accordéon » le fait que certains actes intentionnels d'un agent ainsi que certaines de leurs conséquences ou effets collatéraux seront généralement conçus comme des actions de sa part. Or, c'est précisément cette idée que Davidson reprend à son compte pour caractériser la pluralité des descriptions de l'action (au sens large) et affirmer qu'une même action pourrait être envisagée sous plusieurs descriptions.

1. J. Feinberg, « Action and Responsibility », *in* J. Feinberg (ed.), *Doing and Deserving*, Princeton, NJ, Princeton University Press, *1970*, p. 119-151.

Cependant, rappelons-le, pour Davidson, l'individuation de l'action passe par l'identification d'un événement compris comme l'entité ou l'événement réel rendant vraies simultanément toutes les descriptions d'une même action. Dès lors, un problème précis se pose. En effet, selon la description sous laquelle on l'envisage, l'action considérée se produira sur une durée plus ou moins longue. Or, on conçoit généralement l'individuation d'un événement par sa durée (et éventuellement son lieu). Par exemple, lorsque Saga est en train de casser des œufs dans un saladier, je peux d'ores et déjà dire (en admettant que je le sache) qu'elle fait une tarte ; je pourrais aussi simplement dire qu'elle casse des œufs (ou qu'elle a cassé des œufs) ; ma description de son action concernera alors un laps de temps plus restreint qu'elle ne le ferait si je disais qu'elle fait une tarte. Ceci pose un problème majeur à la théorie de Davidson, compte tenu de son ontologie de l'action.

Cet obstacle à l'encontre de l'individuation des événements (des actions) a été mis en évidence par Judith Jarvis Thomson[1]. Il tient à l'idée qu'une certaine entité ou un certain événement (l'action) devrait rendre toutes ses descriptions vraies et que, dans la mesure où il est possible d'inclure plus ou moins de conséquences dans une description de la même action, nous pourrions dire que chaque description de cette même action fait en réalité référence à un seul événement simple, étant donné que chacune des descriptions fait référence à une durée de temps différente. Pour reprendre l'exemple de Thomson, si Martin tire sur Nicolas et qu'il meurt trois jours après à l'hôpital, est-ce que « Martin a tiré sur Nicolas » et « Martin a tué Nicolas » peuvent vraiment être considérées comme

1. J.J. Thomson, « The Individuation of Action », art. cit.

deux descriptions d'une même action, sachant que, si tel est le cas, cela ne pourra l'être que *rétrospectivement* (après que Nicolas est effectivement mort) ?

Davidson est conscient de cette difficulté :

> Gonfler, contracter, étirer semblent être des opérations qu'on effectue sur un seul et même événement ; et pourtant si, comme cela paraît clair, ces opérations changent l'intervalle de temps sur lequel se déroule l'événement, il ne peut s'agir d'un seul et même événement [1].

Si un homme pompe l'eau d'une citerne pour empoisonner les habitants d'une maison et que ces derniers ne boivent l'eau que le lendemain et n'en meurent que le surlendemain ; si, d'autre part, en dernière instance, l'individuation de l'action ne dépend pas de sa description mais d'un critère d'identité ; alors il semble que lorsque l'homme pompe l'eau de la citerne, il n'est pas (ou pas encore) en train d'empoisonner les habitants et lorsque ceux-ci boivent l'eau, il n'est probablement plus en train de la pomper. Il ne s'agit donc plus du même événement. En *dehors* d'une description du type « H. a empoisonné les habitants », on pourrait dire à nouveau qu'il y a là plusieurs événements distincts : l'homme pompe ; les habitants boivent l'eau ; ils meurent. Dès lors, il n'y aurait pas une *seule* action (un seul événement) sous plusieurs descriptions, mais tout simplement plusieurs événements, dont les uns seraient éventuellement des conséquences des autres. Mais si ce n'est pas selon des critères purement spatiotemporels que nous identifions un événement donné comme celui auquel un certain nombre de descriptions se rapporte, nous pouvons nous demander où se trouve l'unité

1. D. Davidson, « L'agir », art. cit., p. 84.

extra-linguistique de l'action (ou de l'événement). Nous avons alors du mal à voir comment compter les événements ou les actions indépendamment de toute description.

En réponse à cette objection, Davidson suggère de combiner l'idée d'Anscombe suivant laquelle *dans des circonstances données* activer la pompe, *c'est* empoisonner les habitants, *c'est* les tuer, etc., avec l'idée que les conséquences causales naturelles d'une action (d'un mouvement) ne sauraient se distinguer de l'action elle-même. Selon Davidson, les circonstances n'ont de rôle à jouer que pour déterminer quelles descriptions renvoient à un même événement (une même action). L'unité de l'action (de l'événement) se trouve, quant à elle, dans la nature : une action forme en effet, un tout unitaire qui va des mouvements de l'agent aux conséquences de ces mouvements. Ce tout du mouvement et des conséquences formerait l'unité de l'action qui peut recevoir plusieurs descriptions. Ainsi, pour Davidson, certaines conséquences d'un acte font nécessairement partie de son unité naturelle. En d'autres termes, il n'y a pas, de niveau primitif de l'action qui la réduirait aux seuls mouvements physiques de l'agent, par exemple [1]. Dans la mesure où un geste s'inscrit dans une chaîne causale naturelle, ce geste *et* ses conséquences se confondent pour ne former qu'*un seul* événement : l'action. Même si ce n'est que rétrospectivement que nous pouvons reconnaître que pomper c'est empoisonner les habitants, il n'en demeure pas moins que c'est un *fait* que, dans ces circonstances et en raison de ses conséquences (de ce qu'il cause), l'acte de pomper est un acte d'empoisonnement [2].

1. Pas plus que pour Anscombe ou Austin d'ailleurs.

2. Notons que la question de savoir s'il est intentionnel ou pas n'est pas nécessairement pertinente ici. Ce qui compte pour Davidson c'est

La causalité naturelle de l'action

La réponse de Davidson à l'objection suivant laquelle la thèse de la pluralité des descriptions engendrerait une multiplication des événements conduit ainsi à rejeter l'idée qu'il serait possible de séparer numériquement un événement correspondant au niveau primaire de l'action (généralement, le mouvement physique) d'autres événements qui en seraient les conséquences. En d'autres termes, Davidson rejette l'idée selon laquelle, dans la mesure où plus nous incluons de conséquences dans la description de l'action, plus l'action considérée est longue, nous pourrions parler de « pomper », par exemple, comme d'une action distincte (ou d'un événement distinct) de celle d'empoisonner :

> On rencontre, à mon sens, des difficultés considérables quand on considère ces différentes actions, les actions primitives telles que mouvoir la main et les actions que nous décrivons en les désignant comme des conséquences, comme numériquement distinctes les unes des autres [1].

Par cette remarque, Davidson accuse Feinberg et Austin de s'accorder sur l'idée selon laquelle

> un seul terme décrivant ce que quelqu'un a fait peut couvrir une suite d'événements plus ou moins longue ; ceux qui sont exclus par une description plus limitée sont alors appelés « conséquences », « résultats », ou « effets », etc., de son acte [2].

qu'il y ait un critère de l'agir, c'est-à-dire la possibilité que cet acte soit envisagé comme intentionnel sous une de ses descriptions (mais pas nécessairement celle selon laquelle il s'agit d'empoisonner les habitants).

1. D. Davidson, « L'agir », art. cit., p. 86.

2. J.L. Austin, « Plaidoyer pour les excuses », art. cit., p. 166.

Davidson comprend cette remarque comme ayant pour conséquence métaphysique de nier que ces « événements » puissent se rapporter à la même action : « Les événements qui couvrent différentes séquences ne peuvent être identiques[1] ». Cependant Austin ne tirerait pas une telle conclusion de cette remarque. Ce dernier indique simplement que la variation des descriptions entraîne la variation de la quantité d'éléments ou de conséquences incluses dans (la description de) l'acte. Davidson joue à tort la carte Anscombe contre Austin, car l'approche d'Anscombe est de ce point de vue plus proche de celle d'Austin que de celle de Davidson en ce que ni Anscombe, ni Austin ne pensent que la recherche d'un moyen d'identification de « la *même* action » ou de « ce que j'ai fait », qui serait indifférent aux descriptions sous lesquelles ce que j'ai fait (mon action) est envisagé, soit pertinente. Puisque selon eux, et, en particulier, selon Anscombe, c'est la demande même d'un critère d'identification numérique qui n'a pas de sens ici :

> Je pourrais avoir l'air de m'en tirer trop facilement en n'offrant aucun compte rendu de l'« individuation » des actions ou des événements. Mais ceci est impossible, si cela veut dire fixer des critères de ce qu'est une seule action ou un seul événement. Il s'agit d'une conséquence naturelle de l'impossibilité de compter les actions ou les événements qui caractérise les concepts d'action et d'événement[2].

Nous ne pouvons pas compter les actions en général, pas plus que nous ne pouvons compter les objets en général, mais nous pouvons compter des types d'action ou des types

1. D. Davidson, « L'agir », art. cit., p. 86.
2. E. Anscombe, « Under a description », art. cit., p. 216.

d'objets : les empoisonnements, les stylos rouges, etc. En ce sens, la bonne façon de répondre à la question de savoir si nous parlons d'une ou de plusieurs actions est fixée par le critère (la description) que nous employons pour compter le nombre d'actions.

Par ailleurs, la remarque de Davidson sur le fait que l'unité de l'action englobe les conséquences du mouvement implique qu'une action n'est pas l'action qu'elle est simplement en vertu des mouvements de l'agent, mais aussi en vertu de ses conséquences. Seulement, pour Davidson, ces conséquences sont intégrées à l'événement « action », non pas, comme le suggère Anscombe, en vertu d'une certaine normativité de l'action – en vertu du fait, par exemple, qu'elles sont, ou non, visées par l'agent ; mais ces conséquences sont intégrées à l'action en vertu, selon lui, d'une causalité *naturelle*, parce qu'elles sont naturellement engendrées par le(s) mouvement(s) de l'agent :

> Ce foisonnement de descriptions liées entre elles correspond à un unique *descriptum*. (…) Nos actions primitives – celles que nous n'accomplissons pas en faisant quelque chose d'autre, les simples mouvements du corps – sont les seules actions qui existent. Nous ne faisons jamais autre chose que mouvoir nos corps : c'est la nature qui se charge de faire le reste [1].

En un certain sens, pour Davidson, tout ce que nous faisons, c'est mouvoir nos corps. Mais la plupart de ces mouvements seraient des actions parce qu'ils ont des objectifs et certaines conséquences. Signer un chèque ne serait rien faire de plus ou de moins que de bouger son bras et ses doigts. Mais la différence entre « bouger son

1. D. Davidson, « L'agir », art. cit., p. 88-89.

bras » et « signer un chèque » dans ces circonstances se trouve dans la *description*, pas dans le nombre d'*événements* décrits : il y a bien *un* événement qui peut recevoir plusieurs descriptions. L'argument implique qu'une action – l'événement qui, pour ainsi dire, correspondrait aux mouvements physiques de l'agent (et à ses conséquences) – soit l'action particulière qu'elle est en vertu du fait qu'elle a telles ou telles *conséquences* et pas seulement en vertu du fait qu'elle reviendrait à faire tel ou tel mouvement. Cependant, ces conséquences appartiendraient à l'événement « action » non pas, comme le voudrait Anscombe, en vertu des simples circonstances et du fait qu'elles font partie des intentions d'un agent ou qu'elles sont une étape dans la réalisation d'une certaine action, mais parce qu'elles seraient les résultats ou les effets *naturels* des mouvements de l'agent.

Bien que Davidson ait conscience de l'importance des circonstances d'une action par rapport à la possibilité d'en donner telle ou telle description, il maintient cependant que, si nous voulons pouvoir dire qu'une *même* action reçoit plusieurs descriptions, nous devons identifier au niveau ontologique – c'est-à-dire, selon-lui, de la nature – *l'*événement qui reçoit ces descriptions.

> Des événements sont identiques si et seulement s'ils ont exactement les mêmes causes et les mêmes effets. (…) Si nous disons, par exemple, que le fait que quelqu'un éprouve une douleur en une certaine occasion est identique à un certain événement physiologique complexe, les données qui confirmeront le mieux cette identité seront les données, quelles qu'elles soient, qui nous permettront de dire que la douleur a les mêmes causes et les mêmes effets que le changement physiologique en question. (…) Peut-être l'identité des relations causales est-elle la seule

> condition qui soit toujours suffisante pour établir l'identité des événements (l'identité de la localisation spatio-temporelle peut en être une autre)[1].

De ce point de vue, ce qui fait l'unité ontologique d'un *même* événement « action », c'est un ensemble naturel de causes et d'effets. En d'autres termes, Davidson soutient qu'une action, en tant qu'elle appartient à une classe d'événements pouvant recevoir diverses descriptions, fait tout autant partie du monde naturel que, par exemple, un tremblement de terre ou une avalanche. En ce sens, une action serait une entité naturelle. Le reste ne serait, pour Davidson, qu'affaire de niveaux de descriptions.

LE CRITÈRE D'INDIVIDUATION, C'EST LA DESCRIPTION

Après que Davidson a mis l'accent sur la remarque d'Anscombe au sujet de la pluralité des descriptions de l'action, un intense débat eut lieu sur la question de l'individuation de l'action. En dépit des nombreux désaccords qui s'en sont suivis au sujet de la façon dont il conviendrait d'individualiser l'action, la plupart de ceux qui ont pris part au débat se sont accordés sur les termes de ce débat. Celui-ci s'est concentré essentiellement sur une ontologie de l'action; il devait aussi viser à déterminer un moyen d'isoler cette entité qu'est l'action, afin de rendre cohérente la remarque selon laquelle une même action pourrait recevoir plusieurs descriptions. Or, une fois de plus, ces motivations sont à mille lieux de la perspective d'Anscombe sur le sujet :

1. D. Davidson, « L'individuation des événements », art. cit., p. 241.

> J'ai, en certaines occasions, lancé un regard hébété lorsqu'on me demandait : « Si une action peut avoir plusieurs descriptions quelle est *l'*action qui a toutes ces descriptions ? » Il semblait que la question était censée vouloir dire quelque chose, mais je ne pouvais saisir de quoi il s'agissait. (…) La réponse appropriée à « Quelle est l'action qui a toutes ces descriptions ? » consiste à donner une de ces descriptions[1].

Voici ce qu'Anscombe entend lorsqu'elle dit qu'« une unique action peut avoir plusieurs descriptions[2] », avant que cette affirmation n'ait été « dénaturée » par l'idée qu'il doit y avoir « une certaine *entité*, qu'on présume être une action, qui se trouve ainsi caractérisée d'un certain nombre de manières[3] ».

En un certain sens, cette dernière formulation est triviale. Bien sûr que personne ne veut nier qu'une action est bien quelque chose qui se passe, puisque « Je fais ce qui se passe ». Mais, au sens de Davidson, la remarque cesse d'être triviale, précisément parce que, comme dans le cas du monisme anomal[4], ce dernier « ontologise » la question. De même qu'il veut pouvoir dire *à la fois* qu'un état mental ne peut être caractérisé comme tel *que* dans les termes du mental, mais qu'il n'en est pas moins un état physique du monde indépendant de la description mentale, de même, il veut pouvoir dire *à la fois* qu'une action ne peut être caractérisée comme telle qu'au moyen d'un certain type de description (intentionnel, pour le dire vite), mais qu'elle

1. E. Anscombe, « Under a Description », art. cit., p. 208-209.

2. E. Anscombe, *L'Intention*, p. 47-48.

3. D. Davidson, « La forme logique des phrases d'action », art. cit., p. 150.

4. Voir chapitre I, p. 68.

n'en est pas moins un événement physique indépendant de sa description.

Dans un cas comme dans l'autre, l'erreur ne tient pas au fait de dire que, lorsque nous pensons ou agissons, des choses se passent que nous pourrions décrire en termes physicalistes ou en termes de causes et d'effets « naturels », pour reprendre le terme de Davidson. Mais l'erreur tient à l'idée qu'il serait nécessaire de se référer à une unité ontologique indépendante de ses descriptions, mais néanmoins identifiable par *une* bonne description (intentionnelle). C'est cette idée qui fait naître l'ensemble des problèmes métaphysiques abordés sous le thème du « problème de l'individuation de l'action », car elle suggère que cela pourrait avoir un sens de compter les actions indépendamment des descriptions qu'on en donne.

Le problème ne serait donc pas, comme l'a suggéré Goldman, qu'Anscombe n'offre aucune solution au problème de l'individuation de l'action, mais plutôt qu'il n'y a pas, à proprement parler, de *problème* d'individuation de l'action. En effet, vouloir considérer une action à un niveau purement naturel, en dehors et indépendamment de toute description, n'a pas de sens. L'erreur de Davidson est de se donner une ontologie où le seul sens réellement admis d'« existence » doit reposer sur l'identification d'entité naturelles, prises dans des lois causales et indépendantes des descriptions qu'on en donne.

Or, sans être un objet purement linguistique (puisque c'est bien quelque chose qui se passe), l'action n'est pas pour autant une entité, un objet ontologique brut, indépendant de notre langage. Autrement dit, cela n'a pas de sens d'envisager le rapport des multiples descriptions d'une action ou d'un événement entre-elles dans les termes d'une identité médiatisée par l'existence d'une entité aux contours bien définis. Comme le remarque Austin, prendre la notion d'action comme une description auto-explicative et primitive désignant une chose, un objet empirique tout fait, c'est tomber dans « le mythe du verbe »[1], dans la croyance qu'un « faire » serait quelque chose qu'on trouve dans le monde, indépendamment de tout langage[2]. Comme nous allons le voir, c'est une erreur de croire qu'un « faire » est quelque chose que nous pourrions extraire dans le monde et individualiser parfaitement indépendamment de notre langage.

Souvenons-nous à ce propos de la remarque d'Anscombe au sujet de la dépendance logique entre la question pourquoi-demandeuse-de-raison et le concept d'action humaine : « La description de ce qui nous intéresse [l'action humaine] est un type de description qui n'existerait pas si notre question "Pourquoi ?" n'existait pas »[3]. En notant cette dépendance conceptuelle entre une certaine pratique langagière – celle qui consiste à demander aux agents les raisons de leurs actions – et une certaine catégorie conceptuelle – l'action –, Anscombe notait également que ce n'est pas par la seule nature des choses que nous déterminons si ces choses sont des actions, mais parce que nos pratiques sont marquées par certaines conventions reflétant la façon dont nous déterminons qu'il est pertinent de traiter une certaine occurrence comme une action. Autrement dit, il n'y a pas d'unité naturelle de l'action préalable à nos catégorisations dans le langage. Ainsi,

1. J.L. Austin, « Plaidoyer pour les excuses », art. cit., p. 140.

2. On retrouve d'une certaine façon, l'erreur de catégories de Ryle : ce n'est pas parce qu'on désigne une action par un nom que le mot « action » nomme un objet naturel déjà constitué auquel on aurait apposé une étiquette.

3. *L'Intention*, § 46, p. 143.

> ce n'est pas que certaines choses, à savoir les mouvements des humains sont, pour des raisons que nous ignorons, sujettes à la question « Pourquoi ? ». (...) La description de quelque chose comme une action humaine ne pourrait pas préexister à la question « Pourquoi ? », et être considérée comme une forme d'expression verbale qui nous pousserait alors obscurément à nous poser cette question [1].

Dès lors, sans une pratique réglée qui dessine les contours de ce dont on parle lorsqu'on parle d'« action(s) », nous ne saurions identifier *une* action dans le monde. Ce sont d'ailleurs nos usages du langage et la « grammaire » de l'action qui fixent, de façon plus ou moins déterminée, ce qui tombe et ce qui ne tombe pas sous cette notion. Une fois de plus, le fait qu'il existe ou puisse exister des cas limites, qu'on ne saurait bien placer sous la catégorie de l'action, ne constitue pas un obstacle à cette observation. Car ce qui compte, c'est qu'il y a des cas où la question ne se pose pas, des cas qui sont clairement des actions et des cas qui n'en sont clairement pas, des cas qui sont clairement des actions intentionnelles, des cas qui n'en sont clairement pas, etc. C'est à partir de ces cas que nous pouvons comprendre la grammaire de l'action, c'est-à-dire la logique qui préside à nos catégorisations conceptuelles de ce qui se passe.

Pour bien comprendre ce point, examinons l'analogie suivante. De même qu'en l'absence d'une pratique réglée donnant un sens à un ensemble de signes, cet ensemble de signes n'est que gribouillages et non pas un mot ou une phrase (comme lorsqu'un enfant qui ne sait pas écrire fait semblant d'écrire), en l'absence d'une pratique réglée

1. *L'Intention*, § 46, p. 143-144.

donnant à ce qui se passe (un certain mouvement ou l'absence de mouvement) la valeur d'une action, ce qui se passe ne serait pas une action. Ce sont ces pratiques et ces usages qui indiquent que les mouvements d'une feuille portée par le vent ne peuvent normalement pas être considérés comme une action, tandis que les mouvements des bras d'un chef d'orchestre sont une sorte d'action. D'où l'importance de la question « Pourquoi ? » : la possibilité de demander à quelqu'un pourquoi il fait ce qu'il fait suggère que ce qu'il fait *peut* être décrit comme une action, en vertu d'une pratique réglée et non pas de la nature seule ou de l'essence de ce qui est en question.

Ceci ne revient pas à dire que ce qui a éventuellement lieu physiquement ou matériellement n'a aucun rôle à jouer dans la façon dont nous décidons si ce qui se passe est une action. Dire le contraire serait du même ordre que de dire, en inversant l'exemple d'Austin, que les mouvements de la langue ne font pas partie de la parole. Ce que dit Austin est que la parole ne peut jamais s'y réduire, comme l'action ne peut jamais se réduire aux simples mouvements de la nature, parce qu'elle se définit en partie par ce qui est de l'ordre des raisons, c'est-à-dire d'un récit normé autour de l'action, qui ne peut se construire qu'au sein des pratiques humaines. En affirmant que « la réponse appropriée à "Quelle est l'action qui a toutes ces descriptions ?" consiste à donner une de ces descriptions[1] », Anscombe ne dit pas que l'action n'a aucune réalité en dehors de cette description, mais que la description est ce qui délimite l'action et constitue ainsi la base sur laquelle déterminer quelles autres descriptions conviendraient à celle-ci, dans des circonstances

1. E. Anscombe, « Under a Description », art. cit., p. 208-209.

données. Cette caractérisation est en deçà du critère intensionnel de Davidson.

Il ne s'agit en aucun cas de donner, si tant est que cela est possible, un critère général permettant de déterminer ce qu'est une action ou ce qui doit ou peut compter comme une action. La question ne se pose, en pratique, presque jamais. Notons seulement ce point : lorsqu'Anscombe dit qu'une même action peut avoir plusieurs descriptions, elle n'entend pas montrer qu'il existe une certaine entité singulière à laquelle on peut rattacher toutes ces descriptions. Elle vise plutôt l'idée selon laquelle, si nous prenons une action donnée, par exemple « A actionne la pompe », alors, dans certaines circonstances (éventuellement déterminées rétrospectivement, par exemple, après la mort des habitants de la maison), cette action consistera (ou aura consisté) à empoisonner les habitants d'une maison. Il y a, bien entendu, un lien de cause à effet entre l'alimentation de la maison en eau empoisonnée et la mort par empoisonnement de ses habitants. Il existe donc bien une contrainte exercée par ce qui se passe sur la façon dont on décrit l'action considérée ; cependant ce ne sont pas les faits eux-mêmes, indépendamment de toute description, qui permettent de dire que l'actionnement de la pompe était, en même temps, un *acte* d'empoisonnement.

Ce qui permet de concevoir ces deux descriptions comme les descriptions d'une *même* action, plutôt que comme deux événements distincts éventuellement liés par une relation de causalité, ce sont les circonstances alliées au fonctionnement de ce qu'on pourrait appeler notre « grammaire de l'action » ou, plus simplement, nos façons de parler, notre discours sur l'action. Nous ne considérons généralement pas – et nous avons des difficultés à voir comment nous pourrions le faire – l'action en dehors d'(une description prenant en compte) un certain nombre de circonstances, notamment des objectifs ou des conséquences qu'elle vise – ne serait-ce que le fait qu'une action consiste à faire du thé, un gâteau ou à construire une maison. Caractériser ce qui se passe comme une action d'empoisonnement ne consiste pas simplement à identifier un événement indépendant et unifié et à le nommer ou l'étiqueter selon sa nature, mais c'est envisager la scène sous une certaine description. Être l'action de faire *X* ne dépend pas simplement de ce qui se passe, mais de tout un ensemble de données normatives, contextuelles, relatives à l'histoire de ce qui se passe (à ce que l'agent ou celui qui l'envisage sait de la situation, par exemple) qui font que cette action sera l'action de faire *X* et pas *Y*, ou même qui font que *X* sera une action ou n'en sera pas une. D'une certaine façon, toute description d'action renvoie à une sorte de petit scénario qui légitime la qualification de ce qui se passe comme une action.

Dès lors, si nous décrivons ce qui se passe dans la petite mise en scène de l'homme qui pompe en termes physiologiques ou en terme de relations causales entre des phénomènes physiques, nous sortons du domaine de la description de l'*action*. Nous ne comptons plus des actions. De fait, nous ne décrivons généralement pas les comportements humains de la même façon que nous décrivons ce qui se passe au niveau physico-causal. Si je décris, par exemple, en termes de mouvements purement physiques ce que fait Saga lorsqu'elle lit, je n'ai encore rien dit de son action. Peut-être que j'essaie de faire deviner à mon interlocuteur ce qu'elle fait à partir de la description de simples mouvements physiques. Mais ce n'est que lorsque je dis que Saga lit que j'identifie son action. Le niveau de description est essentiel à l'action dans la mesure où un quelconque événement sous une certaine description ne compte pas nécessairement comme une action. La réalité de l'action comme *action* de faire *X* ou *Y* réside ainsi principalement dans le langage : nous ne pouvons identifier une action comme telle en dehors d'une description donnée; il n'y a pas de procédure permettant d'identifier, de compter quelque chose comme une certaine action indépendamment d'une description, dans la mesure où l'action n'est pas une entité, un objet en soi unifié ou une catégorie prédéterminée qu'on aurait nommée. C'est un objet construit par nos usages linguistiques. En sortant du domaine de la description de l'action, nous quittons donc simplement le domaine de l'identification de l'action. Ainsi, contrairement à ce que suggère l'ontologie davidsonienne de l'action, « action » ne désigne pas une catégorie d'objets qu'on pourrait compter dans le monde indépendamment d'un critère supplémentaire nous permettant de déterminer de *quelle* action on parle. Ou plutôt, cela n'a pas de sens de postuler que l'extension de l'action pourrait être conçue indépendamment de la description par laquelle une action est, de fait, identifiée. La description, intentionnelle ou non, est essentielle au concept d'action parce qu'il n'est pas vrai qu'un quelconque événement sous une quelconque description peut compter comme une action; c'est bien seulement sous une description qu'un événement envisagé peut compter comme tel.

Ce n'est pas parce que, pour concevoir ce qui se passe comme une action, il me faut employer une certaine description que ce qui se passe n'a pas réellement lieu. C'est ce dont témoigne de manière paradigmatique l'exemple des actes de parole : ce qui se passe physiologiquement lors d'un mariage n'a aucune importance si ce qui nous intéresse, ce sont les conséquences juridiques et pratiques de ce qui se passe [1]. Car les seuls mouvements physiques ne sauraient avoir les conséquences de l'action que constitue le mariage. Ceci tend à prouver que le niveau de description de l'action peut non seulement être indépendant du niveau de description physique, mais aussi qu'il a une réalité propre, irréductible à un autre niveau de description ou à une quelconque entité pré-linguistique [2].

La thèse de la pluralité des descriptions vise donc simplement à montrer que des éléments contextuels – parmi lesquels l'histoire de l'action considérée, celle de l'agent, le type d'agent auquel on a affaire, etc. – permettent de rendre compte d'une action de diverses façons et notamment de décider, si besoin est, si, par exemple, l'action de « casser la tasse » était un acte d'appauvrissement volontaire ou si c'était un geste maladroit ou encore si, dans une certaine situation, « tuer » était un meurtre ou un accident. Il n'y a pas de problème ontologique à qualifier, disons, dans l'exemple de la pétition d'Anscombe, la signature de la pétition comme un acte d'approbation de pratiques condamnables ou comme un acte d'auto-défense. Car le domaine des descriptions de l'action détermine, par sa logique propre, ce qui dans des circonstances données consiste à faire ceci ou cela, sans qu'il soit nécessaire de poser une entité individuelle indépendante des descriptions. Mais il nous faut toujours partir d'une description pour déterminer à quel acte nous avons affaire – par exemple la signature – et ce sont ensuite les circonstances qui

1. Voir J.L. Austin, *Quand dire c'est faire*, trad. fr. G. Lane, Paris, Seuil, 1992, notamment la « deuxième conférence ».

2. Souvenons-nous à ce propos de la distinction élaborée au troisième chapitre entre l'explication historique et l'explication physiologique.

déterminent la portée de cet acte qui permettent éventuellement d'éliminer des traits contextuels non-pertinents et d'inclure ceux qui le sont. *Il n'existe aucune procédure permettant d'individualiser une action (ou même un événement) indépendamment de sa ou de ses description(s).*

Lorsque nous voulons montrer que, par exemple, dans des circonstances données, signer quelque chose *c'est* prendre part à une campagne qui défend la torture de prisonniers, que les deux descriptions renvoient à la *même* action, nous partons *d'une certaine description* de l'action, par exemple, « écrire quelque chose » et nous déterminons en fonction des circonstances ce en quoi cela consiste ici. C'est à partir d'une certaine description que nous pouvons identifier une action et montrer qu'elle revient à faire autre chose et on n'a pas besoin de faire référence à de quelconques critères pré-linguistiques pour déterminer cela. Nous individualisons donc *l'*action envisagée par une de ses descriptions sans référence à un substrat antérieur unifié ou à une unité naturelle de l'action. Comme le dit Davidson lui-même, rien n'est plus simple que d'individualiser une action à partir d'une certaine description.

Par ailleurs, si pour Davidson l'individuation de l'action est bien un problème d'identité, alors il n'y a pas de thèse Anscombe-Davidson sur l'individuation de l'action, car le problème s'arrête pour Anscombe, là où il commence pour Davidson, lorsque celui-ci se demande quelle est *l'*action qui reçoit toutes ces descriptions et cherche la réponse dans une ontologie générale des événements. Anscombe suggère au contraire que, pour compter les actions, il suffit d'une description identifiant l'action dans des circonstances données et que c'est seulement en considérant ainsi une action sous une description que nous pourrons dire si d'autres descriptions de cette action sont également vraies dans les circonstances envisagées. Mais nous n'individualiserons jamais, car c'est logiquement impossible, un événement brut de manière pré-linguistique, qui correspondrait à cette action recevant toutes ces descriptions :

> Ni « action », ni « événement » ne sont d'une grande utilité comme unité dénombrables [*count-noun*], il y a beaucoup de dénombrables parmi les actions et les événements, par exemple, « mort », « baiser », « explosion ». La même chose vaut pour les objets matériels ou les choses. On ne peut répondre à la question : « Combien de choses y a-t-il dans la pièce ? » à moins d'en spécifier le contexte. (...) Être nombrable [*countable*] ou ne pas être nombrable [*uncountable*] n'est pas, comme dirait Frege, une propriété des objets et « être un acte » ou « être un événement » n'ont aucun caractère curieux qui justifierait l'érection de principes d'individuation inédits qu'on n'appliquerait jamais à des coups d'épée ou à des dîners[1].

En effet, pour compter des objets, des événements ou des actions, nous avons besoin de déterminer quels objets, quels événements ou quelles actions nous comptons. Et pour déterminer si nous avons affaire à une même action sous différentes descriptions, il faut d'abord identifier cette action par une de ses descriptions intentionnelle ou non et voir si dans ce contexte faire X (actionner la pompe) revient à faire Y (empoisonner les habitants).

1. E. Anscombe, « Under a Description », art. cit., p. 213.

Remarques conclusives sur le rôle des intentions

Il nous faut donc non seulement conclure qu'il n'est pas possible d'individualiser une action indépendamment d'une quelconque description, mais également qu'il n'y a par conséquent pas une seule bonne ou véritable description de la même action. En effet, la thèse de la pluralité des descriptions montre qu'une multitude de descriptions d'une même action peut s'appliquer – c'est-à-dire être vraie –, ainsi qu'une multitude de formes de descriptions de l'action. Parmi ces formes, nous trouvons celle qui intéresse Anscombe : l'action intentionnelle. Or, on pourrait se demander, comme le suggèrent les auteurs de AT, si cette forme de description a une fonction particulière dans la caractérisation de l'action. Rappelons que, selon ces auteurs, un événement est une action s'il est intentionnel sous une description. Anscombe reconnaît le rôle important de la description intentionnelle vis-à-vis de la notion d'action aux § 47 et suivants de l'*Intention*, en ce qu'il existe un lien conceptuel entre notre notion d'action et celle d'intention, décrit au deuxième chapitre. Mais celle-ci n'estime pas pour autant, comme AT (et comme Davidson), que la description intentionnelle est ce qui définit un événement comme une action. Il n'y a pas de hiérarchie a-contextuelle des divers niveaux de descriptions de l'action ; autrement dit, il n'y a pas une ou des description(s) qui serai(en)t plus vraie(s) ou une description qui serait la bonne description de l'action (ou qui la définirait en intension). Ce qui détermine l'adéquation d'une description, c'est avant tout ce qui se passe, bien entendu, mais également les objectifs servis par la description envisagée – selon, par exemple, qu'ils visent à déterminer les intentions de l'agent ou à dénoncer une maladresse de sa part. Par exemple, si nous voulons connaître les intentions d'un agent, nous nous intéresserons plutôt aux formes de descriptions sous lesquelles son action est intentionnelle ; mais si ce qui nous intéresse, c'est ce que l'agent fait effectivement indépendamment des éventuelles intentions qu'il a, alors cette forme de description de l'action intentionnelle sera indifférente.

Ainsi, l'homme du § 23 qui pompe l'eau empoisonnée empoisonne les habitants de la maison *qu'il en ait ou non l'intention* et même qu'il le sache ou non. Mais la question de l'individuation de l'action joue un rôle plus précis dans l'économie de *L'Intention* sur lequel je ne m'attarderai pas ici. En effet, une chose est de dire qu'une *même* action peut recevoir plusieurs descriptions, une autre est de dire qu'une *même* action *intentionnelle* peut recevoir plusieurs descriptions qui s'ordonnent suivant le rapport des moyens et des fins modélisable au moyen du syllogisme pratique aristotélicien.

L'objet de ce chapitre aura été de montrer qu'indépendamment de la question de l'individuation de l'action *intentionnelle*, la question de l'individuation de l'action telle qu'Anscombe l'envisage n'est pas une question d'identité. Mais c'est la question de l'individuation de l'action intentionnelle qui intéresse véritablement Anscombe dans son ouvrage, car elle lui permet de rendre compte du contenu de la connaissance pratique qui produit l'unité de l'action intentionnelle [1]. Elle produit cette unité en ce sens que c'est la visée de l'agent qui détermine ce qui est fait ou a été fait. Mais rappelons que cette visée ne doit pas être comprise comme un geste mental qui identifie l'action

1. *L'Intention*, § 26 *sq.*, p. 93 *sq.*

(comme chez Searle), mais comme ce qui structure logiquement l'action[1]. C'est pourquoi nous pouvons la reconnaître y compris chez des êtres qui ne parlent pas le langage humain, comme le chat qui traque un oiseau[2].

1. *L'Intention*, § 27, p. 97.

2. *Ibid.*, § 47, p. 148. Et *cf.* V. Aucouturier, « Avoir et exprimer des intentions » dans Ch. Chauviré, S. Plaud, *Lectures de Wittgenstein*, *op. cit.*, p. 318.

CONCLUSION

L'ambition de cet ouvrage était double. D'une part, j'ai voulu rendre justice à la singularité et à la richesse de l'enquête d'Anscombe sur l'intention, qui fait encore trop souvent l'objet de lectures partielles ou partiales. D'autre part, sans prétendre avoir traité de manière exhaustive la question des rapports complexes et intriqués entre intention et action, j'espère au moins ouvrir la voie à de nouveaux usages féconds des travaux d'Anscombe en philosophie contemporaine de l'esprit et de l'action.

Au delà de l'exégèse, l'enjeu de ce livre était de montrer qu'une pensée de l'action ne peut précisément pas se cantonner à une philosophie de l'esprit, car l'action est toujours et nécessairement ce qui se passe ou ce qui a lieu dans un dehors ou une situation. De ce point de vue, l'intérêt central de l'analyse que livre Anscombe dans *L'Intention* tient sans doute au fait qu'elle parvient à nous convaincre de ce que l'intention elle-même n'est pas centralement l'objet d'une philosophie de l'esprit, mais bien d'une philosophie de l'action. Puisque l'intention n'est pas un simple « état d'esprit » mais bien la projection ou la description d'une action future, son étude devient indissociable d'une compréhension de l'action.

Comme je l'ai souligné en introduction, l'analyse, en partie déflationniste, menée ici doit conduire à dépasser les disputes concernant la « nature » de l'action, de l'intention et de leurs rapports. Car la portée de cette analyse dépasse largement les querelles ontologiques : elle vise à déterminer ce que nous jugeons dans l'action. Autrement dit, elle vise à ressaisir la dimension d'engagement et de responsabilité de l'action, et plus particulièrement de l'action humaine. Encore une fois, c'est cet enjeu fondamental qu'ont tendance à perdre de vue les théories contemporaines de l'action et qui était pourtant le souci central non seulement d'Aristote, mais plus récemment de Sartre et d'Austin, dont le fameux « Plaidoyer pour les excuses » plonge directement le lecteur dans le champ de l'action proprement humaine ; celle précisément que nous justifions, excusons, etc.

Je m'accorde d'ailleurs ici avec Anscombe pour dire que le détour par la philosophie de l'action, tout en n'étant qu'un détour, est nécessaire. C'est ce qui justifie le présent travail, qu'on peut voir dès lors comme une modeste actualisation de ces enjeux fondamentaux de la philosophie de l'action qu'Anscombe avait su mettre au jour et que ses successeurs ont eu tendance à perdre de vue.

Ce détour nécessaire aura permis de dissiper quelques malentendus et de remettre en perspective la philosophie de l'action dans son rapport à la philosophie pratique et à la philosophie morale.

D'abord, il aura révélé que l'intention et l'action sont solidaires de pratiques consistant à rendre compte de l'action et à la justifier par des raisons d'agir. Il s'avère donc illusoire de vouloir détacher leur analyse de ces pratiques. L'idée d'une intention pure, au sens où elle pourrait demeurer un objet purement mental, isolée d'un contexte dans lequel elle prend sens, d'une action qu'elle vise et de raisons qui en rendent compte, c'est-à-dire isolée de sa dimension d'engagement, est vaine. Une intention peut demeurer « pure » si elle n'est jamais réalisée ou même exprimée. Mais l'idée d'intention pure demeure incompréhensible si elle suggère en outre que l'intention serait logiquement isolable de l'action qu'elle vise (quand bien même cette action n'aurait jamais lieu) ; qu'elle pourrait, à l'instar de l'émotion, n'être qu'un état d'esprit présent et passager. Voilà qui justifie la requalification par Anscombe, à la fin de *L'intention*, de l'expression d'intention comme « intention dans une action projetée »[1]. L'intention n'est rien d'autre qu'une action projetée. Qu'elle puisse échouer à se réaliser tient à la contingence même des circonstances de l'action, qui peut-être empêchée, remise en cause (y compris par l'agent lui-même), manquée, etc. Si par « intention pure », il faut entendre « l'intention qui n'a jamais abouti à l'action », l'idée est parfaitement intelligible. Mais s'il faut entendre par-là un certain état mental ou psychologique précédant ou accompagnant l'action, consciemment ou non, l'idée devient incompréhensible. C'est ce que j'ai voulu montrer au premier chapitre, en revenant sur la façon dont la tradition a eu tendance à faire de cette dernière idée une évidence de sens commun, contre quoi Anscombe s'était au contraire évertuée à nous mettre en garde.

Comprendre le rôle structurant de la pratique consistant à fournir et à demander des raisons d'agir, tel a été l'objet du deuxième chapitre. Dans la continuité de la critique du concept d'intention pure, l'ambition de ce dernier aura été de revisiter la fameuse dichotomie entre l'explication par les causes et l'explication par les raisons en récusant la stratégie de Davidson, demeurée tributaire d'une vision trop « humienne » de la causalité. En effet, contrairement

1. *L'Intention*, § 50, p. 153.

à ce que voudrait sa thèse du monisme anomal, les raisons d'agir n'expliquent pas l'action en tant qu'elles en seraient, à un autre niveau, la cause. Ce modèle reste trop prisonnier de la métaphore du « déclenchement » et manque, comme le fera également le modèle searlien, la spécificité de l'explication par les raisons, qui exclut précisément la possibilité d'une relation contingente entre l'action et ses raisons (et donc, une fois de plus, la possibilité d'isoler l'une de l'autre pour mettre au jour une relation entre deux éléments distincts et logiquement séparables). Il serait faux, cependant, de dire que la notion de cause ne s'applique jamais au domaine de l'action. Elle s'applique constamment. Elle est notamment, suggère Anscombe, un cas classique de l'action involontaire, qui peut aussi bien être un mouvement réflexe ou physiologique, qu'un geste provoqué par une pensée, la perception d'un son, la vision de quelque chose, etc. Il y a même des cas limites : des choses que nous faisons volontairement mais qui sont comme provoquées par une cause ; par exemple, obéir à un ordre, danser au rythme d'une musique entrainante, céder à la tentation, etc. Ces cas limites sont complexes et ont un intérêt en soi. Mais, comme Anscombe y insiste, il ne faut pas les confondre avec les actions pleinement intentionnelles ou délibérées, qui engagent entièrement et profondément la responsabilité de l'agent, et qui excluent, par conséquent, l'intervention d'un concept de cause déclenchante (a fortiori si on l'entend au sens promu par Davidson). Or, précisément, ce sont ces distinctions, que tend à occulter la philosophie de l'action *mainstream*, qui importent pour la philosophie morale et qui permettent d'envisager la difficile question de la responsabilité humaine.

C'est pourquoi il faut également renoncer à l'alternative searlienne, qui tend implicitement à relativiser le rôle de l'agent en concevant la réussite de son action comme l'heureuse coïncidence entre son intention (un état de choses visé) et son action (l'état de choses en question), suivant le fameux modèle des directions d'ajustement. Au contraire, la notion d'erreur proprement pratique défendue par Anscombe exclut cette contingence : c'est parce que la réalisation de l'action *dépend de moi*, et pas seulement des circonstances extérieures, que je peux commettre une *erreur*, à proprement parler, ou que je peux me tromper d'action. Or, la notion même d'erreur est exclue par l'idée de coïncidence entre un état de choses représenté et sa réalisation. Car, s'il s'agissait d'une simple coïncidence, ce serait par un heureux hasard que mon action aurait réussi ou n'aurait pas échoué. Il est bien sûr possible, et même fréquent, que les circonstances fassent échouer mon action, mais ce qui fait qu'elle réussit ne dépend pas exclusivement des circonstances, mais bien de moi.

La clé pour saisir l'importance de ces critiques se trouve dans la caractérisation de l'« intentionnel » comme « forme de description » de l'action [1]. Elle se rapporte à l'idée difficile suivant laquelle une action est intentionnelle « sous une description ». Autrement dit, c'est la description envisagée de ce qui se passe qui permet de décider si c'est intentionnel ou non. Or, c'est précisément ici qu'il faut éviter l'écueil suivant dénoncé par Anscombe :

> Si l'on s'attache uniquement au fait que certaines actions peuvent être parfois intentionnelles et parfois ne pas l'être, on peut facilement en arriver à penser que des événements que l'on peut caractériser comme intentionnels ou non intentionnels forment un ensemble naturel, et que « l'intentionnalité » n'est jamais qu'une propriété

1. *L'Intention*, § 47, p. 145.

> supplémentaire que les philosophes doivent essayer de décrire. (*L'Intention*, § 47, p. 145)

Or, il n'y a pas d'« ensemble naturel » formant le domaine des actions (ou des événements) qu'on pourrait qualifier d'intentionnelles ou non. Nous partons toujours d'une description de ce qui se passe pour déterminer si c'est intentionnel. Plutôt, c'est toujours à propos de ce qui se passe pris sous une description que nous pouvons déterminer, discuter, etc. la question de savoir si c'est intentionnel, volontaire, involontaire, etc. En deçà de la description, rien n'est encore en question. C'est ce qu'avance le quatrième chapitre. Or, les descriptions « intentionnelles » engagent l'agent d'une manière particulière. Elles présentent l'action sous une perspective qui est précisément celle de l'agent lui-même, où ce qu'il fait est simplement ce qui se passe.

L'importance des descriptions est, là encore, une observation fondamentale pour une compréhension plus extensive de l'action dans le contexte d'une philosophie morale et d'une philosophie pratique (et même d'une anthropologie). Il n'y a pas de description neutre de ce qui se passe. La description de ce qui se passe est (toujours) relative à nos intérêts ; et ceux du physiologiste sont bien différents de ceux du juriste, du psychologue ou du romancier. Comprendre l'action, c'est saisir ce qui se passe dans un registre de descriptions et de pratiques qui engagent une certaine forme de description. Cette forme de description est logiquement solidaire de questions relatives aux raisons d'agir des agents, à leur perspective sur l'action et à leur degré de responsabilité. Perdre de vue ces dimensions essentielles de l'action, c'est perdre de vue l'action elle-même.

REMERCIEMENTS

Pendant les années de recherches qui ont abouties à l'écriture de ce livre, j'ai tout d'abord bénéficié de l'accueil et du soutien de diverses institutions : je remercie ainsi l'équipe « Philosophies Contemporaines » et l'Institut d'Histoire et de Philosophie des Sciences de Université Paris 1, Panthéon-Sorbonne, la *School of European Culture and Languages* de l'Université de Kent, les départements de philosophie des Universités de Brown et de Harvard, le Centre Leo Apostel de la Vrije Universiteit Brussel, le CERMES 3 de l'Université Paris Descartes, le Centre Prospéro de l'Université Saint-Louis, Bruxelles, la Fondation des Treilles et la Région Ile-de-France.

Plusieurs rencontres, surtout, ont marqué, tant intellectuellement qu'affectivement, ce travail. Je pense notamment à Bruno Ambroise, Jocelyn Benoist, Christiane Chauviré, Rémi Clot-Goudard, Steeves Demazeux, Vincent Descombes, Bruno Gnassounou, Yaël Kreplak, Sandra Laugier, Doug Lavin, Cyrille Michon, Richard Moran, Jean-Philippe Narboux, Françoise Parot, Marc Pavlopoulos, Layla Raïd, Julia Tanney, Charles Travis.

Par ailleurs, ce livre n'aurait pas vu le jour sans le soutien de Pierre-Henri Castel, directeur du projet ANR PHS2M au sein duquel j'ai travaillé en 2010-2011.

Une pensée particulière va à ma famille, mes parents et mes amis, qui m'ont toujours accompagnée et épaulée. Bien que je ne puisse tous les citer, ceux-ci se reconnaîtront.

Enfin, je dédie ce livre au petit Sacha qui en a accompagné la relecture *in utero*.

TABLE DES MATIÈRES

INTRODUCTION 7

CHAPITRE PREMIER : DES INTENTIONS PURES ? 19
- Les usages du concept d'intention 21
- L'expression d'intention revue et corrigée 25
- « La charte mentaliste » 33
- Le problème avec les intentions pures 41
- Formation de concept et identité conceptuelle 51
- Le holisme du mental 64
- Le monisme anomal 67
- Corrélations naturelles et corrélations conventionnelles 73
- Le véritable projet d'Anscombe 76

CHAPITRE II : INTENTIONS ET RAISONS D'AGIR 81
- Un humain a l'intention de faire ce qu'il fait 81
- Pas de modification sans aberration 86
- En termes de langage 93
- Sous une description 97
- Les causes mentales et la connaissance non observationnelle 101
- Les raisons d'agir 112
- Plusieurs sortes d'explications 129
- Le volontaire et l'intentionnel 144

CHAPITRE III : SAVOIR CE QUE JE FAIS 151
- Connaissance et compétence 152
- La solution dualiste 158
- L'expérience de l'action 161

Savoir ce que je fais et savoir que j'y parviens.......... 172
L'erreur théorique et l'erreur pratique 177
L'objet de la connaissance pratique 182
Les directions d'ajustement 186
L'erreur pratique exclut la contingence 194
La temporalité de l'action 196
Savoir ce que je fais est une connaissance pratique.... 198
L'intensionalité de la connaissance pratique............... 202

CHAPITRE IV : L'INDIVIDUATION DE L'ACTION REVISITÉE.. 207
La multiplicité des niveaux de description de l'action 210
Le problème de l'individuation de l'action.................. 215
Une « thèse Anscombe-Davidson » sur l'individuation de l'action ? 223
Davidson et la forme logique des phrases d'action 225
Critère d'individuation de l'action et extensionnalité de l'action 231
L'imbrication des descriptions de l'action : l'effet accordéon 237
Ordre des descriptions et unité de l'action 237
La causalité naturelle de l'action 244
Le critère d'individuation, c'est la description 248
Remarques conclusives sur le rôle des intentions....... 260

CONCLUSION 263

TABLE DES MATIÈRES 271

Dépôt légal : février 2018 - IMPRIMÉ EN FRANCE

Achevé d'imprimer le 16 février 2018 sur les presses de l'imprimerie « La Source d'Or » - 63039 CLERMONT-FERRAND - Imprimeur n° 20063K.

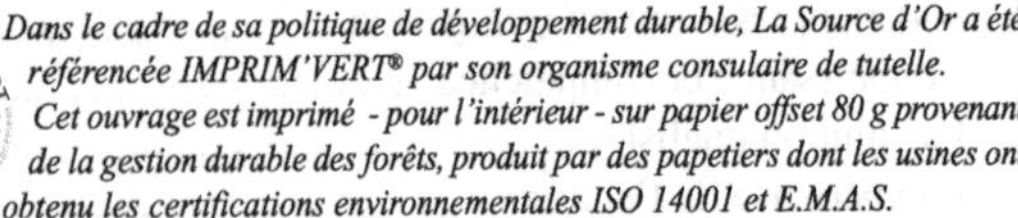

Dans le cadre de sa politique de développement durable, La Source d'Or a été référencée IMPRIM'VERT® par son organisme consulaire de tutelle. Cet ouvrage est imprimé - pour l'intérieur - sur papier offset 80 g provenant de la gestion durable des forêts, produit par des papetiers dont les usines ont obtenu les certifications environnementales ISO 14001 et E.M.A.S.

DERNIERS TITRES PARUS

Christophe AL-SALEH, *Qu'est-ce qu'une couleur ?*
Valérie AUCOUTURIER, *Qu'est-ce que l'intentionalité ?*
Anne BAUDART, *Qu'est-ce que la sagesse ?*
Jiry BENOVSKY, *Qu'est-ce qu'une photographie ?*
Serge BOARINI, *Qu'est-ce qu'un cas moral ?*
Pol BOUCHER, *Qu'est-ce que l'interprétation juridique ?*
Thomas BOYER-KASSEM, *Qu'est-ce que la mécanique quantique ?*
Florent BUSSY, *Qu'est-ce que le totalitarisme ?*
Alain CAMBIER, *Qu'est-ce qu'une civilisation ?*
Alain CAMBIER, *Qu'est-ce que la métaphysique ?*
Patrice CANIVEZ, *Qu'est-ce que l'action politique ?*
Philippe CAPET, *Qu'est-ce que mentir ?*
Jean-Marie CHEVALIER, *Qu'est-ce que raisonner ?*
Anna CIAUNICA, *Qu'est-ce que la conscience ?*
Paul CLAVIER, *Qu'est-ce que le créationnisme ?*
Jean-Pierre COMETTI, *Qu'est-ce qu'une règle ?*
Adélaïde DE LASTIC, *Qu'est-ce que l'entreprise ?*
Guy DENIAU, *Qu'est-ce qu'interpréter ?*
Julien DUTANT, *Qu'est-ce que la connaissance ?*
Michel FABRE, *Qu'est-ce que problématiser ?*
Benoît GAULTIER, *Qu'est-ce que le pragmatisme ?*
Denis GRISON, *Qu'est-ce que le principe de précaution ?*
Annie IBRAHIM, *Qu'est-ce que la curiosité ?*
Fabrice LOUIS, *Qu'est-ce que l'éducation physique ?*
Louis LOURME, *Qu'est-ce que le cosmopolitisme ?*
Michel MEYER, *Qu'est-ce que le théâtre ?*
Michel MEYER, *Qu'est-ce que le questionnement ?*
Anne MEYLAN, *Qu'est-ce que la justification ?*
Cyrille MICHON, *Qu'est-ce que le libre arbitre ?*
Claire PAGÈS, *Qu'est-ce que la dialectique ?*
Claude PANACCIO, *Qu'est-ce qu'un concept ?*
Denis PERRIN, *Qu'est-ce que se souvenir ?*
Julien RABACHOU, *Qu'est-ce qu'un monde ?*
Yann SCHMITT, *Qu'est-ce qu'un Dieu ?*
Alexander SCHNELL, *Qu'est-ce que le phénomène ?*
Jean-Marc STÉBÉ, *Qu'est-ce qu'une utopie ?*
Franck VARENNE, *Qu'est-ce que l'informatique ?*
Joseph VIDAL-ROSSET, *Qu'est-ce que la négation ?*